LA PREMIÈRE INVASION
DE LA BELGIQUE
(1792)

LA PREMIÈRE INVASION

DE

LA BELGIQUE

(1792)

PAR

Le Commandant DE SÉRIGNAN

CHEF DE BATAILLON AU 4ᵉ RÉGIMENT D'INFANTERIE

ANCIEN PROFESSEUR-ADJOINT D'HISTOIRE MILITAIRE A SAINT-CYR

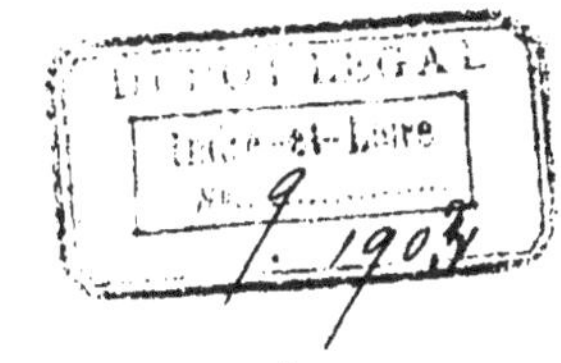

PARIS

LIBRAIRIE ACADÉMIQUE DIDIER

PERRIN ET Cⁱᵉ, LIBRAIRES-ÉDITEURS

35, QUAI DES GRANDS-AUGUSTINS, 35

1903

AVANT-PROPOS

Il y a bien longtemps déjà — nous étions à cette époque attaché à l'état-major général du Ministre de la Guerre actuellement État-major de l'armée — que nous avons conçu l'idée du livre que nous présentons aujourd'hui au public. Toutefois, c'est en 1897-1899 que nous avons relevé, aux Archives historiques du Ministère de la Guerre, les documents les plus intéressants qui nous ont permis de l'écrire. Une fois en possession de ces sources originelles, nous les avons complétées en faisant appel à une quantité considérable de travaux, en grande partie imprimés, qu'il était indispensable de consulter.

Nous citerons parmi eux, d'abord les souvenirs des contemporains, les mémoires de Lauzun, de Dumouriez, de Rochambeau, de Lafayette, le volume de M. Villemain sur Narbonne, la correspondance de Mirabeau publiée par M. de Bacourt, les mémoires de Mallet du Pan, le mémorial de Governor Morris, les mémoires de Laukhart ; le Dumouriez de M. Monchanin, les deux volumes de M. Maugras sur Lauzun. Nous avons consulté ensuite certaines histoires générales où l'on trouve quelques détails sur notre sujet : *l'Europe et la Révolution* de M. Albert Sorel, *l'Histoire diplomatique de l'Europe* du baron de Bourgoing, *l'Histoire de la Révolution* de Sybel, la *Geschichte des französischen Revolutionskrieges* de Maier (Leipzig, 1804-1809) ; l'*Allgemeine Kriegsgeschichte der neuesten Zeit*, du prince Galitzine (IV, 5-28), etc., etc., enfin diverses relations particulières : le *Luckner u. seine Husaren* du général v. Dachen, *les Reproches faits au maréchal Luckner* (Paris, 1792, in-8° de 28 pages), brochure aujourd'hui introuvable, que possède cependant la Bibliothèque nationale, enfin l'étude du docteur Heinrich Pfeiffer : *Der Feldzug Luckners in Belgien*, Leipzig, 1897, in-8° de 80 pages, qui s'appuie non seulement sur les documents officiels, mais sur la correspondance privée du maréchal, conservée jusqu'à aujourd'hui au château d'Altfranken près Dresde.

Ces pièces, inédites ou imprimées, entre nos mains, c'est-à-dire la preuve matérielle des événements obtenue, notre tâche était loin d'être terminée : à vrai dire, elle commençait. Il fallait, en effet, mettre en œuvre ces notes éparses, et pour les mettre en œuvre avec fruit, il était nécessaire de creuser au préalable la situation politique, d'étudier et de scruter les hommes, de connaître à fond les acteurs du drame que nous prétendions mettre en scène.

C'est à ce prix, mais à ce prix seulement que nous pouvions espérer faire œuvre d'historien, d'historien tel que nous l'entendons, c'est-à-dire non seulement présenter les événements avec vérité et exactitude, mais donner leur genèse, tracer rationnellement et sans lacunes leur enchaînement, peindre les hommes dans leur véritable caractère, avec leurs faiblesses et leurs qualités, les faire vivre dans leur milieu, montrer non seulement comment ils ont agi mais pourquoi ils ont agi ainsi et non autrement, faire comprendre que la plupart du temps ils ne pouvaient agir autrement; enfin tirer des faits les leçons qu'ils nous présentent, extraire de l'expérience du passé un enseignement pour l'avenir, en un mot faire l'œuvre intéressante, mais surtout utile, que doit être l'histoire.

« De nos jours, a écrit naguère[1], dans une magistrale étude sur *Tacite historien*, le savant secrétaire perpétuel de l'Académie française, — de nos jours, beaucoup de bons esprits, préoccupés avant tout de l'exactitude, voudraient imposer à l'historien la rigueur des méthodes scientifiques, et lui conseillent volontiers d'imiter les procédés de Tillemont plutôt que ceux de Michelet. Il est certain pourtant qu'on ne fera jamais de l'histoire une science comme la physique ou la chimie. Même quand on la réduirait à n'être qu'une collection de faits, ce qui paraît à quelques personnes un moyen merveilleux de supprimer les causes d'arbitraire et d'erreur, ces faits ne ressemblent pas à ceux qu'un savant observe dans son laboratoire, et qu'il décrit comme il les

1. *La Conception de l'histoire dans Tacite* par M. Gaston Boissier, de l'Académie française; *Revue des Deux Mondes* du 15 juillet 1901, p. 247.

voit ; ce ne sont pas les produits de forces aveugles,
qui agissent toujours de la même manière, et
qui, placés dans de certaines conditions, ne
peuvent pas agir autrement. Ils proviennent d'un
être mobile, changeant, irrégulier, qu'il faut avoir
étudié en lui-même, et dans sa nature propre,
pour comprendre la raison des choses qu'on lui
attribue, et même pour en affirmer la réalité.
Ainsi la connaissance de l'homme, l'étude des
mœurs, des passions, des caractères sont nécessaires à l'histoire, ce qui en fait proprement un
genre littéraire. D'ailleurs, ces faits eux-mêmes,
quand il s'agit du passé, nous ne pouvons pas les
aborder directement, nous ne les saisissons qu'à
travers un ou plusieurs intermédiaires. Ils n'existent pour nous que dans les récits de ceux qui
en ont été les contemporains et les témoins, et
ces récits ne sont pas toujours semblables. Très
souvent ils se contredisent ; il est rare que les
gens qui ont vu le même événement le racontent
de la même manière, et que ceux qui ont vécu
dans l'intimité du même personnage aient la
même façon de le juger. Entre ces appréciations
diverses, il faut bien que l'historien choisisse.

Avec ces fragments de vérité, qu'il recueille un peu partout, il doit reconstituer un ensemble. Il entre nécessairement dans ce travail une part de création personnelle, et ceux qui prétendent l'empêcher d'y mettre quelque chose de lui-même le forceraient à ne produire qu'une œuvre qui ressemblerait à des chroniques de couvent, comme on en faisait au moyen âge, ou à nos manuels du baccalauréat. J'ajoute que, quand nous demandons qu'on nous enseigne le passé, nous désirons apparemment qu'on nous le montre comme il était, c'est-à-dire vivant. Le souci même de la vérité, qu'on met au-dessus de tout, l'exige. Une table des matières, contenant les principaux faits, relatés à leur date, avec un renvoi aux dissertations savantes qui les ont élucidés, ne ferait pas notre affaire. Nous souhaitons qu'on nous en donne le spectacle, nous voulons les voir ; or, c'est véritablement un art, le plus rare, le plus précieux peut-être de tous les arts, que de savoir leur rendre la vie ; d'où il suit qu'un historien, en même temps qu'un savant, a besoin d'être un artiste. Si c'est là ce que Cicéron a voulu dire, la loi qu'il énonce est incontestable ; elle s'applique à tous les temps, et peut-être convient-elle encore plus au nôtre qu'au sien. Jamais il n'a été plus nécessaire de dire que l'étude des documents, dans laquelle on prétend nous enfermer, est une préparation à l'histoire, mais qu'elle n'est pas l'histoire même ; qu'il faut les interpréter, les mettre en œuvre, et ne pas se contenter de les juxtaposer ; et **que**, pour employer une comparaison de Taine, ils ressemblent à ces échafaudages qui servent à bâtir une maison, et qu'on fait disparaître quand elle est construite. »

Cette définition de l'histoire est celle que nous avons adoptée depuis longtemps, que nous avons donnée nous-même à diverses reprises, en termes infiniment moins éloquents sans doute que l'éminent M. Gaston Boissier, mais avec une conviction, une conception identiques, et c'est en conformité de tels préceptes, difficiles à réaliser assurément, mais vers lesquels il est permis au plus modeste de tendre, que nous avons écrit les pages qui vont suivre.

Depuis que nous avons entrepris notre tâche, une publication du plus grand prix pour les érudits, la *Revue militaire*, rédigée à la section historique de l'État-major de l'armée, a mis en lumière un grand nombre des documents auxquels nous nous référons dans ce travail, notamment la relation de Foissac-Latour, la relation de Beauharnais, celle de Dupont-Chaumont, celle de Pully, le Mémoire donné par le maréchal Rochambeau, une partie de la correspondance de Luckner, etc. ; toutefois, en ce qui concerne la campagne de Courtrai, beaucoup de ces documents avaient été vulgarisés et utilisés en partie : 1° dès 1897, dans une étude intitulée : *Der Feldzug Luckners in Belgien*, due au docteur Heinrich Pfeiffer qui, en avait pris copie à nos Archives historiques pendant l'été de 1895[1] ; 2° dans un travail intitulé : *le Maréchal de Luckner et la Première Invasion de la Belgique*, publié dans la *Revue des questions historiques* du 1er avril 1898. De même pour ce qui est

---

1. « Es standen mir bei meiner Arbeit eine grosse Anzahl unveröffentlichter, wichtiger Originaldokumente aus dem Gräfl. Lucknerschen Archive zu Altfranken bei Dresden, sowie die vollständige, noch fast ganz unbenutzte Korrespondenz Luckners mit den Ministerien aus den französischen Staatsarchiven, *die ich im Sommer 1895 während eines Aufenthaltes in Paris durchsehen und kopieren lassen durfte, zu Gebote.* » (Dr Pfeiffer. Préface, p. III.)

relatif aux préparatifs de la campagne, à l'élaboration secrète du plan d'offensive tramé à l'insu de Rochambeau, par Dumouriez et Lauzun, une partie de ces pièces, notamment les Instructions du 22 avril, avaient été en grande partie publiées dans la *Revue des Deux Mondes* du 15 août 1899, un mois avant que parut le premier numéro de la *Revue militaire*[1].

En ce qui nous concerne, il est important que nous déclarions ici que toutes les citations que nous avons empruntées aux Archives historiques de notre Ministère de la Guerre ont été relevées directement par nous (en 1897-1899) sur les documents originaux et non sur une copie, qui, tôute respectable et authentique qu'elle soit, n'a cependant, pour les érudits et pour la critique, que la valeur d'une deuxième main.

Qu'il nous soit permis, en terminant cet avant-propos, d'adresser nos remerciements à notre maître éminent M. Ferdinand Brunetière, le Direc-

---

1. Voir la *Revue des Deux Mondes* du 15 août 1899 : *le Duc de Lauzun*. Voir également une note dans la *Revue militaire*, numéro de septembre 1899.

teur de la *Revue des Deux Mondes*, qui a bien voulu nous guider et nous engager à persévérer dans la voie que nous nous étions tracée. Nous adressons de même l'expression de notre gratitude à M. Martinien, le laborieux secrétaire des Archives historiques de la Guerre, dont la complaisance éclairée a singulièrement facilité nos recherches.

Et maintenant, jusqu'à quel point avons-nous su réaliser les desiderata de M. Gaston Boissier, avec quel succès sommes-nous parvenus à appliquer les principes qu'il pose? — Ce n'est point à nous de le dire. — La seule chose que nous puissions affirmer, c'est que nous avons écrit notre livre avec conscience et avec impartialité.

Si ces mérites sont les seuls auxquels nous ayons le droit de prétendre, nous conservons cependant l'espoir que la critique saura les apprécier.

Commandant DE SÉRIGNAN.

LA PREMIÈRE INVASION

DE LA BELGIQUE

(1792)

CHAPITRE I

LA SITUATION POLITIQUE ET MILITAIRE
A LA FIN DE 1791

Il y a un demi-siècle encore, c'était une croyance très répandue en France que les guerres de la Révolution n'avaient été faites par notre pays que pour repousser l'invasion étrangère, qu'elles avaient été la lutte d'un peuple combattant pour son indépendance, que cette lutte avait eu notamment pour but le maintien de la Constitution de 1791 menacée par la coalition des puissances européennes. Cette légende était fort en faveur; elle flattait notre orgueil national; elle nous décernait un brevet de modération; elle transformait la campagne de 1792 en un cas de légitime défense; elle absolvait, du même coup, la période césarienne et nettement conquérante du commencement du XIX° siècle.

Mais les légendes sont des astres nocturnes qui brillent d'autant plus que l'obscurité est plus profonde; elles pâlissent au fur et à mesure qu'apparait la lumière

1

et disparaissent tout à fait quand la vérité resplendit dans son complet éclat. Ainsi en a-t-il été de la légende des guerres de la Révolution, de l'origine de ces guerres, quand la critique a porté son flambeau dans ce coin mal exploré de notre histoire nationale. Du moment où l'investigation des chercheurs eut mis en lumière les pièces officielles de ce problème historique, quand on eut vérifié à Paris, à Berlin, à Vienne, à Londres les archives d'Etat, on s'aperçut qu'il fallait prendre le contre-pied de la piste qu'on avait jusque-là suivie ; on découvrit que l'agression de 1792, loin d'être demeurée le fait de nos ennemis, avait été provoquée par nous dans un but politique nettement prémédité [1].

Au moment où l'Assemblée, qui porte dans l'histoire de la Révolution le nom de Législative, succédait aux Etats généraux, le roi Louis XVI venait d'accepter la Constitution de 1791. Et, bien que le souverain l'estimât défectueuse, mauvaise aussi bien pour lui que pour le peuple, il paraissait décidé à l'appliquer : « La violence, écrivait-il confidentiellement à ses frères, peut conduire à des atrocités de tout genre. Un roi ne peut introduire des armées étrangères dans ses Etats, et quand même l'invasion réussirait, ces troupes ne peuvent pas toujours rester dans les provinces dévastées. On dit bien qu'un roi doit chercher à reconquérir le pouvoir perdu ; cependant je ne puis me décider à prendre une voie qui ne me fera aboutir qu'à la ruine de mon peuple et aux reproches de ma conscience. Je m'unis donc au peuple pour essayer de la Constitution [2]. »

---

1. « La guerre est actuellement un bienfait national, et la seule calamité à redouter, c'est de n'avoir pas la guerre. » — Brissot aux Jacobins, 29 décembre 1791. — *Moniteur*, t. X, cité par A. Sorel ; — *L'Europe et la Révolution*, II, p. 318.

2. H. de Sybel, *Histoire de l'Europe pendant la Révolution française* (trad. de Mlle Marie Bosquet), t. I, p. 313.

Et le peuple, comme le roi, semblait las des bouleversements et de l'agitation qui arrêtaient les affaires, maintenaient le pays dans un état de crise ininterrompue. Les aspirations populaires en étaient arrivées, à cet égard, à un tel point, qu'elles inquiétaient ceux des hommes politiques qui, n'estimant pas terminée l'œuvre de la Révolution, sentaient cette œuvre compromise par la lassitude générale, par l'état d'esprit de la multitude.

« On ne saurait croire, écrivait Mme Roland, combien les fonctionnaires et les négociants sont réactionnaires. Quant au peuple, il est fatigué ; il croit tout terminé et retourne à ses travaux. Toutes les feuilles démocratiques s'irritent des vivats qui accompagnent le roi, chaque fois qu'il paraît en public. »

A l'Etranger également on inclinait à penser que l'heure des troubles était terminée dans notre pays ; c'était en particulier la façon de voir de l'empereur Léopold. Les mesures prises par ce souverain contre la Révolution avaient été dictées uniquement par la pensée de conserver en France la forme monarchique ; mais, dès que la Constitution de 1791 garantissait ce système de gouvernement, dès que Louis XVI acceptait cette Constitution, il n'y avait qu'à laisser la France mettre tranquillement en pratique les nouvelles institutions que ses représentants venaient de lui donner.

En vain les comtes de Provence et d'Artois cherchaient-ils à entraîner l'Europe dans une coalition destinée à rétablir dans notre pays l'ancien état de choses ; l'Empereur et le roi de Prusse, des hommes d'Etat comme Kaunitz, étaient, en principe, opposés à ces prétentions. En somme, et pour le moment, tout sujet de guerre, tout motif d'intervention, demeuraient écartés ; la Révolution française était terminée, l'ancien régime était clos à jamais, le régime nouveau commençait. Ainsi pensaient et l'Autriche, et la Prusse, et l'Empire[1].

Encore que ces espérances fussent des illusions, elles n'en demeuraient pas moins ancrées dans l'esprit de la plupart des gens sensés qui avaient suivi, en France et en Europe, le mouvement révolutionnaire. Elles eussent pu, avec un gouvernement énergique à notre tête, se changer en réalité. Malheureusement le prince qui dirigeait alors nos destinées manquait à la fois du caractère et de la fermeté qui eussent été indispensables dans ces circonstances critiques.

A la fin de 1791, quatre partis se partageaient, en France, l'opinion publique[2]. Le premier, celui du *statu quo ante*, les amis de l'ancien régime tel qu'il existait avant 1789, ne comptait guère qu'un petit nombre d'émigrés, sans influence comme nombre et comme action. Le second, celui des constitutionnels, ou des feuillants, avait eu à sa tête un esprit hors de pair, Mirabeau, et groupait encore dans son sein des hommes de valeur, comme Barnave, les frères Lameth, Mathieu Dumas, etc. Il comprenait l'immense

1. « Nous avons vu et lu à Vienne — écrit M. de Bacourt dans sa préface à la *Correspondance de Mirabeau* — une lettre confidentielle datée de onze heures du soir, le jour même et à l'instant où la convention de Pillnitz venait d'être signée, écrite par l'empereur Léopold à son premier ministre, le prince de Kaunitz, qui était resté à Vienne. Dans cette lettre, l'empereur assure à son ministre qu'il peut être parfaitement tranquille, que la convention qu'il vient de signer ne l'engage absolument à rien : qu'elle ne contient que des déclarations générales sans portée, arrachées par les sollicitations de Monseigneur le comte d'Artois, et finit en lui donnant assurance que ni lui, l'empereur, ni son gouvernement ne se trouvent liés en quoi que ce soit par cette convention. » (*Correspondance de Mirabeau*, t. III, p. 232.) D'autre part, on peut lire dans une lettre des bords du Rhin, du 23 décembre 1791, publiée dans le *Moniteur* du 1er janvier suivant : « Il est publié à Ratisbonne que le roi de Prusse a déclaré qu'il ne se mêlerait ni directement, ni indirectement des affaires de France. Plusieurs lettres, datées de Dresde du 4 de ce mois, affirment la même chose... Le roi désapprouve sincèrement la conduite de quelques princes allemands qui donnent des secours aux émigrés français contre tous les principes d'une saine politique. »

2. Voir le discours prononcé par Isnard dans la séance du 5 janvier (*Moniteur* du vendredi 6 janvier).

majorité de la nation, et aspirait, comme nous l'avons dit tout à l'heure, à mettre honnêtement en pratique la constitution acceptée par Louis XVI.

En face de ces deux opinions monarchiques, dont, à vrai dire, la première n'était guère qu'un fantôme, se dressaient deux partis adverses, nettement antiroyalistes, déjà opposés l'un à l'autre sans l'être autant qu'ils le devinrent depuis : les Girondins — ou les Brissotins, comme on disait au début de la Révolution ; — les Jacobins.

Girondins et Jacobins estimaient que la Révolution n'avait pas eu simplement pour but de modifier la forme monarchique en France, que son objet était d'anéantir le système lui-même et sur ses ruines d'édifier un gouvernement d'essence populaire.

Ce régime dont les linéaments demeuraient encore bien vagues, bien indécis dans l'esprit de ses promoteurs, ce régime dont le principe était : « la nation gouvernée par elle-même », ne comprenait encore qu'un point net, une obligation précise : la suppression de la royauté. D'ailleurs, les deux partis n'étaient plus d'accord quand il s'agissait du système à employer pour parvenir au but.

Les Girondins, émus de voir le roi retrouver dans les différents éléments de la nation une popularité dangereuse pour leur prestige, cherchaient un moyen de distraire l'opinion, de l'exalter, de reconquérir ainsi l'attention et la faveur populaires. Ce moyen, ils crurent le rencontrer dans une guerre avec l'Etranger. En amenant les puissances à ouvrir contre nous les hostilités, en montrant au peuple cette royauté appuyée sur les baïonnettes prussiennes ou autrichiennes, ils espéraient l'en dégoûter à jamais.

La guerre, conduite avec succès, — et les Girondins n'en prévoyaient pas d'autre, — donnerait inévitablement au parti qui l'aurait fait entreprendre une prépondérance décisive. Avec la victoire aux frontières, les Girondins obtiendraient nécessairement le pouvoir à l'intérieur : ils disposeraient du prestige et de la puissance. Maîtresse absolue des destinées de la France, la Gironde organiserait alors sur les ruines d'une monarchie vermoulue la République idéale dont était éprise Mme Roland ; elle doterait notre pays d'une constitution calquée sur celle d'Athènes ou de Corinthe. Ainsi pensaient Condorcet, Sieyès, Brissot et leurs amis.

Les Jacobins n'envisageaient pas la situation sous le même aspect. Ils ne croyaient point à la nécessité de la guerre pour supprimer la monarchie, et, avec une clairvoyance intelligente, ils discernaient dans une intervention armée un danger pour la République. Pas plus que les Girondins ils n'admettaient de revers possibles, mais ils devinaient que, dans une entreprise militaire couronnée par le succès, la prépondérance irait non point à leur parti, mais au soldat heureux qui aurait fixé la victoire[1]. Ils s'effrayaient de livrer même momentanément les destinées du pays aux représentants de la force, à des gens que les circonstances pouvaient rendre peu soucieux de la légalité, même du droit, à des hommes dont la plupart — circonstance aggravante — étaient dévoués soit à la constitution, soit au roi lui-même.

Dans leurs calculs, les Jacobins étaient, en réalité, plus près de la vérité que leurs adversaires. La guerre, déclarée sur les instances des Girondins, ne devait pas leur donner le pouvoir ; elle ne devait même pas

---

1. « La scission entre la Gironde et les Jacobins proprement dits ne se fait point dans le fond des choses. Le dessein est le même de part et d'autre : affaiblir puis supprimer la royauté. La divergence ne se manifeste que sur les moyens de parvenir. La guerre, selon les Girondins, assurera le succès à la Révolution ; selon les Jacobins, elle le compromettra. » Albert Sorel, *l'Europe et la Révolution française*, II, p. 314.

les sauver de l'échafaud. Mais ce torrent débordé allait, pendant vingt ans, se ruer sur l'Europe en la couvrant de ruines et de cadavres. Se précipitant furieusement dans le sillon qu'on lui ouvrait si imprudemment, il allait entraîner et briser tumultueusement sur son passage toutes les libertés de la Révolution, toutes les garanties achetées au prix de tant d'efforts, de tant de sang, et, d'étape en étape, nous conduire au 18 brumaire, à l'étranglement de la République, finalement au remplacement d'un prince incapable sans doute, mais sans doute aussi honnête et inoffensif, par un César égoïste et impitoyable.

En dehors des Girondins, l'appel aux armes avait parmi les Feuillants un certain nombre de partisans qui escomptaient à leur profit, au profit du roi ou de la Constitution, une partie des avantages qui séduisaient la Gironde. Ces promoteurs royalistes des hostilités apercevaient dans les succès militaires prochains un moyen pour Louis XVI de regagner la faveur de l'armée, de cette partie de l'armée, minime en réalité, qu'on lui supposait hostile. Ils se flattaient d'obtenir, grâce à ce rapprochement, un accroissement de puissance matérielle décisif, résultat important vis-à-vis de partis remuants, chaque jour plus audacieux et plus entreprenants. Ils estimaient encore qu'en conseillant au roi de déclarer lui-même la guerre aux souverains dont ses ennemis l'accusaient de réclamer subrepticement l'appui, on coupait court à la principale cause d'impopularité et l'on enlevait aux républicains, modérés ou avancés, leur argument le plus sérieux contre la monarchie.

Parmi ces partisans de la Constitution que leur dévouement au roi, ou leur ambition poussait dans le parti de la guerre, aucun ne témoigna de plus de bonne volonté que le nouveau ministre de la Guerre, le comte Louis de Narbonne-Lara, qui puisait ses aspirations dans le cœur d'une femme d'élite[1], et les soutenait, une fois adoptées, avec une ardeur toute méridionale. A l'époque où il remplaça le maréchal de camp du Portail à la direction de l'armée[2], Narbonne avait trente-six ans[3]. Doué de toutes les apparences qui séduisent d'abord, possédant à la fois une physionomie aimable, un esprit vif, un cœur honnête et droit, le comte de Narbonne demeure certainement une des personnalités les plus symphatiques de la fin du XVIIIe siècle[4]. Il eût été, en des temps moins troublés, une figure politique hors de pair, car il joignait, aux qualités que nous avons dites, une culture intellectuelle variée, connaissait bien les idiomes anciens et parlait couramment la plupart des langues de l'Europe[5].

1. Les relations intimes du comte de Narbonne et de Mme de Staël étaient à cette époque de notoriété publique. — Voyez les *Souvenirs du maréchal de Castellane*, t. I, p. 389, et la note n° 4 ci-dessous.

2. La nomination est du 6 décembre 1791.

3. Louis, comte de Narbonne-Lara, né à Codorno, duché de Parme, en 1755. Elevé d'abord à la cour, il fait ensuite ses études au collège de Juilly et entre dans l'artillerie. Passe de là aux dragons, puis dans la Maison du roi. Après avoir émigré en 1792 et mené à l'Etranger une vie assez difficile, Narbonne devait être, en 1809, admis dans l'armée de Napoléon en qualité de général de division. L'empereur ne tarda pas à l'apprécier vivement. « L'esprit de M. de Narbonne plaît beaucoup à l'empereur, dit Castellane dans ses *Souvenirs*, t. I, p. 162; il le fait souvent dîner avec lui. » En 1812, à l'ouverture des hostilités, Napoléon, qui avait reconnu dans l'ancien ministre de la Guerre un diplomate très fin, l'envoya à Vilna, auprès de l'empereur Alexandre, pour tenter une démarche pacifique. On sait qu'elle n'aboutit pas, qu'elle ne pouvait point aboutir. Narbonne suivit Napoléon à Moscou et fut nommé, en 1813, gouverneur de Torgau. Il y mourut le 17 novembre. M. Villemain a consacré au comte Louis de Narbonne le premier volume de ses *Souvenirs contemporains*(*). La biographie tient peu de place dans ce travail; c'est surtout le rôle politique de l'ancien ministre de Louis XVI et de l'ambassadeur de Napoléon qu'a cherché à mettre en lumière le célèbre écrivain.

4. Toutefois, il ne paraît pas avoir eu les sympathies de Marie-Antoinette. « ... Le comte de Narbonne est enfin ministre de la Guerre, écrivait la reine à Fersen, à propos de cette nomination... Quelle gloire pour Mme de Staël et quel plaisir pour elle d'avoir toute l'armée à ses pieds!... » Marie-Antoinette à Fersen. *Correspondance*, t. I, p. 199. — Elle disait encore à Fersen un peu plus loin : « Il y a guerre ouverte entre les ministres Lessart et Narbonne; *le meilleur des deux ne vaut rien.* » Ibidem.

5. Il avait étudié l'art militaire en compagnie de Guibert et de Mesnil-Durand, l'histoire et la diplomatie, avec le fameux professeur Koch, de Strasbourg.

(*) *Souvenirs contemporains d'histoire et de littérature*, par M. Villemain. Paris, librairie académique de Didier, 1864, nouvelle édition, 2 volumes in-12.

En 1791, quand la confiance du roi, ou, pour mieux dire, la volonté plus ou moins contrainte du roi, l'eut appelé aux affaires, on vit le nouveau ministre apporter dans ses fonctions l'entrain et la vivacité d'un jeune homme. Malheureusement la bonne volonté demeurait, ici, insuffisante. Il eût fallu des forces surhumaines, une expérience consommée pour diriger alors le Ministère de la Guerre, c'est-à-dire une machine compliquée, que l'Assemblée actuelle désorganisait chaque jour davantage par des mesures prématurées et inopportunes.

Quoi qu'il en soit, Narbonne, à peine installé à l'hôtel de la rue Saint-Dominique, imprima à tous les services une activité que l'on y avait rarement connue avant lui[1]. Le 14 décembre, il annonçait à l'Assemblée que les unités, réparties sur les frontières et groupées encore en divisions territoriales suivant la formation de 1788, allaient être organisées en armées. Lui-même quitta Paris le 20 décembre, inspecta les troupes et se rendit compte *de visu* de nos moyens offensifs et défensifs.

En réalité, si nous étions suffisamment pourvus pour nous défendre, nous ne l'étions point pour prendre l'offensive. Mais Narbonne, dans le voyage de deux semaines pendant lesquelles il visita la frontière, n'eut la possibilité de discerner que la surface des choses. Il vit des arsenaux remplis et des magasins bondés ; ce qu'il ne distingua point, ce fut la désorganisation qui désagrégeait chaque jour les troupes, leur enlevait d'instant en instant quelque chose de leurs qualités morales et tactiques. Il rentra

---

1. « Il faut rendre justice à l'activité de M. de Narbonne. Il est arrivé à Metz après avoir passé six nuits sans se coucher... C'est plusieurs ministres à la fois qu'un homme capable de penser à tout, d'agir sans cesse et d'être sans cesse parlant avec éloquence ou agissant avec dextérité. » *Moniteur* du 3 janvier 1792, n° 2. Lettre de Metz.

donc à Paris, au commencement de l'année 1791, et annonça aux députés que « rien n'était plus consolant que ce qu'il venait de voir, que notre puissance militaire était formidable, que nous étions en état de lutter avec l'Europe, dans les conditions les plus favorables ».

« Les fortifications des places, dit-il dans la séance du 11 janvier, présentent généralement des dispositions satisfaisantes... 20.000 hommes, à Lille, seraient encore forts contre 120.000 attaquants. Le camp retranché sous Maubeuge, proposé par M. de Rochambeau et exécuté par les officiers du génie, est bon... Les projets sur Mézières sont excellents... Dans toutes ces places, l'artillerie est dans l'état le plus respectable... Les fonderies et les arsenaux sont en pleine activité... Je dois aussi les plus grands éloges à l'activité que le corps d'artillerie a mise dans ses essais pour perfectionner le système d'une artillerie volante[1] déjà adoptée par les Prussiens et les Autrichiens... Depuis Dunkerque jusqu'à Besançon, l'armée présente une masse de 240 bataillons et 160 escadrons, avec l'artillerie nécessaire pour 200.000 hommes. Les magasins, tant en vivres qu'en fourrages, assurent la subsistance de 230.000 hommes et 20.000 chevaux pendant six mois. On travaille avec la plus grande activité à les augmenter encore. Indépendamment des effets de campement qui se trouvent dans les places-frontière, il en sera incessamment rendu dans les magasins de seconde ligne, pour 100.000 hommes.

« 6.000 chevaux sont déjà rassemblés pour le service de l'artillerie et des vivres ; on travaille au

---

1. C'était l'artillerie à cheval, qui était alors inconnue en France et dont deux compagnies furent créées pour la première fois, dans le courant de l'année, sur la demande de Lafayette.

rassemblement de 6.000 autres. J'ai pris des mesures pour compléter le nombre nécessaire aux différents services de l'armée.

« Le service des hôpitaux ambulants est également assuré pour 150.000 hommes.

« Enfin, tous les approvisionnements ont été prévus et les mesures ont été prises pour l'activité qu'exigerait une campagne[1]. »

Nous verrons plus loin, au moment où nous aurons sous les yeux la correspondance des généraux rendant compte sur place de la véritable situation des armées, — nous verrons combien la peinture faite par Narbonne dans la séance du 11 janvier était flattée. Il est très probable cependant que le ministre était de bonne foi. Et d'ailleurs, s'il avait reconnu la vérité, s'il l'avait réellement discernée, comment eût-il pu la dire à l'Assemblée, comment eût-il pu proclamer, à la face du pays, que deux ans de réformes, de changements, d'améliorations ou soi-disant telles, n'avaient abouti qu'à faire de l'armée organisée naguère par le Conseil supérieur de la Guerre, c'est-à-dire d'une force militaire homogène, instruite, rompue aux manœuvres, la masse sans cohésion, sans discipline qui s'égrenait en mince cordon de Dunkerque à Bâle. Renseignés d'une façon aussi véridique, aussi exacte sur nos moyens d'action militaire, les représentants du peuple l'étaient d'une façon identique sur le côté financier de la question, par des députés comme Cambon, qui assuraient, à la tribune, que la France « avait plus d'argent qu'il ne lui en fallait ».

Dès les premiers jours de 1792, l'idée d'une lutte avec l'Europe, acceptée par la majorité de la nation

1. Séance du 11 janvier 1792. Discours de Narbonne. *passim.*

et par celle de nos représentants — abusés les uns et les autres sur la situation de notre pays — demeurait donc une conjoncture que la première occasion allait réaliser. Ni le peuple ni la représentation nationale ne se doutaient de l'immense gravité, des suites redoutables qu'allait entraîner un tel parti.

CHAPITRE II

LES ARMÉES ET LE COMMANDEMENT EN CHEF
ROCHAMBEAU. — LUCKNER. — LAFAYETTE

Suivant l'organisation arrêtée par le ministre de la Guerre, à la date du 14 décembre 1791, les troupes réparties sur notre frontière, de Dunkerque à Bâle, étaient groupées en trois armées, dites du Nord, du Centre et du Rhin, dont le commandement fut attribué respectivement au général Rochambeau, au général Lafayette, au général Luckner. D'après un ordre de bataille dont la minute est conservée aux Archives historiques du Ministère de la Guerre et qui est classé à la date du 2 janvier[1], chaque régiment d'infanterie devait organiser un bataillon de guerre d'un effectif de 812 hommes, et un second bataillon de dépôt destiné à tenir garnison dans les places. Les régiments de cavalerie à 3 escadrons avaient à en fournir 2 de campagne, chacun à 150 chevaux ; les régiments de hussards et de chasseurs, qui avaient 4 escadrons, devaient en former 3 de campagne.

L'armée du Nord, placée sous le commandement de Rochambeau, était constituée sur cette base et comprenait 61 bataillons de ligne, 28 bataillons de volontaires, 59 escadrons, 4 bataillons d'artillerie (2 régiments). On laissait dans les places 29 dépôts de

1. Archives historiques de la guerre. Armée du Nord, 1792, 2 janvier.

régiments composés en partie de recrues ou d'hommes peu en état de servir. Ces garnisons des villes fortes étaient décomptées comme il suit :

	Hommes	Hommes
Dépôts des régiments actifs (29)................	8.140	
28 bataillons de garde nationale à 540 hommes...	15.120	23.260
18 escadrons de dépôt.............		2.242
TOTAL..............		25.502

Il restait donc comme troupes disponibles pour entrer en campagne :

	Hommes	Hommes
25 bataillons à 812 h.......	20.300	
6 bataillons suisses......	2.957	23.698
1 bataillon de chasseurs à pied................	441	
41 escadrons à 150 h.............		6.150
TOTAL..............		29.848

Pour une raison que nous ignorons[1], on apporta certaines modifications à cette première organisation. C'est ainsi qu'on enleva à Rochambeau le régiment de Touraine pour le faire passer à l'armée de Lafayette. Comme compensation, on donna à l'armée du Nord 8 bataillons de volontaires nationaux, d'un effectif total de 4.320 hommes; on lui assigna également 2 bataillons destinés à remplacer, à Mézières, le régi-

---

1. Très certainement des raisons de personnes. Il était alors d'un usage courant qu'un général désignât les régiments qu'il désirait avoir sous ses ordres, et il voulait toujours avoir sous son commandement ceux dont il connaissait particulièrement les colonels. Au début de la Révolution, les nuances politiques des différents généraux en chef rendirent ces groupements plus fréquents; on en verra la preuve dans le cours du présent travail.

ment de Touraine ; enfin, on lui attribua le 5ᵉ régiment de chasseurs à cheval, alors en garnison à Amiens, Abbeville et Compiègne, et l'on fit permuter le régiment de Picardie, caserné à Rocroy, avec Bourgogne, qui se trouvait à Reims. Ces mutations effectuées, l'armée active du Nord comprit :

	Hommes	Hommes
Infanterie. — 24 bataillons de campagne à 812 h......	19.448	
6 bataillons suisses.......	2.957	
1 bataillon de chasseurs à pied.................	441	27.166
8 bataillons de volontaires.	4.320	
Cavalerie. — 44 escadrons à 150 hommes.................		6.600
TOTAL.................		33.766

Avec les 25.502 hommes de troupes de garnison, on arrivait à un ensemble de 59.268 hommes, plus les 4 bataillons d'artillerie qui devaient être complétés.

Comme état-major, on attribuait, en principe, à l'armée du Nord, 7 lieutenants généraux, 16 maréchaux de camp, 4 adjudants généraux colonels d'état-major, 4 adjudants généraux lieutenants-colonels, 12 adjoints d'état-major, capitaines ou lieutenants, un certain nombre d'officiers du génie et d'artillerie, 1 commissaire général (intendant général), 2 commissaires ordonnateurs, 14 commissaires ordinaires, des officiers de gendarmerie (prévôté et maréchaussée) et des officiers de santé. Une compagnie de guides, comprenant 1 capitaine, 1 lieutenant, 1 sous-lieutenant, 1 maréchal des logis, 2 brigadiers, 24 cavaliers, était attachée au service du grand quartier général.

Le projet auquel nous nous référons donnait ensuite la composition des armées de Lafayette et de

Luckner, que nous ne transcrirons pas ici, parce qu'elles étaient — ou à peu de chose près — identiques à la première. La minute — que nous avons sous les yeux — porte, au bas de la dernière page, la mention : « Approuvé les dispositions cy-dessus et en ordonne l'exécution le plus promptement possible. *Signé :* NARBONNE. *Pour copie conforme :* PACOT, premier secrétaire de la guerre. »

Le soldat auquel le roi Louis XVI confiait la plus importante de nos armées, celle dont on envisageait la tâche comme la plus ardue, le comte de Rochambeau[1], était né à Vendôme le 1er juillet 1725; il avait, par conséquent, soixante-six ans. D'une vieille famille de la province d'Anjou, il avait d'abord été destiné par son père — à cette époque gouverneur de Vendôme — à l'état ecclésiastique; mais la mort de son frère aîné lui avait ouvert une carrière plus en rapport avec son tempérament. Après de bonnes études commencées chez les Jésuites de Blois, puis terminées à Paris, Rochambeau avait été admis dans le régiment de Saint-Simon, cavalerie, en qualité de cornette, le 24 mai 1742[2].

1742! c'est à peu près le début de la guerre de la Succession d'Autriche. Rochambeau y prend part dès l'ouverture des hostilités, ou peu s'en faut, et, avec cette première campagne, commence pour lui une période de vingt années où il n'aura guère l'occasion de laisser son épée au fourreau. En 1747, après la prise de Namur, on le voit pourvu du commandement du régiment de la Marche, infanterie, à la tête duquel, au cours de la seule journée de Lawfeld, il est deux fois blessé. Il n'en prend pas moins part, l'année suivante, dans l'armée d'outre-Meuse, commandée

1. Jean-Baptiste-Donatien de Vimeur, comte de Rochambeau.
2. Archives administratives de la guerre. Dossier *Rochambeau.*

par le maréchal de Lowendal, à toutes les opérations
de la nouvelle campagne, assiste en dernier lieu au
siège de Maastricht, va de Maastricht à Minorque
avec le duc de Richelieu, revient en Allemagne avec
le même chef et assiste à toutes les actions de guerre
que termine glorieusement l'enlèvement de Cassel.
Entre temps, et sans qu'il abandonne l'armée, il
reçoit le gouvernement de Vendôme, laissé vacant
par la mort de son père, est créé, en 1756, brigadier
d'infanterie, et, peu après, major général de l'armée.
Mais la direction d'un état-major convenait moins à
sa nature entreprenante que le maniement direct des
troupes; il demande donc un commandement effectif,
obtient une brigade et remporte, à la tête de ses régiments, divers succès marqués, notamment sur le
prince de Brunswick. On le voit, sous les ordres du
maréchal de Contades, combattre, à Crevelt, en 1756,
à Minden, le 1er août, à Clostercamp, le 16 octobre 1760; et partout il fait preuve, non seulement
du courage du soldat, mais d'une clairvoyance, d'une
décision, d'un caractère qui indiquent l'homme né
pour commander en chef.

C'était précisément le moment où, après vingt années de guerre, la France entrait dans une période
pacifique de quelque durée. Rochambeau put enfin
goûter les premiers loisirs qu'il lui fut donné de
prendre depuis son entrée dans l'armée. Toutefois,
cet homme d'action sur le champ de bataille savait
utiliser le repos du temps de paix au bénéfice de sa
carrière. Il n'était pas, d'ailleurs, le seul à occuper
son esprit d'une façon profitable à lui-même et à son
pays. La période qui suivit la guerre de Sept Ans, et
qui va de 1763 à l'ouverture de la Révolution, fut une
de celles où les études tactiques fleurirent dans notre
pays avec un éclat qu'elles n'avaient peut-être jamais

atteint. C'est l'époque des discussions célèbres de
Guibert et de Mesnil-Durand, des dissertations sans
fin sur l'ordre mince et sur l'ordre profond, des expériences des camps de Verberie, de Compiègne, de
Vaussieux. Rochambeau prit part à toutes ces querelles professionnelles et y montra toujours une sûreté de jugement et, à la fois, une modération remarquable.

Louis XVI avait — a-t-on dit — quelque éloignement pour son caractère parfois un peu entier. Le
prince, cependant, ne pouvait lui refuser sa confiance.
Consulté avec complaisance par le souverain et davantage par les ministres sur toutes les questions d'organisation et de tactique dont la solution passionna les
esprits au cours de cette période mouvementée, une
des plus fécondes qu'ait jamais traversées notre armée,
il apporta un soin particulier à demeurer à sa place,
à s'abstenir de toute immixtion dans les questions
politiques qui captivaient alors si vivement la cour et
le peuple tout entier. Les problèmes militaires les
plus modestes, aussi bien que les questions de la plus
haute volée, avaient pour lui un attrait irrésistible,
un attrait qui frappait sur-le-champ quiconque l'approchait. Lauzun, qui servit à différentes reprises sous
ses ordres, nous dépeint spirituellement cette manie
d'un professionnel obstiné : « M. de Rochambeau,
dit-il dans ses *Mémoires*, ne parlait que de faits de
guerre, manœuvrait et prenait des dispositions militaires dans la plaine, dans la chambre, sur la table,
sur votre tabatière si vous la tiriez de votre poche.
Exclusivement plein de son métier, il l'entendait à
merveille[1]. »

Un tel homme était tout désigné pour commander

---

1. *Mémoires de Lauzun*, Paris, 1822, p. 335.

l'expédition que Louis XVI avait décidé d'envoyer en Amérique ; et l'opinion de la cour fut unanime à sanctionner le choix du roi. Nous avons dit, un peu plus haut, que Louis XVI aurait manifesté, parfois, quelque prévention contre le caractère du maréchal. En réalité, c'était surtout aux entours du prince — moins qu'au souverain lui-même — que Rochambeau n'avait point toujours le talent de plaire. La mièvrerie et l'affectation qui caractérisaient son époque n'avaient eu aucune prise sur son caractère rude, rugueux, plein de brusquerie. D'un abord froid[1], d'une sévérité qui paraissait parfois outrée, dur aux autres comme à lui-même, il n'avait rien du courtisan et ne pouvait conquérir de sympathie dans une cour où la forme avait tant d'empire. Le commissaire des guerres, Blanchard, qui avait servi sous ses ordres en Amérique, nous dit de lui qu' « il se défiait de tout le monde et se croyait toujours entouré d'imbéciles et de fripons[2] ». Et après cette appréciation, tracée « dans un moment d'humeur », avoue l'écrivain lui-même, Blanchard ajoute : « Je dois dire qu'il (Rochambeau) a aussi de bonnes qualités ; qu'il est sage, qu'il désire le bien et que, s'il n'est pas un administrateur habile, c'est un général très actif, ayant un excellent coup d'œil, se mettant promptement au fait d'un pays, et entendant parfaitement la guerre. Il a bien servi en Amérique et a donné une idée avantageuse de sa nation. On s'imaginait voir un petit-maître français, et on voyait un homme posé, réfléchi. *Your general is sober*, me disait une fois un Américain à côté de qui je dînais et qui remarquait sa

1. Guerre d'Amérique, 1780-1783. *Journal de campagne* de Claude Blanchard, commissaire des guerres. Paris, Dumaine, 1881, in-8, p. 84. — Ce journal, publié naguère par le petit-fils de l'auteur, qui est en même temps un érudit, M. Georges La Chesnais, ancien chef de bureau au Ministère de la Guerre, constitue un des plus précieux documents que nous possédions sur la guerre d'Amérique.

2. Idem, *ibidem*, p. 83.

modération à table. Cette modération et cette sagesse étaient généralement remarquables dans des points plus importants[1]. »

Nous n'avons d'ailleurs pas à dire ici avec quel succès il conduisit cette campagne d'Amérique, terminée glorieusement par la prise de York-Town, le 19 octobre 1781. Rappelons seulement que ce dernier événement, en consacrant à la fois l'irrémédiable défaite de l'Angleterre et l'indépendance des États-Unis, était une de ces victoires dont l'importance politique dépasse de beaucoup la portée militaire. La capture de lord Cornwallis et la chute de York-Town eurent, dans le monde entier, un retentissement immense; aussi, quand Rochambeau rentra en France, y fut-il reçu avec une faveur générale. L'expédition d'Amérique, l'intervention de notre armée dans cette lutte d'un peuple combattant pour son indépendance, étaient pour ainsi dire l'œuvre particulière de Louis XVI, une de celles dont le succès avait le plus tenu au cœur de ce prince. Il n'était donc pas possible, qu'en dépit de quelques préventions, il n'accueillît avec une satisfaction réelle l'homme qui avait fait triompher à la fois la pensée royale et la politique de la nation. Il lui réserva, en effet, une réception glorieuse, sans compter des marques positives de sa bienveillance. Rochambeau avait été compris dans la promotion des lieutenants généraux du 1er mars 1780; il reçut, à son retour d'Amérique, le cordon du Saint-Esprit, les gouvernements de Picardie, d'Artois et de Bretagne.

Malheureusement, les fêtes données à Versailles pour la réception du vainqueur de York-Town n'étaient que le répit d'un jour dans les préoccupations qui

---

1. Idem, *ibidem*, p. 84.

assaillaient la royauté, dans les difficultés qui allaient
l'acculer à la ruine. La Révolution s'avançait à grands
pas, et, comme un orage soudain, allait couvrir de
ruines notre patrie. Rochambeau, attaché par son
passé, par conviction, par reconnaissance à la monarchie, eût pu rendre au roi des services précieux. Il
faut bien constater que, sous ce rapport, il ne remplit
pas le rôle qu'il eût pu jouer, qu'il n'eut point l'influence à laquelle il eût pu, il eût dû prétendre. Soit
qu'il fut frappé de l'intensité du mouvement révolutionnaire, soit qu'un certain affaissement de son esprit
ne lui inspirât plus les résolutions vigoureuses qui lui
avaient été coutumières au temps de sa jeunesse, il est
incontestable qu'il demeura systématiquement en
dehors du gouvernement, refusant même le portefeuille de la Guerre qui lui fut offert en 1791 par
M. de Montmorin[1].

Tel était l'homme auquel, nous l'avons dit, Louis XVI
confiait le soin de protéger notre frontière de Dunkerque à la Meuse, en attendant l'heure prochaine où
il aurait à prendre une offensive… victorieuse, personne n'en doutait.

Luckner, le commandant en chef de l'armée du Rhin;
Luckner, qui a toujours été un inconnu dans notre
pays, qui l'était déjà en 1792 et qui l'est bien davantage encore aujourd'hui, cent ans après sa mort, à ce
point qu'aucune des biographies publiées à son sujet
n'a la moindre exactitude[2]; Luckner était un tout autre
homme que Rochambeau. Il était né le 12 janvier 1722
à Cham, petite ville bavaroise de 3.000 et quelques

---

1. Plus tard, Lauzun aussi engagea Dumouriez à faire entrer Rochambeau au Conseil du roi. Mais l'homme qui n'avait pas voulu faire partie du
ministère de M. de Montmorin n'aurait certainement pas accepté d'être le
collègue de Dumouriez.

2. Sauf une courte notice publiée par M. Chuquet, dans la *Retraite de
Brunswick*, et quelques mots dans une note de la *Correspondance de Carnot*
publiée par M. Etienne Charavay.

habitants, qui s'élève sur la rive gauche du Regen[1],
à moitié distance environ de Pilsen et de Ratisbonne.

Son père, qui était brasseur de bière et maire de sa
commune, l'envoya à dix ans aux Jésuites de Passau,
— Luckner était alors catholique, — mais l'enfant se
montra rebelle aussi bien aux enseignements qu'à la
discipline d'une maison où la règle était cependant
loin d'être sévère. C'était une nature vive, d'une étour-
derie extrême, d'une sauvagerie rare chez un enfant
de son âge, d'une paresse dont aucun encouragement,
aucun châtiment ne venaient à bout, que la vie mono-
tone d'un établissement religieux irritait et terrorisait
à la fois. On l'avait surnommé *libertinus*, « qui n'en
fait qu'à sa tête », et, effectivement, il agit si bien à sa
guise, qu'un beau matin, sans prévenir personne, pas
plus ses maîtres que son père, il prit la clef des
champs et courut s'engager dans le régiment bavarois
de Morawitzki-Infanterie, qui faisait alors la guerre
contre les Turcs. On était en 1737, Luckner avait
quinze ans. Dès ses débuts, le jeune Nikolaus montra
beaucoup plus d'aptitude pour sa nouvelle carrière
qu'il n'en avait témoigné dans son métier d'écolier.
Deux ans après son entrée au régiment, à dix-sept
ans, Luckner était déjà enseigne (Fähnrich) et
obtenait, à dix-neuf ans, le grade de lieutenant. Certains de ses biographes assurent qu'il prit alors du
service dans le corps franc de l'aventurier bavarois
Johann-Michaël Geshray[2], mais le point demeure
douteux. Ce qui est certain, c'est qu'il entra, en 1743,
aux hussards de Ferrary[3], passa avec son régiment au
service de Hollande et fit, dans ce pays, la guerre de
la Succession d'Autriche.

1. A une lieue et demie environ.
2. *Oesterreichische militär Zeitschrift*, 1861 : *Marschal Luckner*, eine biblio-
graphische Skizze.
3. Général V. Dachen, *Luckner und seine Husaren*, Verden, 1883.

A vingt-six ans (1748), il venait d'être élevé au grade de major, quand le traité d'Aix-la-Chapelle, qui mettait fin à la guerre, vint brusquement anéantir les espérances qu'il avait pu fonder sur des débuts aussi rapides. Il profita de ces loisirs pour se marier, et épousa, dans l'année même, une richissime Hollandaise, Mlle de Cypres, dont la famille possédait des biens considérables dans le Holstein. Neuf ans s'écoulèrent sans que Luckner eût occasion de revenir à la carrière de son choix ; mais, quand la guerre de Sept Ans rappela en Allemagne les aventuriers de tous pays, Luckner n'hésita point à dire adieu au calme dont il jouissait près de sa femme, pour reprendre la vie accidentée du soldat en campagne. Grâce à son mariage, il avait pu se faufiler dans la haute société hanovrienne, et, sur la recommandation de son ancien général, le duc de Cumberland, qui l'avait présenté à la princesse d'Orange et au roi Georges II de Hanovre et d'Angleterre, il obtint de lever un corps de hussards francs qui allait acquérir bientôt une réputation européenne. On a quelques notes assez curieuses sur la façon dont Luckner était apprécié à cette époque des personnes qui le virent de près. A propos d'un voyage que le futur maréchal avait fait en Hollande pour le recrutement de son nouveau corps, le secrétaire d'État Westphalen écrivait au duc de Brunswick que : « Luckner lui paraissait un homme d'intelligence médiocre, mais que, dans la situation actuelle, et comme il ne s'en présentait point de meilleur pour la tâche qu'on attendait de lui, il serait avantageux de le conserver[1] ». Cependant, cet aventurier, « qu'à son maintien comique on eût pris pour un vendeur de mithridate, qui, à le juger par le jargon incom-

___

1. Cité par Poten dans l'*Allgemeine deutsche Biographie*, t. XIX, Leipzig, 1884 ; art. *Luckner*.

préhensible de ses rapports, semblait n'avoir pas le sens commun, avait reçu de la nature un don particulier pour la petite guerre. Personne n'était plus rusé que lui, ni ne raisonnait plus juste pour tirer parti de l'occasion présente[1] ». Il était arrivé à se composer un corps tout à fait hors ligne, non pas assurément pour la moralité et les vertus qu'on apprécie chez le vulgaire honnête homme, mais pour les qualités de hardiesse, de témérité, d'insouciance, d'endurance qui rendent la soldatesque appréciable. On n'entrait pas, d'ailleurs, aux hussards de Luckner, sans avoir fourni des preuves de vaillance éprouvée, et quelques coups de sabre bien donnés étaient indispensables pour être admis dans cette phalange, à beaucoup d'autres égards peu recommandable. Ce fut à la tête de cette bande de soudards et de mercenaires, recrutés un peu partout, que Luckner fit toute la campagne de Hanovre, donnant en maintes circonstances les preuves, non seulement d'une intrépidité peu commune, mais encore d'une aptitude à la guerre de partisans tout à fait exceptionnelle. Son principal historien, le général von Dachen, nous a conservé le souvenir de ces audacieuses « housardailles », comme on disait au XVIIIe siècle, et un volume a été effectivement nécessaire pour les enregistrer toutes. Un jour, un peu avant la bataille de Crevelt, Luckner tombe sur le parc d'artillerie du comte de Clermont, bouscule les 3 escadrons qui le gardaient et se retire en emmenant 60 chevaux. Quelques semaines après, dans la nuit du 11 au 12 juillet, il fond, à Holzhausen, sur 400 cavaliers qui se gardaient mal, les met en déroute et en tue un grand nombre. La surprise d'un autre détachement près Lahde, sur le Weser, sa pointe de

____

1. Id., *ibidem*.

Weilburg sur Francfort, en septembre 1759, où il enleva les remontes préparées par les hussards de Bercheny, son combat du 25 décembre de la même année, entre Dillemburg et Siegen, son embuscade contre les dragons de Bauffremont, dans le Westerwald, sont des affaires qui dénotent une rare audace et un bonheur étrange ; mais il n'est pas permis d'y voir autre chose[1]. C'est tout à fait de la petite tactique, de la tactique des petites unités, et l'on ne saurait conclure de ce qu'il s'y montra habile, que leur auteur eût une aptitude quelconque pour les grandes opérations. Luckner se battait en partisan, ne négligeant point les bénéfices parfois considérables que lui rapportaient ses randonnées, témoin la gratification de 10.000 thalers — ce que les Allemands, dans un terme pittoresque et bien caractéristique, appellent *eine douceur* — que lui accorda Brunswick, après la bataille de Minden. Toutefois, le roi d'Angleterre parait l'avoir estimé, à cette époque, un grand homme de guerre, car, après l'avoir fait lieutenant général à trente-neuf ans, après l'avoir créé baron (1758), il voulut un moment lui confier le commandement de toute sa cavalerie. Mais en Hanovre comme ailleurs, la roche Tarpéienne n'est pas loin du Capitole, et c'est précisément au moment où Luckner allait être élevé à cette situation exceptionnelle, qu'une faute commise à la bataille de Wilhelmsthal, faute qui faillit changer la victoire en déroute, vint dessiller les yeux du prince et lui montrer qu'il n'y avait pas dans Luckner l'étoffe d'un grand capitaine. D'autres griefs furent formulés contre lui. On lui reprochait de n'avoir pas fait un emploi bien net des sommes reçues, pour combler les vacances de son régiment,

---

1. Général V. Dachen et Poten, ouvrages déjà cités ; *passim.*

et l'on se demandait sur quels fonds il avait pu,
en 1761, acheter la terre de Blumensdorf, près
Oldesloë, qu'il avait payée près de 400.000 francs;
par quels moyens il avait pu arrondir cette première
acquisition de la seconde terre de Schulenbourg,
acquise très peu de temps après[1]. Luckner était donc
arrivé au terme de sa faveur, et l'on pouvait prévoir qu'il n'en jouirait plus longtemps, quand la fin
de la guerre, terminée comme on sait en 1763, vint
permettre au roi Georges de le congédier courtoise-
ment et de licencier ses hussards. Ce procédé n'avait
rien qui pût froisser le futur maréchal; il était non
seulement dans les mœurs du temps, mais il constituait la règle absolue dans les armées à cette époque;
il était d'usage effectivement, en tous pays, que les
troupes levées pour la guerre fussent licenciées à la
paix. Toutefois, Luckner, qui peut-être avait rêvé
d'obtenir près du prince une situation exceptionnelle,
n'accepta pas, sans de vives protestations, une mesure
qu'il considérait ou affectait de considérer comme une
disgrâce imméritée. Il dit partout qu'il était victime
d'une ingratitude abominable, de machinations téné-
breuses, et jeta au feu son manteau de commandement, couvert des ordres multiples qu'il tenait de la
munificence de son ex-souverain[2].

Après cette rupture, il n'était plus possible à
Luckner de demeurer dans les États du roi d'Angle-

---

1. L'accusation est grave et d'un caractère fâcheux. Nous citons notre
source :

« Auch war der Herzog, gegen Ende des Kriegs in mancher Beziehung
gegen ihn eingenommen, namentlich rügte er den unerlaubten Gewin
den durch den Offenhalten von Vakanzen in Luckners Taschen flosz und
der ihn, neben dem Verdienste welcher ihm als Truppenlieferant erwuchs
und seinen sonstigen bedeutendem militärischen Einnahmen in Stand
setzte, bereits in Frühjahr 1761 das Gut Blumensdorf, bei Oldesloë, für
100.000 Thaler anzukaufen. » *Allgemeine deutsche Biographie*, t. XIX.
Leipzig, 1884. *Luckner*, article signé Poten.

2. Voyez Pfeiffer, *Der Feldzug Luckners in Belgien*. Leipzig, 1897,
p. 72-73.

terre. Il eût pu retourner en Holstein reprendre la vie
de famille un moment abandonnée ; il aurait pu se
retirer en Bavière ; mais il existait chez tous ces
aventuriers allemands, mercenaires de grande ou
petite marque, qu'ils s'appelassent Luckner ou Jean de
Werth, Kornberg ou le maréchal de Saxe, un fond
de vénalité insatiable qui les portait, avant de se
vendre, à rechercher un acquéreur généreux[1]. Or,
Frédéric II était d'une avarice proverbiale et ne donnait à ses généraux que des appointements dérisoires ;
il en était de même de l'Empereur, auquel des finances
obérées ne permettaient point de prodiguer l'or à ses
officiers. Restait la France, dont, à vrai dire, la situation financière n'était guère en meilleur état, mais
qui passait encore pour riche ; ce fut donc de ce côté
que Luckner dirigea ses pas. Ses ouvertures furent
accueillies. Le baron de Luckner, qu'on prit, sans
plus ample informé, pour un descendant des vieux
burgraves du Rhin ou du Danube, prit rang incontinent à côté des Lévis et des Montmorency ; le
20 juin 1763, il fut admis dans l'armée française
avec le grade de lieutenant général, aux appointements de 36.000 livres.

Toutefois, son inscription sur les registres de notre
état-major général une fois effectuée, et sa situation
pécuniaire ainsi assurée, notre compatriote accidentel
crut avoir assez fait pour sa nouvelle patrie et
il s'empressa de retourner en Holstein, où l'appe-
laient ses intérêts de grand propriétaire. De 1763 à
1790, c'est-à-dire en vingt-sept ans, il ne vint qu'à trois
reprises en France, et n'y passa que quelques jours[2] :
il ne prenait même pas la peine d'aller chercher lui-

---

1. Lehmann, *Scharnhorst*, II, 137, dans Pfeiffer : « ... Man verkaufte sich
dem Meistbietenden. » P. 76.
2. « Bis zum Jahre 1788 hat er Frankreich nur dreimal kürzere Zeit
besucht. » Pfeiffer, p. 75.

même ses appointements et avait un fondé de pouvoir chargé de ce soin. Au moment de la Révolution Luckner nous avait fait payer déjà 972.000 livres — le million ou peu s'en faut — l'honneur de le compte parmi les officiers généraux français.

Il est bon de dire que l'ancien élève des Jésuites d Passau, qui avait été sur les bancs de l'école un in corrigible cancre, qui, même dans sa langue mater nelle, parlait le « jargon » auquel fait allusion West phalen, s'exprimait dans un français aussi peu correc qu'incompréhensible [1]. Lafayette, qui vécut pendant prè de deux ans dans son intimité, nous a conservé un d ses discours, une de ces allocutions familières au moyen desquelles il aimait à entrer en communicatio directe avec ses soldats. C'était à l'époque — posté rieure à notre récit — où Lafayette avait reçu à Seda la visite des commissaires de la Législative et s'apprè tait à organiser contre l'Assemblée la résistance main armée que l'on sait. Lafayette avait jugé à pro pos de mettre au courant de ses projets tous les géné paux sous ses ordres, et même ceux qui, comm Luckner, n'étaient pas sous son commandement, mai dont il lui importait cependant d'obtenir l'adhésion Il dépêcha donc au quartier général de Luckner u de ses aides de camp, chargé d'exposer la situatio au maréchal et de lui demander son concours.

Luckner reçoit avec empressement l'officier de Lafayette, l'assure qu'il est tout à fait de cœur avec son général ; puis, sortant de la maison où il cantonne e réunissant les soldats qu'il a sous la main, il les met, en ces termes, au courant de la situation politique :

« Il fient t'arrifer un crant accident à Paris [2] ; l'en-

---

1. « Er sprach schlecht, besonders das ihm ungeläufige Französisch. » (Pfeiffer, p. 75.)
2. L'insurrection du 10 août.

nemi qui l'est tefant nous, chè mè moque ; mais l'ennemi qui l'est terrière nous, chè mè moque bas. Si
l'on fous tonne te l'archent, prenez, mangez, chè mè
moque ; ne m'apantonnez bas ; moi ne fous apantonne
chamais. Le chénéral Lafayette, il a fait arrêter trois
gomissaires qui l'étaient fenus pour mettre le tésortre
tans son armée ; nous afoir pientôt le même fisite, et
nous les recefoir te même. Foilà le aite de camp te
Lafayette qui mè a apporté le noufelle, et qui tira à
Lafayette les ponnes tispositions te l'armée tu fieux
Luckner[1]. »

Comment ce militaire, qui de sa vie n'avait commandé une armée, pas même une brigade de toutes
armes, eut-il la pensée de solliciter de Louis XVI le
bâton de maréchal de France? c'est ce que nous
n'avons pu éclaircir. Toutefois, il est certain que
Luckner, déjà avant la Révolution, avait quémandé
cette dignité suprême et qu'il fut compris, en 1783,
sur une liste de candidats soumise au souverain.
Louis XVI ne crut pas devoir accéder à ce désir
de son nouveau sujet, et, quand on lui présenta la
liste des concurrents, il prit la plume et passa un trait
sur le nom de Luckner. L'ancien combattant de la
guerre de Sept Ans garda toujours rancune au prince
de cette marque de défaveur royale, et ne lui par-
donna jamais cette « barre » qui avait atermoyé ses
prétentions. Il disait parfois, suivant Gay de Vernon,
qui nous a conservé cette anecdocte, qu' « il avait
touchours la *parre* sur le cœur[2] ».

Luckner était encore en Holstein au moment de la
Révolution ; mais la gravité des événements qui sui-
virent la convocation des États généraux, peut-être la
crainte de voir supprimer ses appointements — car il

1. Lafayette, *Mémoires*, III, p. 397-398.
2. Gay de Vernon, cité par Chuquet, *Invasion prussienne*, p. 194.

était d'une avarice sordide, nous dit Dumouriez — le firent à cette époque rentrer en France. Étranger à nos mœurs, à nos coutumes, à notre histoire nationale, l'ancien soldat de Brunswick n'était pas à même de comprendre la Révolution. Jusqu'à sa dernière heure il ne se rendit jamais compte de la gravité d'un mouvement politique dont la portée dépassait son intelligence. Royaliste, il l'était peut-être dans le sens le plus vague du mot, mais dévoué à la personne du roi, comment l'eût-il été, lui qui connaissait à peine son prince d'adoption, et rattachait seulement le souvenir du souverain à la fameuse « parre » dont nous parlions tout à l'heure ? Noble, il l'était sans doute, mais si peu, de si fraiche date, que ses sentiments d'aristocratie ne pouvaient avoir poussé de bien longues racines. Quant à sa religion et aux sentiments que pouvaient faire naitre en lui la lutte entamée contre le clergé, la guerre déclarée aux croyances, on peut supposer que Luckner était fort indifférent à cet égard. En abjurant la religion catholique et embrassant le culte luthérien le jour où cette palinodie avait été nécessaire pour lui permettre d'épouser Mlle de Cypres, le fils du brasseur de Cham avait démontré de la façon la plus nette qu'en fait de convictions religieuses il avait surtout celles qui s'accordaient avec ses intérêts. On admettra donc facilement qu'il pût prêter de très bonne foi serment à la Constitution nouvelle, dont il ne comprenait pas un traitre mot[1]; d'autant plus qu'il ignorait également celle à laquelle elle se substituait et qu'il n'entrevoyait pas davantage celle qui pourrait à son tour la remplacer. Mais ce que l'on saisit moins, ce qui demeure absolument incompréhensible, c'est

______

1. « Le maréchal avoua qu'il connaissait trop imparfaitement notre Constitution pour donner son avis sur cette matière. » Discours de Bureaux de Puzy à l'Assemblée législative, séance du 29 juillet 1792.

l'enthousiasme qui éclata alors dans toutes les classes en faveur de ce vieux mercenaire que personne ne connaissait, qui n'avait jamais fait chez nous que d'insaisissables séjours, qui n'avait donné, au point de vue militaire, aucun signe de vie depuis trente ans, et dont les talents stratégiques, alors qu'il avait fait la guerre, s'étaient bornés à lancer vigoureusement un coup de sabre. Que la foule ignorante, inconsciente, se rappelât, par tradition, que jadis, il y avait déjà bien longtemps, Luckner avait été au nombre de nos adversaires heureux, qu'elle lui attribuât un mérite exagéré sans savoir s'il avait contribué à nos défaites comme général d'armée ou comme chef de partisans, le fait n'avait rien d'étrange. Mais, que des hommes d'État comme Mirabeau, des militaires comme Toulongeon, Dumouriez, qui avaient été en Allemagne pour y étudier la situation militaire de nos ennemis, que des officiers comme Mathieu Dumas, Dubois de Crancé, Aubert Dubayet, Servan et autres s'abusassent au point de partager cette erreur, le fait est plus étonnant. Le seul personnage qui, à cette époque, ait jugé Luckner comme il méritait de l'être, qui ait su résister à cet égard à l'entraînement général, est Mme Roland :

« Je n'ai jamais rien vu de si médiocre, écrivait-elle à la suite d'un dîner où elle avait reçu Luckner à sa table. C'est un vieux soldat, demi abruti, sans esprit, sans caractère, véritable fantôme que purent conduire les premiers marmousets, et qui, à la faveur d'un mauvais langage, du goût du vin, de quelques jurements et d'une certaine intrépidité, acquérait de la popularité dans les armées, parmi des machines stipendiées toujours dupes de qui leur frappe sur l'épaule, les tutoie et les fait quelquefois punir. Je l'eus à dîner chez moi, lors du premier ministère de Roland, et je l'entretins ou fus présente à sa conversation durant quatre ou cinq heures. O mon pauvre pays, disais-je le lendemain à Guadet, qui me demandait comment j'avais trouvé Luckner, vous êtes donc perdu, puisqu'il faut aller chercher en dehors de votre sein un pareil homme pour lui confier vos destinées ! Je ne me connais nullement en tactique, et Luckner pouvait fort bien entendre celle de son métier ; mais je sais, d'autre part, qu'on ne peut être un grand capitaine sans raisonnement et sans esprit[1]. »

Mais, si la voix de Mme Roland était une de celles qui en cette circonstance pouvaient trouver quelque écho aux Tuileries, elle paraissait discordante à la foule ignorante qui n'aime point à être contredite dans ses sympathies même les plus absurdes, les moins fondées. D'ailleurs, comme nous venons de le dire, la foule, en cette circonstance, partageait les illusions de gens mieux en situation qu'elle de juger Luckner, et Luckner, en dépit de sa nullité, fut nommé au commandement en chef de l'armée du Rhin, poste qu'il devait remplir, nous dirons un peu plus loin comment.

Après avoir présenté au lecteur Rochambeau et Luckner, il nous faudrait tracer ici un portrait de Lafayette, le commandant de l'armée du Centre ; mais Lafayette est tellement connu qu'une analyse sommaire de sa vie demeurerait seulement une thèse à lieux communs ; et, d'autre part, une biographie détaillée apparaitrait hors de sa place ici. La part brillante que le jeune général avait prise à la guerre d'Amérique, le rôle qu'il avait joué en France depuis la Révolution, la faveur populaire dont il jouissait à un meilleur titre que Luckner, l'avaient porté

---

1. *Mémoires de Mme Roland* (éd. Dauban). Paris, Plon, 1864, p. 365.

à la place éminente que lui assignait aujourd'hui Louis XVI. Ce poste de confiance était-il mérité par des talents militaires supérieurs, il serait difficile de l'affirmer. Toutefois, s'il en faut croire Jomini, un bon juge en la matière, Lafayette aurait été, parmi les trois nouveaux commandants d'armée, le seul qui eût une idée nette de la situation militaire, le seul qui conçût avec limpidité et justesse la direction à donner aux opérations. « Ce général, a dit le grand écrivain militaire, fut le seul qui saisit le point décisif (qui discernat le véritable plan d'opération à adopter), et prouva en cette circonstance qu'il eût fait la guerre avec distinction, si le sort n'en avait décidé autrement [1]. »

Quelques théories militaires exposées à cette époque dans sa correspondance, celle, par exemple, qu'on peut faire toujours la guerre, « quand on a du canon et des souliers [2] », cette autre qu' « il n'y a de bonne défensive que celle qui attaque souvent [3] », cette autre encore que « les marches rétrogrades sont en général fâcheuses et qu'à la guerre, comme aux échecs, un faux mouvement dérange toute la partie [4] », beaucoup d'autres de ce genre dénotent qu'il avait sur la guerre des idées justes et nettes, en avance sur celles de son temps.

En résumé, à côté de Rochambeau et de Luckner parvenus l'un et l'autre au déclin, Lafayette encore populaire, la tête ceinte de l'auréole que donne la jeunesse unie à l'expérience, doué de toutes les qualités qui impressionnent les foules et facilitent l'exer-

---

1. Jomini, *Histoire des guerres de la Révolution* (Edit. belge). Bruxelles, Petit, 1841, t. II, p. 116 et 117.
2. Archives historiques de la Guerre. Armée du Centre, 1792. Lafayette à Servan, 25 avril.
3. Discours de Bureaux de Puzy à la Législative, citant Lafayette.
4. Archives historiques de la Guerre. Armée du Centre, 1792. Lafayette à Servan, 6 mai.

cice du commandement, paraissait bien être la personnalité le mieux en état de remplir effectivement et utilement sa tâche. Comme le dit Jomini, il est regrettable que les circonstances ne lui aient pas permis de confirmer par des faits ces honorables prévisions.

CHAPITRE III

Au-dessous des trois chefs suprêmes dont nous
venons de parler, nos armées comprenaient un certain
nombre d'officiers généraux dont la plupart, en particulier ceux qui avaient servi en Amérique avec Lafayette et Rochambeau, possédaient l'expérience de la
guerre. Presque tous, employés déjà sur la frontière
comme gouverneurs de places fortes, étaient destinés à commander des divisions ou des brigades
actives au moment où commenceraient les opérations.
C'était pour l'armée du Nord, le duc d'Aumont qui
commandait à Lille ; le marquis de Crillon (l'aîné),
gouverneur de Valenciennes ; le marquis de Caulaincourt, à Arras ; d'Harville, à Cambrai ; Biron, l'ancien
duc de Lauzun, qui, à vrai dire, ne devint lieutenant
général qu'un peu plus tard, mais qu'il convient de
ranger dès à présent parmi ses nouveaux pairs, nous
dirons pourquoi un peu plus loin.

A l'armée du Centre, avec Lafayette, MM. de Paignat, de Franc, de Belmonte, de Crillon (le cadet)
n'avaient aucune notoriété ; sur le Rhin, le vieux La
Morlière, Custines, Kellermann n'en possédaient pas
davantage.

De presque tous ces lieutenants généraux, il n'y a

pas grand'chose à dire parce qu'en général on les connaît peu. Le duc d'Aumont, « sans aucun talent militaire, ni même l'habitude du service[1] », était à la fin de sa carrière et ne devait pas tarder à quitter l'armée. « Il faut comprendre le marquis de Crillon, écrivait La Mark au comte de Mercy-Argenteau, le 22 janvier 1792, parmi le petit nombre d'honnêtes gens qui sont dans le parti révolutionnaire. Il est sans talent et sans esprit[2]. »

Caulaincourt[3] et d'Harville[4], qui jouèrent un rôle moins effacé dans les premières guerres de la Révolution, sont un peu plus connus, sans avoir été très supérieurs aux précédents. Quant à Biron, il est possible, il est nécessaire de faire ici de lui une mention moins sommaire.

Armand-Louis de Gontaut, d'abord comte de Biron, puis duc de Lauzun, finalement duc de Biron, était né à Paris le jeudi 13 avril 1747.

Confié dès ses plus jeunes années à un laquais qu'en raison de ses fonctions nouvelles on « avait élevé au rang de valet de chambre », l'enfant fut tout d'abord livré à lui-même, s'habitua à voir tous ses caprices satisfaits, ne connut ni la contrainte qui assouplit et brise le caractère, ni les obstacles qui l'affermissent et le trempent. Bientôt, très tôt, la

1. Archives historiques de la Guerre. Armée du Nord. 1792. Portefeuille 1. Registre de correspondance de Biron. Biron à Narbonne, de Valenciennes, décembre 1792.

2. Correspondance de Mirabeau. La Mark à Mercy, 22 janvier 1792. III, p. 294.

3. C'est le père des deux généraux du premier empire, dont l'un, le duc de Vicence, est beaucoup plus connu comme diplomate que comme officier. Le Caulaincourt dont il s'agit ici se rallia lui-même à l'empire et fut créé sénateur en 1805. Il mourut à Paris le 27 octobre 1808, âgé de soixante-huit ans.

4. Louis-Auguste Jouvenel des Ursins, comte d'Harville. Il adopta les idées révolutionnaires, se rallia à l'empire en 1805, et acclama les Bourbons en 1814. Nommé général de division par la République, il fut créé par Napoléon sénateur, grand-croix de la Légion d'honneur, chevalier de l'impératrice, gouverneur des Tuileries. A la Restauration il fut nommé pair de France.

faible résistance opposée par son pseudo-précepteur à ses tentatives d'indépendance fut vaincue. A dix-huit ans, Lauzun, doué de tous les attraits extérieurs, doté d'un esprit vif, d'à-propos, de cette assurance que donnent le nom, la fortune, la certitude d'être écouté et d'avoir raison quoi qu'on dise, devint la coqueluche de toutes les femmes et le roi de la mode.

Dès cette époque, on le vit emprunter à son siècle, à ses contemporains, leurs théories les plus perverses, laissant avec soin de côté celles qu'il aurait eu avantage à s'assimiler. Il s'était lié intimement avec le duc d'Orléans, le futur Philippe-Egalité, avec le prince de Guéménée, avec Laclos, c'est-à-dire avec trois des personnages les moins recommandables, peut-être les plus tarés de leur temps. En politique, il prit des leçons de Sainte-Foy, de Favier et de Martange leur élève ; en art militaire, il servit, il est vrai, sous des chefs éminents, comme Maillebois et Rochambeau, il vécut à côté de Guibert, mais, tandis qu'il avait témoigné de goûts particuliers et d'aptitudes spéciales pour les méthodes souvent inavouables d'agents peu scrupuleux comme Sainte-Foy, il passa à côté d'honnêtes gens comme Rochambeau, indifférent, sans rien leur emprunter de leurs talents ou de leurs qualités morales.

A une époque comme celle où il était venu au monde, le duc de Lauzun n'avait pas le choix de sa carrière. Il devait inévitablement appartenir par quelque côté à l'armée, et effectivement il avait quatorze ans à peine quand il entra aux gardes françaises avec un brevet d'enseigne à drapeau. Devenu la même année enseigne à pique, lieutenant, puis capitaine, il fut nommé à vingt ans — avec dispense d'âge — colonel d'infanterie, et put entrevoir, dès ce jour, le bâton de maréchal de France, porté avant lui, non sans quelque gloire, par quatre ou cinq Biron.

Mais, avec l'instruction très incomplète, avec l'éducation efféminée qu'il avait reçues, Lauzun ne pouvait être qu'un militaire de cour, un officier de parade ; il n'y manqua pas. Le temps où il vécut souligna encore cette situation équivoque.

Effectivement, la date à laquelle Lauzun était inscrit pour la première fois sur la matricule d'un régiment était précisément celle où éclatait dans l'armée française le mouvement vers l'étude dont nous avons dit quelques mots un peu plus haut. Les revers de la guerre de la Succession d'Autriche et plus encore ceux de la guerre de Sept Ans avaient fait naître à cet égard, parmi nos militaires, de salutaires réflexions. Nos officiers s'étaient souvenus que toute science a des règles, que tout art a des principes, l'art et la science militaires comme les autres; on se redisait que les grands généraux du siècle de Louis XIV avaient dû leurs succès à leurs dispositions méthodiques autant qu'à la valeur de leurs troupes ; que des hommes comme Rohan, celui de la Valteline, l'auteur du *Parfait Capitaine*, — un livre que les militaires lisent aujourd'hui encore avec profit. — que Goesbriant et le grand Condé, que Turenne, Luxembourg, Puységur avaient poussé fort avant l'étude à la fois des combinaisons stratégiques et des manœuvres tactiques. La recherche, le travail intellectuel constituaient donc le secret des grandes victoires et des succès décisifs : nos officiers se mirent au travail avec entrain, avec acharnement, avec passion.

L'élan du même genre que nous avons vu se produire dans les cadres de notre armée après 1870, ce goût pour les études théoriques qui, chez les militaires, demeure toujours fécond, à la condition de ne se séparer jamais de l'application, peut seul donner une idée de celui qui s'empara de nos officiers après 1763.

Il est même permis d'avancer que ce mouvement atteignit, à cette époque, un intensité supérieure à celle dont nous avons été les témoins. Les militaires n'étaient pas seuls à y participer. Les hommes les plus pacifiques y prirent part, et le souffle réformateur entraina jusqu'à des femmes. Voltaire et d'Alembert, Mme Geoffrin, Mlle de Lespinasse, la baronne d'Oberkirch émettaient leur avis sur l'ordre mince et sur l'ordre profond. Les uns tenaient pour le système de M. de Mesnil-Durand, d'autres pour celui de M. de Guibert. L'Académie elle-même entra dans l'arène et risqua son mot sur la matière. Elle fit davantage encore. Chose extraordinaire, fait qu'on ne verra probablement jamais plus, elle ouvrit ses portes à M. de Guibert, à un modeste colonel, de naissance médiocre, sans fortune, sans protection, dont le titre presque unique à cette distinction suprême était un livre intitulé : *Essai général de tactique*.

Lauzun eût pu suivre l'impulsion générale, sentir quelque intérêt pour ces problèmes qui passionnaient grands et petits autour de lui. Il n'en fit rien. Il n'était cependant pas incapable d'application et possédait notamment cet esprit « naturel » qui n'est qu'une facilité à discerner d'abord la raison des choses sans être capable de les approfondir bien avant. Avec de l'observation, une dose moyenne de pénétration, il est permis à un ignorant, par le seul frottement avec des gens qui savent, d'acquérir un certain vernis, d'avoir des « clartés de tout », comme disait Molière. Lauzun n'eut jamais que ce masque.

Un jour, en 1777, le maréchal de Broglie obtint d'appliquer au camp de Vaussieux, près Bayeux, les théories contradictoires de Mesnil-Durand et de

Guibert, de mettre aux prises sur un terrain réel
l'ordre *mince* avec l'ordre *profond*. M. de Mesnil-
Durand, auteur d'une méthode tactique qu'il appelait
« système français », faisait résider la puissance des
armées dans les formations de choc. Il établissait des
bataillons sur un front étroit et une grande profon-
deur, les disposait dans cet ordre les uns derrière
les autres, et lançait cette masse compacte, au pas de
charge, sans un coup de fusil, à la baïonnette, sur la
position ennemie. Guibert attribuait au contraire la
décision des batailles au feu de l'infanterie. Il demandait qu'au lieu de masses profondes à front restreint,
dans lesquelles les neuf-dixièmes de la troupe sont dans
l'impossibilité d'utiliser les effets balitisques de leur
arme, on amincît les lignes, qu'on les étendît sur un
front considérable, de façon à obtenir la somme de
feux maxima.

Lauzun prit part à quelques exercices de Vaussieux
parce qu'il était de bon ton d'y assister. On devait le voir
là comme on le voyait aux courses, à Longchamps,
au Cours-la-Reine ou dans les salons de la princesse de
Guéménée : mais, en réalité, il accordait un médiocre
intérêt à ces expériences de manœuvres. Il voyageait
beaucoup. On pouvait croire qu'il cédait, là encore, au
courant du temps, car on se déplaçait déjà facilement
à la fin xviii⁰ siècle. Et la mode était précisément,
pour les militaires, d'aller en Prusse voir Frédéric,
de chercher là des modèles, d'examiner de près ces
troupes prussiennes, devenues du jour au lendemain les
premières du monde. Guibert, Toulongeon, Custines,
Dumouriez, Mirabeau, avaient été ou devaient être de
ces voyageurs, partis pour les bords de la Sprée avec
l'idée d'y découvrir des secrets qui fussent utiles à leur
patrie. Lauzun s'achemina vers Berlin guidé par un
tout autre motif. Il était allé en Angleterre pour voir

Sarah Bunbury, en Corse pour suivre Mme Chardon, dans le Palatinat pour la baronne de Dalberg, il s'en fut en Prusse dans le seul but de se rapprocher de la princesse Czartoryska. A Berlin, pour combler le vide des longues heures d'attente, il rédigea un mémoire politique, plusieurs mémoires politiques, sur la situation de la Pologne et sur les relations qui eussent pu, qui eussent dû relier ce pays à la France. En réalité, le sort des Polonais l'intéressait médiocrement; mais, pour aller retrouver la princesse Czartoryska, c'est-à-dire pour se faire nommer ministre de France à Varsovie, il fallait simuler des aptitudes politiques, feindre du goût pour les questions diplomatiques : c'était la véritable explication des memoranda cités tout à l'heure. Frédéric II, s'il en faut croire Lauzun, se serait laissé prendre au piège, aurait apprécié très haut les capacités d'homme d'Etat du duc, et aurait fait déclarer à Paris qu'il le verrait avec plaisir en qualité de ministre de France à Berlin. Mais Lauzun ne l'entendait pas ainsi. S'il essayait de se faire prendre pour un diplomate, c'était à la condition expresse d'être envoyé à Varsovie; quant à faire un séjour prolongé dans les déserts du Brandebourg, il s'y refusait absolument. Il regagna donc la France et chercha à reprendre à Paris ce train de prodigalités qui avait jusque-là créé et entretenu sa faveur. Malheureusement, un échec grave l'attendait au retour, un échec qui allait modifier toute son existence, et influer d'une façon décisive, non seulement sur sa vie, mais sur son esprit, sur son caractère, sur son être tout entier.

A force de jeter follement, aveuglément, l'argent par les fenêtres, Lauzun était alors à deux doigts de sa ruine. Habitué à dépenser sans compter, élevé dans l'idée qu'il n'aurait jamais à compter, ne sachant pas ce que c'était que compter, il avait épuisé en un petit nombre d'années un patrimoine de 8 à 10 millions. Et Lauzun se croyait appelé à en gaspiller bien d'autres, quand, un beau jour, ses hommes d'affaires essayèrent timidement de lui représenter qu'ils étaient à bout de ressources. Tout d'abord, il ne comprit pas ; il ne voulut pas comprendre. Lauzun obligé de lésiner, Lauzun sans argent, Lauzun ruiné, c'était un événement tellement extraordinaire que personne ne pouvait y croire, et Lauzun moins que personne. Il fallut cependant bien s'avouer la triste réalité. Et alors se posa cette inquiétante question : Comment continuer à mener avec rien un train de 600.000 livres de rente ? Et nous disons avec rien ; ce n'est pas avec rien qu'il faut dire, c'est avec moins que rien, avec des dettes énormes, écrasantes. Déjà les créanciers devenaient exigeants et parlaient de pratiquer des saisies, d'expulser de son hôtel Mme de Lauzun — car il existait, pour son malheur, une duchesse de Lauzun. Lauzun, réduit subitement aux expédients, ne désespéra cependant pas de cette situation sans issue. Un moment il crut trouver le salut dans une association financière avec le prince de Guéménée ; mais, bientôt, la retentissante faillite de cet autre écervelé vint aggraver encore sa position déjà critique. Ce fut alors qu'admis dans le cercle de la reine, il tenta d'utiliser cette faveur pour obtenir du roi les crédits nécessaires au rétablissement de sa fortune, pour se faire délivrer notamment des lettres d'inviolabilité qui l'eussent mis à l'abri des poursuites de ses créanciers. Encore que ce calcul peu honorable ne soit pas entièrement démontré, il semble bien ressortir des lettres du comte de Mercy-Argenteau à Marie-Thérèse : « Pendant ce carême, écrit Mercy à la date du 18 mars 1777, la reine (Marie-Antoinette) a repris l'habitude de passer plus fréquemment ses soirées chez la princesse de Guéménée, qui réunit chez elle le double inconvénient du gros jeu et d'une compagnie fort mêlée. Sa Majesté y est importunée de sollicitations ; elle a résisté, cependant, à toutes celles qui lui ont été faites en faveur du duc de Lauzun, lequel, à l'âge de vingt-six ans, après avoir mangé le fonds de 100.000 écus de rente, est maintenant poursuivi par ses créanciers pour près de 2 millions de dettes. Ce protégé de la princesse de Guéménée désiroit obtenir par la reine des lettres d'Etat qui le missent à couvert de toutes les poursuites ; mais, sur les représentations instantes qui ont été faites à Sa Majesté, elle a vu toute l'injustice d'une pareille demande, et elle s'y est refusée. »

M. Geffroy, l'éditeur des lettres de Mercy, va plus loin que nous et ne forme pas le moindre doute sur le vilain calcul de Lauzun. Ce qui est certain, c'est que Marie-Antoinette ne consentit point à se faire auprès du roi l'avocat de cette mauvaise cause, et que Lauzun lui voua, pour ce refus, une haine qui ne devait jamais pardonner.

Entre temps, les billets à ordre, les traites impayées s'entassaient chez le concierge de l'hôtel Lauzun ; le suisse était impuissant à empêcher les fournisseurs de faire du scandale ; l'intendant écrivait à son maitre des lettres désespérées pour signaler le vide lamentable de la caisse. La situation en vint à ce point critique que le séjour de Lauzun en France ne fut plus possible [1]. Il songea alors à offrir

<hr>

1. Il était criblé de dettes (plus de 4 millions de livres). La lettre suivante, adressée au ministre de la Guerre, inéditeet conservée aux Archives administratives de la Guerre, donnera une idée des réclamations auxquelles il était en butte : « Monsieur (le ministre), j'ai l'honneur de vous adresser un mémoire que je vous supplie de mettre sous les yeux du roi et de l'Assemblée nationale. J'ai perdu toute ma fortune pour une injustice dont il y a peu d'exemples, puisque je me suis vue dépouillée par un arrêt

ses services à Catherine de Russie, avec l'espoir, a-t-on prétendu, de supplanter Potemkin; mais la négociation n'aboutit pas. Il passa alors du Ministère de la Guerre au département de la Marine, s'en fut un moment au Sénégal, revint en France, et repartit à nouveau, cette fois, pour l'Amérique, avec Rochambeau, cherchant à s'étourdir et à se faire oublier.

C'est à ce moment qu'éclatait la Révolution. Tout naturellement, ce bouleversement apparut à Lauzun comme une occasion de sortir de la situation fâcheuse qui était la sienne. Il l'accueille avec faveur, avec transports, et, comme il ne sait rien faire avec modération, il fait montre, d'abord, des idées politiques les plus avancées, des opinions les plus hostiles à la cour. Il n'y a rien chez lui des ambitions généralement modérées et des aspirations légitimes

de l'héritage de mes pères, pour favoriser un tuteur infidèle. Il ne me restait que 12.000 francs que je voulais placer à rentes viagères pour pouvoir soulager une vie infirme et octogénaire. Un créancier de M. de Biron à qui je parlai de ce projet me proposa, en son nom, un arrangement par lequel je lui remboursai cette somme, dont M. de Biron s'obligea à me faire la rente par contrat passé par-devant notaire. Le nom, les possessions immenses de M. de Biron m'en imposèrent: j'étais loin de supposer qu'il voulût faire de moi une victime de la mauvaise foi. Je n'imaginais pas que, les privilèges étant supprimés pour tout le monde, il eût l'art de s'en créer pour ne pas payer une nature de dettes qui a toujours été regardée comme sacrée. C'est cependant ce que j'éprouve. En vain j'ai réclamé auprès de M. de Biron, la justice et l'honneur: sourd à l'un comme à l'autre, il me laisse languir dans l'état le plus déplorable. Mon âme déchirée ne peut donner aucune espèce de secours à une infirme que je vois réduite à toutes les horreurs du besoin, pendant que je sais que M. de Biron soustrait à ses créanciers une somme de 74.000 livres de rente. Instruit par moi-même que mes facultés ne me permettent pas de faire les frais nécessaires pour le poursuivre, M. de Biron ne répond pas plus à mes lettres que d'acquitter ce qu'il me doit. Sa qualité d'officier général le mettait, d'ailleurs, à l'abri de mes poursuites. C'est au nom de la justice et de l'humanité que je vous prie, Monsieur, de vous occuper de ma situation et d'obtenir du roi et de l'Assemblée nationale qu'il soit prélevé sur les traitements militaires, pensions ou autres objets payés à M. de Biron la somme de 1.200 livres échues au mois d'avril dernier, dont je vous fournirai quittance, et de vouloir bien faire mettre en réserve celle de 600 livres qui échéront au 1er octobre prochain. Je vous devrai plus que la vie, Monsieur, si vous daignez vous occuper de mon sort; j'ai des droits à votre sollicitude par mes malheurs, et ce ne sera pas en vain que j'implorerai les droits de l'humanité outragée et de la justice violée. Je suis, Monsieur, votre très humble et très obéissante servante : *Collineau-Coudaine*. Bordeaux, ce 14 août 1792, rue de la Grande-Taupe, nº 36. » — Cette lettre porte en tête l'annotation suivante au crayon : « M. Rangueil », et plus bas : « La voie des tribunaux lui est ouverte. »

des députés du tiers. Chez la plupart de ceux-ci, en effet, il n'existe pas d'hostilité réelle ou profonde contre le souverain, mais seulement la volonté nette, énergique, soutenue, de diriger la royauté dans une voie nouvelle, celle des réformes sages, étudiées, pondérées. Il sort de beaucoup de ces poitrines un souffle généreux de liberté et de progrès ; ces hommes songent surtout au lendemain, à l'avenir ; ils ne se retournent pas pour regarder en arrière ; ils fixent les yeux en avant. Biron, au milieu de ces honnêtes gens, est un déclassé, un dépaysé. Son libéralisme est fait de rancunes et de dépits ; il est le contraire de ses collègues qui aspirent à créer et à édifier ; lui songe surtout à démolir, à détruire.

Lauzun, pendant les deux ans que vécut la Constituante, y siégea comme député du Quercy et vota toujours avec les membres du parti le plus avancé. Il avait été mêlé de la manière la plus compromettante aux événements des 5 et 6 octobre[1] ; il se réjouit, plus tard, d'une façon publique et indécente, de l'arrestation de Varennes ; en un mot, il ne laissa passer aucune occasion de témoigner son hostilité au roi, à la reine, à la cour. Néanmoins, en dépit de ces flagorneries intéressées, toutes de calcul, il était impuissant à trouver sa voie. Et sa légèreté, sa fatuité l'empêchaient de voir qu'incarnant en lui-même, au plus haut point, les vices du régime dont les novateurs poursuivaient l'anéantissement, il devait être justement suspect à ceux dont il essayait de se faire servilement l'ami.

A la fin de 1790, il s'était fait accorder le gouvernement de la Corse qui lui paraissait suffisamment

---

1. Procédure du Châtelet, 1789. *Moniteur*, n° 131, déposition d'Antoine Eudeline, domestique du comte de la Châtre ; déposition du vicomte de Mirabeau (Mirabeau-Tonneau).

éloignée pour dépister ses créanciers et où il pensait peut-être trouver le moyen de refaire sa fortune ; mais diverses circonstances l'empêchèrent de rejoindre son poste, et, au mois d'octobre 1791, il fut employé provisoirement dans la 2e division territoriale à Valenciennes. Quand, dans les derniers mois de cette même année, les Constitutionnels, les Girondins et une partie des Jacobins se furent mis d'accord sur la convenance de déclarer la guerre à l'Empire, Biron se montra partisan des résolutions belliqueuses. Il se trouvait tout naturellement placé dans l'armée du Nord qu'avait organisée le décret du 14 décembre : il y demeura comme maréchal de camp attaché à l'état-major du général en chef Rochambeau. C'était d'ailleurs son ami Narbonne qui venait de prendre le portefeuille de la Guerre ; il voulut profiter de ces relations pour obtenir secrètement voix au chapitre, et faire prévaloir son avis dans le Conseil. Ce fut ainsi qu'il élabora, en compagnie de Talleyrand, un traité d'alliance avec l'Angleterre et un projet de neutralité pour la Prusse ; c'est de la même façon qu'il fit envoyer à Berlin M. de Ségur et le colonel-adjudant général Jarry — dont nous parlerons longuement plus loin — avec la mission d'acheter le roi Frédéric-Guillaume II et ses entours. Les derniers mois de 1791 et les premiers de 1792 se passèrent en pourparlers et négociations de ce genre. Toutefois, aucune de ces intrigues ne réussit, et Lauzun commençait à trouver son ami Narbonne trop timoré ou trop constitutionnel, quand l'arrivée au pouvoir de ces Jacobins modérés, qu'on a désignés depuis sous le nom de Girondins, parut lui offrir une occasion inespérée, une occasion qu'il crut décisive de se mettre en avant.

Toutefois, avant de dire la façon dont il entendit

profiter de l'issue nouvelle que lui présentait la Fortune, il ne sera pas inutile que nous nous arrêtions un moment sur les autres officiers généraux qui servaient avec lui ou sous ses ordres à l'armée du Nord, sur ceux qu'on trouvait aux armées du Centre et du Rhin. Nous avons exposé un peu plus haut ce que nous avions à dire des lieutenants généraux ; il nous reste à parler sommairement des généraux de brigade, ou, suivant le titre qu'ils portaient alors, des maréchaux de camp.

Parmi les titulaires de ce dernier grade, on trouvait à l'armée du Rhin, MM. de Toulongeon, de Broglie, chef d'état-major de Luckner ; de Kellerman, de Custines et un grand nombre d'inconnus ; à l'armée du Centre, MM. de Riccé, de Wimpffen, de Frégeville, de Gouvion, etc. ; à l'armée du Nord, on comptait MM. de Valence, Beurnonville, de Moreton-Chabrillan, Linch, Charles de Lameth, Alexandre de Lameth, de Marcé, du Houx, de Marassé, de Romé, de Rochambeau (le fils), de Menou, de Noailles, de Fleury, O'Moran, Berthier, d'Aboville, La Bourdonnaye, et deux autres dont nous n'avons pu trouver les noms. Tous ces officiers qui appartenaient à l'ancienne armée, en avaient les qualités et les défauts. Le vieux La Morlière, qui commandait par intérim à Strasbourg, mais qui avait été désigné pour l'armée du Nord, était lieutenant général de 1762, c'est-à-dire depuis trente ans, et demeurait l'ancien de Luckner dont la promotion datait seulement de 1763 ; le comte de Carle était maréchal de camp du 1er mars 1780 ; les comtes de Menou, de Custines et Arthur-Dillon (le frère aîné de Théobald), le marquis de Noailles, Biron qui figurait dans l'ancien *Annuaire* sous le titre de duc de Lauzun, étaient maréchaux de camp du 1er janvier 1784. Quant à Berthier, au comte de Marcé, au marquis de Romé, à MM. de La Nouë, d'Aboville, de Caulaincourt, de La Bourdonnaye, Le Veneur, d'Harville, de Marcé, de Marassé, d'Angest, de Kellerman, ils étaient brigadiers d'infanterie ou de cavalerie bien avant la Révolution. La plupart de ces officiers généraux avaient fait, dans leur jeunesse, la guerre de la Succession d'Autriche ou la guerre de Sept Ans; certains avaient pris part à la campagne de Corse ou à l'expédition de Minorque, un grand nombre avait combattu en Amérique avec Lafayette et Rochambeau; ils constituaient donc, à beaucoup de points de vue, une tête de colonne solide qui présentait des garanties fondées de savoir et d'intelligence.

Il est difficile d'ailleurs de parler avec assurance de leur valeur militaire; effectivement, beaucoup émigrèrent, quelques-uns furent guillotinés avant d'avoir pu prouver ce dont ils étaient capables, certains enfin, comme Moreton, se firent sans-culottes sans que cette transformation les investît d'une capacité bien marquée. Ce que l'on peut affirmer, c'est que les uns et les autres étaient profondément découragés par l'indiscipline qu'ils voyaient régner dans la troupe, par la faiblesse dans laquelle l'émigration des officiers avait plongé la plupart des régiments[1]. On ne se rend généralement pas bien compte aujourd'hui de ce que pouvait être l'état d'âme de ces généraux, habitués à rencontrer chez leurs subordonnés une obéissance complète, absolue, passive, obéissance imposée plus encore par la hiérarchie sociale que par la loi militaire, et qui, tout d'un coup, du jour au lendemain, assistaient aux rébellions les plus caractérisées, en

---

1. 2.160 officiers avaient émigré du 15 septembre au 1er décembre 1791 (en deux mois et demi) Buchez et Roux. *Assemblée législative*, t. II, p. 387; — dans Chuquet, *la Première Invasion prussienne*, p. 40. Chuquet dit un peu plus haut : « On peut assurer, sans crainte de se tromper, que, sur 9.000 officiers de l'armée de ligne, près de 6.000 quittèrent leur emploi. » *Ibidem*, p. 40.

demeuraient les témoins impuissants. Toute la correspondance officielle, les lettres privées, les confidences intimes, dont certaines sont parvenues jusqu'à nous, témoignent de ce découragement. Et il n'était pas possible que ces généraux ne fussent pas découragés. Ceux-là mêmes qui, comme Biron ou Moreton, essayaient de ne voir dans les excès dont ils étaient les témoins qu'une effervescence passagère et excusable, se célaient à eux-mêmes leurs impressions véritables. Ils ne pouvaient manquer de s'avouer, au fond de leur âme, que la situation de l'armée était des plus critiques, qu'il n'y avait rien à tenter avec des troupes, non seulement sans organisation, mais surtout sans discipline et sans morale. L'Assemblée nationale, mise de temps en temps au courant de cette situation périlleuse, semblait un jour vouloir prendre des mesures pour y remédier et, le lendemain, elle était la première à donner, sans s'en rendre compte, le dernier coup à un édifice qui s'effritait chaque jour davantage. C'est ainsi, par exemple, que Rochambeau, après avoir passé le mois de décembre à rétablir, à essayer de rétablir l'ordre et la confiance, à rallier officiers et soldats à la soumission aux lois, ne rentra à Paris, au début de 1792, que pour y apprendre la mise en vigueur de décrets allant, tous les uns plus que les autres, à l'envers de ses dernières mesures. « Le premier de ces décrets, dit-il lui-même dans ses *Mémoires*, dont je retardai la sanction royale le plus qu'il me fut possible, fut l'admission des soldats dans les clubs... La force armée étant essentiellement obéissante, il me parut du plus grand danger d'admettre les soldats dans des sociétés... où... l'esprit dominant était, certes, très nuisible à la discipline... Dès que ce décret eut reçut la sanction du roi, je ne pus y appliquer d'autre remède qu'en engageant les officiers à les y surveiller et à les y accompagner. Mais ce palliatif était d'autant plus médiocre que les opinions contraires et prononcées de la plupart d'entre eux étaient peu propres à ramener la confiance du soldat, avec lequel ils se compromettaient continuellement de telle sorte que la discipline en souffrait excessivement. »

La situation, comme on voit, était encore pire au moral que sous le rapport de la pénurie des moyens matériels, ce qui n'est pas peu dire, comme on le verra plus loin. Etait-il possible que, dans de telles conjonctures, on pût aboutir à des résultats victorieux ? Peut-être ; mais assurément la tâche était ardue, ingrate, et elle apparaissait dès lors comme bien périlleuse à ceux qui avaient charge de la mener à bonne fin.

CHAPITRE IV

LE PREMIER CHEF D'ÉTAT-MAJOR DE ROCHAMBEAU
LE GÉNÉRAL JARRY

De toutes les personnalités militaires secondaires
que nous avons nommées au précédent chapitre, un
seul, Biron, possédait une notoriété, notoriété de grand
seigneur, d'homme politique et d'ancien courtisan,
qui l'élevait réellement au-dessus de ses pairs. Il se
trouvait, cependant, à l'armée du Nord, un autre personnage, qui, dans un autre genre, jouissait également
d'une considération particulière. C'était un certain
Jarry ou Jarry de la Villette, qu'on venait d'expédier
à Rochambeau comme chef d'état-major général[1] et
que nous devons faire connaître avec quelque détail
pour la double raison du rôle qu'il joua dans les événements militaires que nous avons à raconter et de
l'étrangeté du personnage.

Ce qu'était exactement ce Jarry, peu de personnes
étaient en mesure de le dire à l'armée du Nord. On
savait vaguement qu'il avait servi sous Frédéric, et

---

1. Nous n'avons pas trouvé la nomination de Jarry en qualité de chef
d'état-major, mais il n'y a aucun doute qu'il ne remplît ces fonctions à
l'armée du Nord. « Il serait nécessaire que M. de Jarry, chef d'état-major,
soit appliqué à la partie qui lui convient : l'avant garde... » (Le général
de Valence au ministre de la Guerre, 21 mars 1792.) Voir aussi ce que dit
Foissac-Latour dans sa *Relation de l'expédition de Mons*. De même, la
lettre du commissaire général Dalency citée plus loin (p. 73) ; enfin la
pièce également citée par nous (p. 213) et signée : « Jarry, adjudant général, chef d'état-major de l'armée du Nord. »

beaucoup de gens le prenaient pour un officier allemand passé on ne savait trop quand ni comment au service de la France.

Cependant, cette croyance en la nationalité étrangère du chef d'état-major de Rochambeau n'était pas fondée. Jarry était effectivement Français, avait fait en France des études pour entrer dans le corps des ingénieurs, et venait de terminer ses examens, quand des offres lui furent adressées pour l'inviter à prendre du service en Prusse.

A cette époque il n'existait aucun préjugé qui empêchât un officier d'occuper un emploi chez une puissance autre que sa patrie. Jarry accepta donc d'aller en Prusse, et il quitta la France dans ce but, probablement en 1755. Il avait à cette époque vingt-deux ou vingt-trois ans.

Ce que fit Jarry en arrivant dans son nouveau pays d'adoption, nous ne saurions le préciser avec détail. Une note manuscrite, conservée aux Archives de la Guerre, et dont le texte nous permet de fixer la date à la fin de 1790, affirme que Jarry avait « servi sous le feu roi de Prusse pendant toute la guerre de Sept Ans [1] ». C'est donc contre nous qu'il aurait fait ses premières armes, et c'est peut-être lui qui avait établi sur la colline de Janus la batterie de 18 pièces qui, à Rossbach, contribua si puissamment à la déroute du prince de Soubise. Quoi qu'il en soit, il est certain qu'à la fin de la guerre de Sept Ans, notre compatriote servait depuis plusieurs années en Prusse. Effectivement, nos archives possèdent la copie, de la main de Jarry, d'un brevet prussien dans lequel Frédéric II

---

1. D'après les *Mémoires* du major général anglais Le Marchant, Jarry aurait non seulement fait toute la guerre de Sept ans, mais y aurait été blessé à diverses reprises. « After the Seven's years war, in wich he is said to have received several severe wounds. » (*Dictionary of national biography*, London, 1892, art. *Jarry*.) Il est vrai que le « he is said » n'est pas bien affirmatif.

nomme « major de ses armées le ci-devant capitaine-ingénieur de la Villette », c'est-à-dire, comme on le verra plus loin, le capitaine Jarry. Cette pièce, ou plus exactement, l'original du brevet, est datée de Berlin, le 28 octobre 1763.

Dans un second brevet daté du 30 mai 1790 et signé, par conséquent, non plus de la main de Frédéric II, mais par son successeur Frédéric-Guillaume II, Jarry, promu colonel, est qualifié « le cy-devant major français Jarry de la Villette ».

Il convient de remarquer ici que Jarry avait d'abord servi en Prusse sous le seul nom de « la Villette », probablement un nom de guerre comme en adoptaient alors nombre d'aventuriers ou de cadets de famille, et que ce fut plus tard seulement qu'il reprit son véritable nom patronymique, qui paraît avoir été « Jarry » tout court.

Effectivement, bien qu'il n'y ait aucun doute sur le séjour de près de quarante ans fait par Jarry en Prusse, sur les fonctions officielles qu'il y exerça, notamment celles de directeur de l'Académie militaire ou École supérieure de Guerre de Berlin, créée en 1765, il n'existe, paraît-il, aucune trace dans les Archives prussiennes du passage de notre compatriote dans l'armée de Frédéric. Au moins, cette absence de tout document résulte-t-elle d'une déclaration de la direction actuelle des Archives allemandes, faite officiellement à une publication anglaise [1], dans laquelle l'on cherchait récemment à publier une biographie de Jarry. L'explication, au premier abord incompréhensible, de cette lacune, réside dans le fait que nous signalions tout à l'heure, c'est-à-dire dans la facilité avec laquelle nos aïeux modifiaient ou changeaient leur nom [2]. On sait

---

1. *Dictionary of national biography*, par Sidney Lee, déjà cité.
2. C'est ainsi, par exemple, que *Boué*, quand il passa au service de la

qu'à cette époque, notamment au xviie et au xviiie siècle, chacun se faisait appeler comme il en avait envie, sans que la loi ni personne y trouvât à redire. Evidemment, si, de 1750 à 1790, Jarry s'était fait appeler en Prusse « M. de la Villette », — comme il est constant qu'il le fit et comme il est désigné dans ses brevets, — c'est sous ce dernier nom, et non pas sous le premier qu'il faudrait le chercher aux. Archives.

Il n'y a, en effet, aucun doute, comme nous le disions tout à l'heure, que Jarry ait été non seulement le directeur, mais l'organisateur de l'Académie de Guerre de Berlin, « la première école d'état-major qui ait été fondée en Europe », comme l'indique le général Bardin [1]. Frédéric II, dans ses *Mémoires historiques*, et quantité d'autres témoignages contemporains sont absolument positifs à cet égard. Ce qui aurait été intéressant à connaître, et sur quoi on n'a malheureusement aucun détail, c'est sur la façon dont notre compatriote avait conçu et mené à bien cette organisation. Peut-être un amour-propre mal placé empêche-t-il nos ennemis actuels de divulguer à cet égard ce qu'ils savent : il y aurait dans cette dissimulation une mesquinerie d'appréciation qui nous surprendrait.

Qu'était, au vrai, cette Académie de Berlin sous Frédéric? Que valaient, en général, ces écoles militaires prussiennes au xviiie siècle? Mirabeau, qui visita la Prusse en 1786, et qui nous a laissé sur l'organisation de l'armée de Frédéric une étude fort

---

Saxe, se fit appeler M. de Martange, nom sous lequel il est seulement connu. Il en est de même pour Beurnonville, qui s'appelait Riel. Les soldats eux-mêmes servaient presque toujours sous des noms d'emprunt : Lafleur, La Victoire. Cette tradition survécut à l'ancien régime et se perpétua sous la Révolution et l'Empire. *Baïonnette*, le nom du soldat que le colonel Pouget présenta à l'empereur Napoléon après la prise du château d'Ebersberg en 1809, était sans aucun doute un de ces pseudonymes. (Voir *Souvenirs du général Pouget*. Paris, Plon, 1895, p. 151.)

1. Bardin, *Auteurs militaires*, I, 1789, H 534.

complète, parle de l'Académie de Guerre en termes rapides et assez peu flatteurs[1]. Le marquis de Toulongeon, qui traversa l'Allemagne à la même époque et dont le rapport sur l'armée prussienne, enfoui pendant un siècle dans un carton des Archives de Vesoul, a été publié il y a une vingtaine d'années[2], n'en rapporte pas grand'chose de bon.

Un autre Français, Guibert, qui, comme nous l'avons dit plus haut, visita la Prusse en 1776, c'est-à-dire à une époque où l'influence de Jarry à l'Ecole de Guerre de Berlin subsistait encore tout entière, parle de cet établissement en tout autres termes que Toulongeon[3].

Où que soit à cet égard la vérité[4], il est certain que Jarry perdit, à la mort de Frédéric, la plus grande partie de l'influence qui avait été son partage sous le règne de ce prince, et qu'il fut compris dans l'ostracisme dont furent frappés la plupart de nos compatriotes à l'avènement de Frédéric-Guillaume II. On sait cependant qu'au moment de la révolte des Pays-Bas contre la domination autrichienne en 1788, il reçut de ce même Frédéric-Guillaume une mission pour la Belgique, et qu'il s'aboucha dans ce pays[5] avec cer-

1. *La Monarchie prussienne*, par le comte de Mirabeau. Le tome IV, consacré à l'armée, a été rédigé, dit Bardin, par Mauvillon. Pour l'école militaire, voir t. IV, p. 52.

2. *Une Mission militaire en Prusse*, par le lieutenant général marquis de Toulongeon. Paris, Didot, 1881, p. 151.

3. Ce n'est point dans le *Voyage en Allemagne*, publié seulement après sa mort, qu'on trouve ces renseignements, mais dans les *Observations sur la constitution militaire et politique de Sa Majesté prussienne* (p. 46). Ce dernier ouvrage parut du vivant de Guibert, en 1777, et sans nom d'auteur. Dans le *Journal d'un voyage militaire fait, en l'année 1787, en Prusse*, que Bardin, Rumpf et Barbier attribuent inexactement à Guibert, il n'est pas question de l'Ecole de Guerre.

4. Thiébault, le père du général du premier empire, — dont les *Mémoires*, aussi curieux qu'acerbes et méchants, ont été publiés récemment, — Thiébault, qui avait passé de longues années en Prusse comme lecteur de Frédéric II, ne consacre pas un mot à Jarry dans ses souvenirs sur la cour de Berlin. Le fait est assez singulier pour être signalé.

5. Jarry fait lui-même allusion à son séjour dans les Pays-Bas, dans une lettre adressée au ministre de la Guerre le 30 septembre 1791 et qu'on lira plus loin (p. 65).

tains chefs rebelles, notamment avec Vonck et les
représentants les plus autorisés du parti vonckiste. Il
existe de Jarry, dans les *Mémoires historiques* publiés
par le colonel Van der Mersch sur la Révolution
brabançonne, une lettre qui donne quelques renseignements à cet égard[1]. Mais les faits et gestes de notre
compatriote dans les Pays-Bas de 1788 à 1790 n'ont
pas assez d'importance ni un intérêt suffisant pour que
nous nous y arrêtions longuement. Nous dirons donc
simplement qu'après un séjour d'une durée inconnue
en Brabant, Jarry retourna à Berlin rendre compte
de sa mission au roi Frédéric-Guillaume ; nous ajoute-
rons qu'il était encore dans cette ville le 30 mai 1790,
date à laquelle il fut promu colonel dans l'armée prussienne, mais que, le 16 décembre de la même année,
il avait quitté la Prusse, vraisemblablement sans
esprit de retour, puisqu'à cette époque on le voit
adresser, de Liancourt (Oise), au comte de la
Tour du Pin[2], une lettre qu'on lira plus loin, et dans
laquelle il demande à prendre du service en France[3].

Pour bien saisir dans quelles conditions s'effectuait
ce retour de Jarry dans son pays, il est urgent de se
rappeler l'engouement dont s'était éprise notre patrie
pour tout ce qui touchait à Frédéric II, pour les
méthodes militaires prussiennes, pour ce qui émanait,
de près ou de loin, de ces contrées du Nord « d'où
nous venait désormais la lumière » ; il convient de se
souvenir que, suivant la parole de Jomini, il suffisait
alors, chez nous, « de porter un nom tudesque pour
faire une fortune militaire ». Jarry, admis jadis dans
l'intimité de Frédéric — on le supposait tout au

---

1. *Mémoires historiques, etc.*, t. II, p. 245, cités par Borgnet dans son
Histoire des Belges, t. II, p. 34.
2. Le lieutenant général, comte de la Tour du Pin, qui commandait à
Bordeaux, et devait y organiser une armée dite des Côtes occidentales.
3. Voir cette lettre, p. 58.

moins — devait nécessairement profiter de cette faveur inconsidérée. Déjà, étant à Berlin, il avait eu l'occasion d'ébaucher des relations avec les nombreux Français qui allaient, suivant la mode, chercher des exemples à Potsdam. C'est ainsi qu'il avait fait la connaissance du comte de la Tour du Pin, du duc de Lauzun, de Mirabeau, de Dumouriez, de Custines, du comte de La Mark, du duc de Liancourt, du vicomte de Noailles et de beaucoup d'autres. En rentrant dans sa patrie, Jarry allait bénéficier de ces relations, d'autant qu'en venant à diverses reprises en France, il avait eu l'occasion de renouer ces liens d'abord assez fragiles, de les resserrer même presque étroitement, grâce à des séjours prolongés chez plusieurs de ses nobles amis. Lauzun, qui paraît l'avoir intimement connu, nous donne à cet égard un détail précis, en nous disant que Jarry avait été le « faiseur militaire de MM. de Noailles, de La Mark et de Liancourt ». Or, dans la langue du xviiie siècle, le « faiseur militaire » de quelqu'un, c'était le secrétaire intelligent et discret qui savait mettre en œuvre les idées de son patron, à supposer que celui-ci en possédât, qui était à même de lui en fournir si ce patron n'en avait point et voulait se faire passer pour plus riche qu'il n'était à cet égard. Jarry aurait donc rédigé — au dire de Lauzun — un certain nombre de mémoires, de notes, dont il n'eut pas la gloire sans doute, mais qui ne furent point sans lui rapporter vraisemblablement quelques avantages palpables. Nous ne savons malheureusement pas à quelle date exacte se rapporte l'allégation de Lauzun. Était-ce du vivant de Frédéric? fût-ce au moment où Jarry vint dans les Pays-Bas à l'occasion de l'intervention de la Prusse dans les affaires de Hollande? fût-ce enfin d'octobre 1790 à la fin août 1792, période qu'il passa entièrement dans notre pays ? Il reste là un point à élucider.

Quoi qu'il en soit, il avait, comme nous l'avons vu, définitivement quitté la Prusse en octobre 1790 et avait rejoint la France, où l'inauguration d'un nouveau régime politique semblait devoir ouvrir une voie inespérée à son activité. Il n'était pas de jour que l'Assemblée n'imaginât quelque conception nouvelle. Précisément, quelque temps avant l'arrivée de Jarry à Paris, la Constituante venait de créer les adjudants généraux, c'est-à-dire les officiers d'état-major destinés à remplacer les maréchaux généraux des logis, aides et sous-aides maréchaux, majors généraux et aides-majors généraux de l'ancien régime [1]. L'ex-capitaine d'ingénieurs de Frédéric, qui avait besoin d'occuper ses loisirs pour vivre, sollicita immédiatement un des emplois de nouvelle création. Il s'adressa, **pour** aboutir, au comte de la Tour du Pin et lui fit parvenir, le 16 octobre 1790, la lettre suivante [2] :

Liancourt, 16 octobre 1790.

« Monsieur le Comte,

« Permettez-moi d'invoquer vos bontés dans ce moment où il ne dépend absolument que de vous de me mettre du nombre des adjudants généraux. Je m'estimerois surtout heureux que ce fût sous vos ordres. Habitant à Bordeaux, ce seroit un double bienfait que de m'attacher à votre commandement des côtes occiden-

---

1. Décret du 5 octobre portant que l'état-major général comprendra désormais en France 94 officiers généraux, 136 aides de camp et 90 adjudants généraux.

2. Archives administratives de la Guerre. Original de la main de Jarry.

tales[1], et quoique plusieurs personnes vous aient sollicité en ma faveur, j'aime mieux vous rappeler, Monsieur le comte, l'intérêt que vous m'accordiez vous-même lorsque j'ai eu l'honneur d'être reçu chez vous, il y a déjà bien des années. Je n'ai point de désirs qui me portent vers un autre général, et je vous supplie de croire que je mettrai tout mon bonheur à mériter votre confiance.

« Je suis, avec le plus profond respect, Monsieur le comte, votre très humble et très obéissant serviteur.

« JARRY[2] ».

Jarry ne fit pas inutilement appel à ce protecteur, et ce fut vraisemblablement M. de la Tour du Pin qui rédigea la note suivante, destinée à **M.** de Saint-Paul, le haut fonctionnaire du ministère de la Guerre qui avait dans ses attributions les nominations, grâces militaires, promotions, etc. :

« M. de Jarry a servi sous le feu roi de Prusse pendant toute la guerre de Sept Ans. C'est un officier qui joint à une rare expérience beaucoup d'esprit et de connaissances. Il n'existe pas, au service de France, quatre officiers qui puissent lui être comparés. Il a été appelé et consulté par le comité militaire[3]; il est fort recommandé à **M.** de la Tour du Pin. Il ne s'agirait que d'un mot du roi ou de la reine pour décider le ministre à le comprendre sur la liste des adjudants généraux qui viennent d'être créés par l'Assemblée, et cet officier peut rendre d'importants services. »

Cette note, qui doit dater de la fin de 1790, porte dans le coin supérieur droit la mention, au crayon,

---

1. Voir la note 2 de la page 56.
2. Il signait tantôt *Jarry*, tantôt *François Jarry*.
3. C'était le Comité de la Constituante, dit des Douze.

« M. de Saint-Paul », et dans l'autre coin, à gauche,
l'indication : « Remis par la reine ». Ce serait donc par
l'entremise de Marie-Antoinette que M. de la Tour du
Pin, ou M. de Noailles, peut-être le duc de Liancourt,
auraient fait remettre au ministre la recommandation
qu'on vient de lire. Elle est typique, cette note, bien
caractéristique dans son exagération, et montre d'une
façon curieuse cet engouement extravagant pour tout
ce qui nous arrivait de Prusse, dont nous parlions tout
à l'heure. Jarry, venant de partout ailleurs que de
Berlin, eût vraisemblablement été accueili dans notre
armée avec politesse, mais pas autrement; dès qu'il
débouchait des rives de la Sprée, « il n'existait
pas au service de la France 4 officiers qui pussent
lui être comparés ». Où M. de la Tour du Pin, où
l'auteur anonyme de la note, quel qu'il fût, avait-il
pris les éléments d'une déclaration aussi catégorique,
d'une comparaison aussi peu flatteuse pour notre
armée? A moins de supposer que la recommandation en question ait été rédigée par Jarry lui-même,
il faut reconnaître que nous sommes toujours les
mêmes, légers et excessifs dans la louange comme
dans le blâme, accordant l'une ou l'autre sur des apparences souvent non fondées, repoussant sans motifs
ou élevant inconsidérément sur le pavois des gens ne
méritant ni cette défaveur, ni cet excès de sympathie.

Non pas que Jarry fût une personnalité indigne
d'intérêt ou mal douée : ce que nous savons de lui
nous le montre au contraire comme un officier intelligent, instruit, consciencieux et honnête. Nous nous
élevons seulement contre l'exagération dans l'éloge
et nous préférons aux paroles excessives de la Tour
du Pin celles de Dumouriez, qui l'estimait « un
des officiers les plus rompus aux détails de son mé-

tier [1] ». C'était bien assez, c'eût dû être bien assez pour qu'on l'accueillît à bras ouverts dans notre armée, où se produisaient chaque jour des vides nombreux. On commença par lui accorder, le 19 juin 1791, la croix de Saint-Louis [2], pour laquelle il fallait, à la vérité, vingt ans de services militaires ; mais, comme le règlement de l'ordre ne déterminait pas dans quel pays ces services avaient dû être rendus, on admit pour Jarry que les trente et quelques années passées sous les drapeaux de Frédéric, y compris Rossbach, établissaient des droits à cette distinction. C'était très conforme aux errements du temps. Dès que Luckner avait été inscrit dans notre état-major général depuis 1763 et émargeait à notre budget pour des appointements annuels de 36.000 livres, on pouvait, sans injustice, donner une croix de Saint-Louis à Jarry. La croix de Saint-Louis ne fut d'ailleurs que le prélude d'une autre faveur : le 6 juillet, Jarry fut nommé colonel adjudant général et affecté aux troupes de la 2ᵉ division territoriale à Valenciennes.

Pour obtenir ce grade, Jarry avait dû présenter les

---

1. Dans ses *Mémoires*, le général major Le Marchant dit également (p. 118) : « One of the cleverest officers in any service. »

2. La note relative à cette nomination est ainsi conçue :

« 19 juin 1791. On *propose* d'accorder la croix de Saint-Louis au sieur Jarry de la Villette, adjudant général du grade de colonel.

« F. — Il était officier supérieur au service étranger, après plus de trente ans de services, lorsqu'il est entré au service de France. Et il espère que, puisqu'on a bien voulu l'y admettre dans un grade supérieur, on voudra aussi lui tenir compte des services qui l'ont mis à portée de l'acquérir, et le juger susceptible de la décoration militaire accordée à l'ancienneté et au mérite des services. Il croit même que cette décoration convient à son grade et à son état de service (*sic*). »

Au bas de cette pièce on lit le mot « approuvé » de la main du roi. Il convient de remarquer ici que Jarry est qualifié dans cette note, et à la date du 19 juin, « colonel adjudant général », bien que sa nomination à ce grade n'ait été officielle que le 6 juillet.

Une seconde note porte : « 19 juin 1791. La croix de Saint-Louis a été accordée, le 19 juin 1791, au sieur Jarry de la Villette, Antoine (*), adjudant général du rang de colonel. Il a plus de trente ans de services. Pour ampliation, signé : *Duportail*. Remis la croix et le brevet le 13 octobre 1791, au bureau des grâces. »

(*) Il s'appelait François.

brevets qui établissaient sa situation dans l'armée prussienne, et il avait été invité à remettre avec les originaux une traduction dont la minute existe encore aux Archives de la Guerre. En adressant cette traduction à M. de Lalain, adjoint de M. de Saint-Paul, le 4 juillet 1791, Jarry y joignit la lettre d'envoi suivante :

« M. le vicomte de Noailles, qui a bien voulu vous présenter mes patentes de Prusse à l'effet de faire mention de la date de mes services dans mon nouveau brevet, m'a dit de votre part qu'elles devoient être accompagnées d'une traduction françoise. Il n'est pas aisé de traduire en françois le style de la chancellerie allemande et d'y observer la tournure et l'originalité des idées. Aussi n'ai-je point cherché à parler françois dans la traduction que j'ai l'honneur de vous adresser, mais à rendre le sens des mots et des choses comme elles y sont exprimées. Permettez-moi, Monsieur, de vous demander en grâce la prompte expédition de ce brevet, afin que rien ne m'empêche d'être incessamment aux ordres de M. Duportail. Je vous préviens aussi de vouloir bien retirer les originaux de mes patentes, et, si vous aviez la bonté de m'indiquer un moment à votre commodité, je viendrois vous en faire mes remerciments et les recevoir de vos mains avec mon nouveau brevet. Je suis logé rue Croix-Petits-Champs, hôtel Dauphin, n° 22.

« J'ai l'honneur d'être très respectueusement, Monsieur, votre très humble et très obéissant serviteur.

« JARRY. »

Jarry, nommé colonel à l'approche de la soixantaine, n'avait pas eu sans doute un avancement rapide, mais il ne pouvait s'en prendre raisonnablement à nous de ce que Frédéric II l'eût laissé vingt-six ans avec l'épaulette de major. Cependant, il ne fut pas plutôt nanti de sa nouvelle lettre de service, qu'il trouva incomplète la faveur reçue, et, à la date du 3 août 1791, il écrivit au ministre de la Guerre pour se plaindre qu'on n'eût pas tenu compte, dans sa nomination, de la date de son dernier brevet prussien. « Il avait près de soixante ans, disait-il, et ne pouvait accepter d'être placé, peut-être pour vingt ans, à la queue de tous les jeunes colonels de l'armée. » Il demandait, en conséquence, qu'on enregistrât sa promotion en la faisant remonter au 30 mai 1790, date à laquelle Frédéric-Guillaume II l'avait nommé colonel prussien. C'est la première circonstance dans laquelle nous voyons Jarry apparaître comme un esprit revêche, difficile à contenter, aimant à se plaindre. Ce ne sera pas la dernière. Cette fois, en dépit des appuis qu'il possédait auprès du ministre, il trouva M. du Portail récalcitrant, et il dut quitter Paris pour Valenciennes, le 20 août, sans avoir obtenu gain de cause[1].

A l'armée, Jarry allait se trouver dans son élément. Là, Lauzun, Noailles, Montmorency, c'est-à-dire des gens qui le connaissaient de longue date, le présentèrent au général en chef Rochambeau comme

---

1. La note relative à la nomination au grade d'adjudant général est libellée ainsi qu'il suit : 6 juillet 1791.

ADJUDANTS GÉNÉRAUX

Places vacantes	*Sujets nommés*
1. Du grade de colonel par la promotion de M. Dumas (*) au grade de maréchal de camp.	*M. de Jarry.*
2. N...	NOTA. — Cette nomination a été faite par M. Duportail, en vertu des décrets pendant l'interruption d'exercice des fonctions royales (**).
3. N...	

Nota. — Le nom de M. de Jarry est de la main du ministre. *Signé* : DELALAIN.

(*) C'est Mathieu-Dumas, le futur lieutenant général.
(**) Les fonctions gouvernementales qui avaient été suspendues à la suite du voyage de Varennes.

un élève de Frédéric, un élève formé par le grand
roi lui-même et devenu maître à son tour, un homme
qui, en fait d'état-major, était en état d'en remon-
trer à qui que ce fut en France.

Rochambeau ne pouvait manquer de confier à Jarry
la direction d'un service que ce dernier avait enseigné
théoriquement pendant de longues années et qu'il
possédait évidemment dans tous ses détails; il s'estima
heureux de recevoir une telle recrue.

Tout était à constituer dans cet élément de la
conduite des armées, qu'à cette époque on formait
seulement au moment d'une entrée en campagne. Sans
doute, le décret du 5 octobre 1790, dont nous avons
parlé déjà, avait donné une base à une organisation
nouvelle de l'état-major, mais, si on avait le personnel,
— et il s'en fallait qu'on le possédât en entier,
— on n'était point d'accord sur la besogne à lui distribuer, ni même sur la nature et le fond de cette
besogne.

Jarry eut carte blanche et entière liberté d'action
à cet égard. Certes, il s'attendait à rencontrer des
obstacles, et il était homme à les affronter sans
crainte; toutefois, la première déconvenue qui allait
l'arrêter dans l'exercice de son nouveau grade fut
pour lui tout à fait imprévue.

A cette époque, la pénurie des deniers de l'Etat
était telle que les agents des finances s'ingéniaient
par toutes sortes de moyens à diminuer le nombre des
ayants droit qui assiégeaient leurs guichets, et ils
élevaient des barrières souvent fort inattendues devant les prétentions les plus légitimes.

Ainsi en fut-il pour Jarry. La lettre suivante, écrite
de Valenciennes et adressée au ministre, à la date du
30 septembre, nous mettra au courant, en termes
pittoresques, des tribulations du nouvel adjudant

général ; elle constitue d'ailleurs un intéressant document pour l'histoire financière de la Révolution :

« MONSIEUR,

« M'étant présenté chez le trésorier de l'armée à Valenciennes, pour être payé des appointements que je croyois m'avoir été accordés, il m'a d'abord répondu que je n'étois pas sur la liste des personnes dont il avoit la commission de payer les appointements. Lui ayant demandé s'il n'y auroit pas quelque formalité de ma part à remplir, il m'a remis la note ci-jointe [1], écrite de sa main et par laquelle je serois tenu de fournir des quittances d'imposition de toutes espèces, lorsque je suis absolument sans revenu ni propriété en France et qu'il est à la connoissance de plusieurs membres de l'Assemblée nationale que j'étois en Prusse ou dans le Brabant pendant la majeure partie des années 1789 et 1790, et que, pour le surplus, j'ai logé chez M. de Liancourt ou en chambre garnie. Cependant, je dois servir dans l'État sans appointements si je ne fournis les quittances d'imposition dont je n'ai pu être susceptible, n'ayant qu'une vie errante qui ne peut être imposable ; ou bien, dit-on, un certificat de mon district ou municipalité qui constate que je suis sans propriété. Mais, que peut attester pour moi le district de ma chambre garnie, rue Croix-des-Petits-Champs, à qui je suis parfaitement inconnu ? Que l'hôtel garni ne m'appartient pas ? Cette preuve négative, pour devenir complète, devra être répétée par les quarante-quatre mille municipalités

---

1. Cette note porte simplement ces mots : « La quittance de paiement des impositions de 1789 à 1790 et années antérieures. Autre quittance de paiement des deux tiers de la contribution patriotique. Décrets des 24 et 27 juin 1790. » Plus bas figure l'indication : « M. Ponteney, payeur principal du département de la Guerre à Paris », autorité à laquelle l'employé des finances de Valenciennes avait sans doute renvoyé Jarry.

du royaume, ou bien elle est incertaine. Il me semble qu'ayant été admis au service de France comme sortant du service étranger, je devrois être une exception aux décrets des 24 et 27 juin dernier. Lorsque je suis entré au service de Prusse, Frédéric II ne mit pas dans ses conditions que, pour être payé des appointements qu'il m'accordoit, je justifierois du paiement de plusieurs années d'imposition. J'ai cru bonnement qu'on agissoit tout aussi simplement en France. Si ces conditions devoient subsister à mon égard, n'étant pas en pouvoir de les remplir, je me verrois forcé, bien à regret, de renoncer à la grâce que la nation m'a faite. Je vous supplie, Monsieur, de vouloir bien prononcer, le plus tôt qu'il vous sera possible, sur cette difficulté que je n'imagine pas être dans vos intentions, mais qui, étant fondée sur des décrets, pourroit bien n'être pas soluble, et c'est ce qu'il m'importe de savoir[1]... »

Cette lettre fut la cause d'un échange de notes entre différents employés du Ministère de la Guerre, Bureau des Fonds, et l'on finit par admettre que, sur un certificat du ministre constatant que Jarry n'était entré au service de la France que le 22 août 1791, cet officier pourrait toucher une partie de sa solde sans quittance d'impositions. A la date du 20 octobre, M. Ponteney, payeur principal du Département de la Guerre à Paris, tranchait la question en faisant payer à Jarry sa solde du 22 août au 30 septembre 1791, mais en prescrivant au trésorier de Valenciennes de ne délivrer « le décompte des mois subséquents que sur la présentation de la quittance des impôts, conformément à la loi du 27 juin[2] ».

Cette décision ne répondait nullement aux objec-

---

1. Archives de la Guerre, dossier Jarry.
2. Note manuscrite de M. de Ponteney. A. G., dossier Jarry.

tions formulées par Jarry dans sa lettre du 30 septembre; comme on le verra plus loin, elle n'était pas faite pour le satisfaire. Écrivit-il à nouveau? adressat-il une seconde réclamation? Nous l'ignorons. Tout ce que nous avons pu trouver sur son compte pour la fin de l'année 1791 est un billet constatant sa réception dans l'ordre de Saint-Louis. Cette pièce, datée de Valenciennes le 10 novembre 1791, porte d'abord les quatre lignes d'envoi suivantes :

« J'ai l'honneur d'adresser à M. Duportail le serment civique que M. F. Jarry vient de me remettre en recevant l'ordre de Saint-Louis.

« Le commandant général de l'armée du Nord,
« De VIMEUR-ROCHAMBEAU. »

Immédiatement au-dessous figure la déclaration suivante :

« Je, soussigné, jure d'être fidèle à la nation, à la loi, au roi, de maintenir de tout mon pouvoir la Constitution et d'exécuter et faire exécuter les règlements militaires.

« Fait à Valenciennes, le 10 novembre 1791. »
« FRANÇOIS JARRY. »

Ce fut un peu plus d'un mois après, le 14 décembre, que M. de Narbonne organisa les trois armées dont nous avons parlé plus haut et en donna le commandement aux généraux en chef que nous avons nommés. Jarry, tout rendu à Valenciennes, où Rochambeau établissait son quartier général, se trouva de fait élevé au rang de chef d'état-major de la nouvelle agrégation tactique : il en assuma les fonctions.

Toutefois, il n'avait abouti encore à aucune organisation définitive, quand une mission nouvelle et d'un tout autre genre vint l'enlever momentanément à l'armée du Nord, et diriger vers un but différent ses soins et son activité.

Depuis que le parti de la guerre avait pris en France le développement et la puissance qu'entendaient lui attribuer les Girondins, les inspirateurs de plans politiques se donnaient carrière. Il s'agissait notamment de canaliser en notre faveur les sympathies et les alliances de l'Europe, d'obtenir la neutralité partout où l'on ne pourrait acquérir une alliance formelle, finalement d'isoler, dans l'Empire, « le roi de Bohême et de Hongrie », comme on affectait de l'appeler. Parmi les esprits à imagination prolifique et vagabonde que séduisaient ces utopies, aucun — sauf Dumouriez peut-être — n'avait la hardiesse et l'inépuisable fécondité de Lauzun, dont nous parlions tout à l'heure et dont les occupations n'étaient pas telles, à Valenciennes, qu'elles l'empêchassent d'intriguer à Paris, à Londres, un peu partout. Biron avait fait à diverses reprises le voyage de Berlin, ainsi qu'on l'a vu; il connaissait la cour de Frédéric-Guillaume II, les Woellner, les Bischoffswerder et consorts, Mlle de Lindenau, Mme Rietz et son mari. Il appréciait tous ces personnages à leur juste valeur, avait pour eux le mépris qu'ils méritaient et savait qu'il serait facile d'acheter, quand on voudrait, l'alliance, ou, tout au moins, la neutralité de ces entours sans scrupules [1]. Sans fixer de prix, sans assurer, comme Mirabeau, « qu'avec 1.000 louis on pourrait connaître tous les secrets de la cour de Berlin [2] », il

---

1. Archives historiques de la Guerre. Armée du Nord, 1792. Portefeuille 1. Registre de Correspondance de Biron. Biron à Talleyrand 18 décembre 1791.
2. *Histoire secrète de la cour de Berlin*, par Mirabeau, II, 349.

regardait l'opération comme praticable, comme d'un succès infaillible, et, grâce aux démarches de Talleyrand, il parvint à la faire tenter. Malheureusement le négociateur qu'on accrédita à Berlin n'était pas celui qu'il avait désigné, et il accusa même le ministre des Affaires étrangères, Lessart, d'avoir choisi Ségur dans le but d'aboutir à un insuccès[1] ; mais, pour compenser, dans une certaine mesure, les inconvénients d'une telle désignation, Lauzun fit doubler l'ambassadeur officiel par un personnage secondaire, qui, sans avoir l'envergure d'un premier sujet, était apte cependant à rendre de grands services. Cette « doublure », il l'avait indiquée à Talleyrand quand celui-ci lui avait réclamé des noms à proposer à M. de Lessart pour la négociation délicate ; elle n'était autre que Jarry. « Personne ne mérite mieux d'être vu et entendu que M. de Jarry, écrivait Biron à Talleyrand en l'envoyant à Paris prendre les instructions du ministre ; — il sait parfaitement bien tout ce qu'il sait et il sait parfaitement bien la Prusse; c'est, d'ailleurs, un officier très instruit et très distingué[2]. »

Jarry passa une huitaine de jours à Paris, vit Talleyrand, Narbonne, Mme de Staël, reçut de M. de Lessart les pouvoirs, surtout les fonds qui lui étaient nécessaires pour sa mission, et partit pour Berlin le

---

1. « Je reçois votre lettre à l'instant... M. de Lessart vous trompe, c'est vous trahit que je veux dire. Je ne serais pas embarrassé de prouver autrement que par des conjectures qu'il cherche des ennemis à la France pour armer toutes les puissances contre la Révolution. Il a reculé à vos bons conseils, tant où ils ont pu être utiles. La nomination de M. de Ségur a détruit tous les moyens, et M. de Lessart s'est rendu à vos avis dès qu'il n'a plus eu de succès à craindre. Vous savez, d'ailleurs, ce que je vous ai mandé de M. Jarry ; il fera très exactement ce que lui dira M. de Lessart: c'est à lui seul qu'il appartiendra, il a de l'esprit et connait bien le pays, mais il n'inspirera pas de confiance et sera déjoué par les gens mêmes que j'aurais employés. » Archives historiques de la Guerre. Armée du Nord, 1792. Portefeuille 1. Registre de Correspondance de Biron. Biron à Talleyrand, de Valenciennes, 7 janvier 1792.

2. Id., *ibid.*, 25 décembre 1792.

8 janvier. « M. de Jarry part, comme vous l'avez ordonné, pour la Prusse, écrivait à cet égard Talleyrand à Biron, le 5 janvier 1792[1]. Ses instructions sont celles que vous auriez dictées, il monte après demain en voiture... Je me suis opposé à ce qu'il retournât par la Flandre, sa commission et ses liaisons avec La Mark sont fort en opposition ; je lui ai dit d'aller droit par Worms[2]. »

Talleyrand avait raison de se méfier des relations qui existaient entre Jarry et le comte de La Mark. Nous savons, par Biron, que La Mark habitait à cette époque son château de Raismes, tout à côté de Valenciennes, et que Jarry allait souvent y visiter son ancien protecteur. Talleyrand eut beau prescrire au colonel de ne point traverser la Flandre ; il ne put faire que Jarry n'avertit point. La Mark du but de sa mission à Berlin.

« On me confirme d'une manière certaine, écrivait le 10 janvier, à dix heures du soir, le comte de La Mark au comte de Mercy-Argenteau, à Bruxelles, que les instructions qu'a reçues le comte de Ségur pour Berlin sont exactement celles dont j'ai eu l'honneur de vous donner connaissance à mon dernier voyage à Bruxelles. Le comte de Ségur est accompagné d'un M. de Maisonneuve, et il serait très possible que celui-ci eût la mission de faire une tentative en Pologne.

« Le nouvel agent, parti depuis deux jours de Paris pour Berlin, est un nommé Jarry, né Français, mais qui a servi pendant vingt ans en Prusse. Il a de l'esprit, des talents, et une grande connaissance de la cour de Berlin. Cet homme sert à contre-

---

1. Id., *ibid.*, Talleyrand à Biron, de Paris, 5 janvier 1792
2. Id., *ibid.*, Talleyrand à Biron, 5 janvier.

cœur dans le parti qui l'emploie, et le seul besoin de ses appointements l'y retient. Je sais qu'il a voulu rejoindre les Princes à Coblentz ; je l'en ai empêché en l'assurant que je parviendrais un jour à le faire servir les Tuileries...... *Il vient de me donner son adresse à Berlin[1]...* »

Douze jours après cette lettre, le 22 janvier, le comte de La Mark, s'adressant de nouveau à son même correspondant à Bruxelles, lui disait encore : « Je sais qu'on a donné au comte de Ségur et à M. Jarry une énorme latitude de moyens de corruption pour Berlin[2]. »

Une manœuvre éventée de cette façon n'avait point de chances de succès, et l'on sait qu'effectivement elle n'aboutit pas. Comment eût-elle réussi, quand celui-là même qui était chargé de la mener à bien prenait peut-être en sous-main toutes ses dispositions pour la faire avorter ? On ne peut douter que les efforts de la diplomatie française, tendant à isoler l'Autriche, à la séparer de la Prusse, ne fussent en contradiction directe avec ceux que réalisaient alors les Princes et les émigrés. Si, comme l'affirmait La Mark, Jarry était dévoué aux Princes — et la suite de sa carrière ne laisse aucun doute à cet égard[3] — il était bien digne de la légèreté de Lauzun d'avoir désigné un tel émissaire pour l'envoyer à Berlin.

Quoi qu'il en soit, la mission Ségur-Jarry échoua complètement, comme nous l'avons dit, et, après un séjour de quelques semaines en Prusse, l'ancien chef d'état-major de l'armée du Nord vint reprendre à Valenciennes une place qu'on lui avait soigneusement conservée vacante. Il était urgent qu'il se mît

1. Correspondance de Mirabeau. La Mark à Mercy-Argenteau. 10 janvier 1792. Dix heures du soir, de Raismes.
2. Id., *ibid.*, 22 janvier 1792.
3. Jarry passa à l'étranger à la suite de Lafayette.

à l'œuvre, car la situation politique empirait chaque jour, l'ouverture des hostilités était imminente, et il devenait indispensable qu'une organisation nettement déterminée mit les troupes en état d'entamer à bref délai les opérations. Au début, on avait attendu avec patience que Jarry montât enfin la machine dont on lui avait confié l'agencement. On avait pensé qu'il allait sortir de ce cerveau quelque conception géniale dont on n'avait aucune idée en France. Malheureusement les jours avaient succédé aux jours, les semaines aux semaines, et l'on n'avait vu éclore rien de nouveau, et l'on n'avait rien constaté, sinon que les choses demeuraient toujours au même point, que l'armée était aussi peu organisée en avril qu'en janvier. La réputation de Jarry, de cet homme sans égal, prééminent à ce point qu'« il n'y avait pas dans l'armée française 4 officiers qui pussent lui être comparés », demeurait à ce point assise qu'on n'osait point encore douter. Cependant, comme les faits étaient là, patents, sous les yeux, il fallut bien se rendre à l'évidence. Tout d'abord, les réflexions furent très réservées. On se demandait timidement, à voix basse, si, par hasard, cet organisateur, cet élève de Frédéric, n'était fort que sur le papier, s'il n'était habile qu'en théorie, si, placé en face de la réalité, son génie se trouvait tout d'un coup dérouté, impuissant. On voulut se permettre quelques observations, insinuer un avis; Jarry reçut fort rudement les intrus. Entre temps, les choses continuaient à aller mal, ou plutôt à ne pas aller du tout; le désordre confinait au gâchis, au chaos. Lauzun, Valence, Noailles, furent réduits à convenir qu'ils s'étaient trompés, qu'on les avait trompés. C'était une désillusion. Jarry, apte peut-être à mettre en action les rouages d'une machine bien montée et fonctionnant toute seule, était incapable d'organiser lui-même cette machine et d'en ajuster les pièces. Son caractère même s'opposait à ce qu'il fût un bon organisateur. Ce petit homme sec, nerveux, emporté, violent, n'avait rien du tempérament d'un patient metteur en œuvre. Comment avait-on pu se fourvoyer sur lui et à ce point? C'était bien plutôt un sabreur qu'un écrivain, et le champ de bataille lui convenait infiniment mieux que le cabinet. Et il n'y avait pas que les officiers à comprendre cette situation : elle était patente même pour les profanes. C'est ainsi, par exemple, que Dalency, le commissaire général de l'armée du Nord[1], écrivant le 8 mai 1792, à son collègue du Ministère de la Guerre, pour lui rendre compte des divers événements relatifs à leur service commun, pouvait alléguer avec vérité que « l'état-major de notre armée (lisez Jarry) ne se doutait pas de la guerre »...

Et Dalency continuait :

« C'est d'aujourd'hui seulement que j'ai pu obtenir un état juste des cantonnements et emplacements de l'armée...

« Ce soir, je réunis les services et les commissaires des guerres, en présence d'un officier d'état-major que j'ai obtenu pour conférer et prendre un parti sur le service ; on est même convenu de rassembler un conseil de guerre tous les jours ; par ce moyen nous pourrons être d'accord sur les dispositions générales.

« Si M. Jarry, qui est rudement violent, ne s'oppose pas à ce parti, nous pourrons enfin marcher. Il est venu (entre nous) nous donner deux échantillons de sa terrible vivacité, l'un en présence de tous les

---

1. Pour les fonctions de commissaire général, voir le règlement du 5 avril 1792. C'était l'intendant général de l'armée.

commissaires des guerres, qui a occasionné une rixe entre un officier du génie (M. de Crancé[1]), qui aurait été un combat si M. le maréchal n'était intervenu en leur défendant les voies de fait.

« Le deuxième s'est passé chez moi, en présence de M. La Noüe, officier général, et quelques-uns de nos camarades et autres officiers. Il est entré, et s'est adressé à moi avec fureur sur ce que le trésorier exigeait un certificat du paiement de sa contribution patriotique ; sur ce que je lui ai répondu que ces formalités ne me regardaient pas, il a pris ses quittances qu'il apportait, les a déchirées et court encore, en disant qu'il allait m'apporter sa démission ; j'ai répondu qu'il devait la donner à M. le maréchal ; je n'en ai plus entendu parler.

« Je le crois un bon adjudant général et très instruit par ses services en Prusse ; mais il est impossible de rien traiter avec lui[2]. »

Dalency aurait pu ajouter : « Je le crois incapable de rien organiser de durable. » Ce qui est certain, — et les avis des officiers qui entouraient Jarry sont unanimes à constater le fait, — c'est que, après six mois de présence à la tête de l'état-major de Rochambeau, cet état-major était encore entièrement à créer.

Il n'était plus permis davantage de es faire illusion : Jarry, tout élève de Frédéric, tout ancien directeur de l'École de Guerre de Berlin qu'il fût, demeurait un chef d'état-major des plus médiocres ;

---

1. C'est Dubois de Crancé, l'officier du génie, le futur conventionnel.
2. Archives historiques de la Guerre. Armée du Nord, 1792, 8 mai. — Comme on le voit par le récit, la question des quittances d'imposition, jadis l'objet d'un litige porté devant le ministre de la Guerre, n'avait pas été tranchée, tout au moins faisait encore le sujet des plaintes de Jarry. Il est probable qu'avec bien d'autres problèmes du même genre elle demeura toujours pendante, d'autant qu'avec la situation des finances de l'État les payeurs étaient de moins en moins en position de s'acquitter envers les officiers.

c'était un homme d'action bien plus que de cabinet, et il convenait, surtout pour le bien de l'armée, de ne pas le laisser davantage à la tête d'un service si peu en rapport avec ses aptitudes. Toutefois, comme Jarry était, avec ses connaissances, un officier à ménager, comme d'ailleurs son zèle, son activité, ne méritaient que des éloges, il était indispensable de lui trouver une compensation, d'expliquer sa mutation, et de bien montrer qu'on ne devait point interpréter cette mutation comme une disgrâce. Ce moyen, le général Valence le signala au ministre de la Guerre dans sa lettre du 21 mai : il consistait tout simplement à faire rentrer Jarry dans la troupe avec avancement : « Il serait nécessaire, disait Valence à Servan, à la date précitée, que M. de Jarry fût appliqué à la partie qui lui convient : l'avant-garde, et pour cela fait maréchal de camp. Nous vous organiserons ensuite l'état-major de façon à le faire enfin marcher[1]. »

Ainsi fut fait. Jarry n'avait même pas un an de grade, mais il se trouvait néanmoins, grâce à l'émigration, un des colonels les plus anciens, nous pourrions dire le colonel le plus ancien de l'armée française ; on put, sans léser aucun droit, le nommer maréchal de camp à l'ancienneté, le 27 mai.

Le même jour, le général en chef lui confiait le commandement de l'avant-garde.

---

1. Archives historiques de la Guerre. Armée du Nord, 1792. Valence au ministre de la Guerre, 21 mai.

CHAPITRE V

LA PRÉPARATION DU PLAN DE CAMPAGNE
LA RÉVOLUTION EN BELGIQUE — DUMOURIEZ

Luckner, en acceptant un commandement en chef dans les circonstances critiques que traversait la France, ne paraissait point se douter, nous l'avons dit, des graves responsabilités qu'il assumait. Il n'en était de même ni de Rochambeau ni de Lafayette. Mais, si Lafayette, jeune, ardent, actif, se sentait de taille à faire face aux difficultés les plus ardues, Rochambeau, au contraire, ne prenait la direction de son armée qu'avec hésitation, presque avec regret. Effectivement, en acceptant la tâche que les circonstances politiques, plus encore que les conjonctures militaires rendaient si redoutables, il avait peu à gagner et beaucoup à perdre.

De plus, en dehors de sa réputation menacée, de son honneur militaire en jeu, il était en passe de se ruiner, de perdre dans cette situation nouvelle, le patrimoine assez maigre que lui avait laissé son père. En réalité, les 40.000 livres allouées par la loi du 21 octobre 1791 aux commandants d'armée étaient très loin de suffire pour lui permettre de faire face aux frais multiples qui incombaient à sa situation. Et l'on comprendra vite une telle vérité si l'on songe à la dépense que la coutume et la tradition imposaient alors à un général en chef[1]. En dehors d'un train ruineux de voitures et de chevaux pour son service personnel, il devait tenir table ouverte, défrayer de toutes dépenses un état-major souvent très nombreux, entretenir non seulement sa propre maison, mais celle de tous les officiers attachés à sa personne[2]. Sous l'ancien régime, les généraux en chef possédaient généralement une fortune personnelle qui leur permettait de faire face à ces dépenses avec leurs propres moyens; quand ils n'y parvenaient point, le Trésor leur fournissait ce qui leur faisait défaut sous ce rapport. En 1791, les choses ne pouvaient plus aller de la sorte; le roi était réduit lui-même à une liste civile assez maigre, Rochambeau n'avait point un sou à toucher en dehors des appointements que lui fixait la loi. Ce fut vraisemblablement le désir d'améliorer cette situation pécuniaire — et non une autre raison — qui amena le Conseil du roi, et notamment Narbonne, à proposer à l'Assemblée de donner à Rochambeau et à Luckner le bâton de maréchal de France[3].

Rochambeau avait dans son passé Mahon et York-Town; il avait commandé en chef dans des circons-

1. A propos du train entretenu par un général en chef du xviiie siècle, on pourra tirer des conclusions utiles de la description que nous donne le marquis de Valfons de l'équipage d'un capitaine d'infanterie. Ce train, pour Valfons et deux de ses camarades, comprenait : 1 haquet à quatre chevaux pour les provisions et les malles; 6 mulets et 3 chevaux de main, 1 grande tente, chambre à coucher, 1 seconde tente pour la salle à manger, 1 troisième qui servait de salon, « toutes bien doublées, et beaucoup de canonnières (*) de coutil pour nos gens ». Comme personnel : 2 valets, montés; 1 cuisinier, monté avec des cantines d'osier, allant toujours au campement pour tenir la soupe prête », 1 premier domestique, maître d'hôtel (*Souvenirs du marquis de Valfons*, 1710-1786. Paris, 1860, p. 67).

2. Dans la guerre de Sept Ans, nos généraux en arrivèrent à avoir chaque jour une table de *deux cents couverts*. (Voir Lessac, dans *Bardin*, p. 2700, col. 2.)

3. Tout au moins on doit le supposer, d'après la lettre de Biron à Narbonne, de Valenciennes, 9 décembre 1791. Registre de Correspondance de Biron.

(*) Canonnière de campement, tente d'hommes de troupes qui dans l'origine servai à quatre canonniers, dit l'Académie. (Voyez *Bardin*, p. 956.)

tances difficiles et avait mené à bien une guerre qui, en dehors des succès militaires, avait eu des résultats politiques considérables ; le bâton de maréchal pouvait passer pour une récompense tardive, mais justifiée, des services rendus. En ce qui concernait le général Luckner qui n'avait jamais combattu que contre nous, dont l'opinion publique s'était engouée subitement, sans qu'elle sût au juste pourquoi, Luckner qui n'avait jamais commandé que des partisans, tout au plus un corps de cavalerie, qui, en 1791, n'était plus que le « vieux soldat, demi abruti, sans esprit, sans caractère... » dont parle M^mo Roland, il paraissait exorbitant de le créer maréchal de France, uniquement pour augmenter sa solde. D'autant, qu'avec la meilleure volonté du monde, il était impossible de le considérer comme un nécessiteux. Ses anciens pillages en Allemagne l'avaient, comme il a été dit, mis pour toujours au-dessus du besoin ; son mariage inespéré avait encore amélioré cette brillante situation financière ; enfin, il n'était pas homme à tolérer que cette situation pût être jamais menacée. Quand récemment le bruit avait circulé, dans les journaux d'outre-Rhin, que l'empereur d'Autriche, ému de voir un sujet bavarois à la tête des armées françaises, avait décidé de mettre le séquestre sur les propriétés possédées par Luckner sur le territoire de l'Empire au titre de sujet allemand, le vieux reitre avait immédiatement montré les dents.

« Dites à la personne qui vous a chargé de m'inviter à faire mes réflexions relativement au danger que pourraient courir mes terres en Holstein, — écrivait-il à cette époque dans une lettre que publia le *Moniteur*[1], — dites que je ne crains point de pareilles

---

1. *Moniteur* du 1er mai 1792, n° 122.

menaces. Cependant, en cas d'une injustice inattendue, je déclarerais que mes biens étaient taxés et évalués à la somme de 6 millions de livres de France, et que, si quelqu'un osait y porter atteinte, je saurais bien trouver les moyens de m'en venger et de m'en dédommager amplement. Mon plan est formé, mais il n'est point temps encore de le faire connaître; il sera assez tôt de le mettre au jour à l'occasion. »

A cet égard on pouvait l'en croire, et ses compatriotes mieux que personne étaient en mesure de juger qu'il était homme à tenir parole.

De plus, il venait d'obtenir de l'Assemblée nationale le maintien intégral de la pension que lui servait le Trésor public, maintien ordonné par un décret spécial où nos représentants, « jaloux de donner au général Luckner un nouveau témoignage de leurs sentiments... » invitaient les commissaires de la Trésorerie générale à lui payer « sans aucune retenue ni déduction » la pension de 36.000 livres à lui accordée le 20 juin 1763[1].

Le bâton de maréchal accordé à Luckner comme un moyen d'accroître ses appointements était donc une faveur illogique, inexplicable, imméritée. De plus, cette nomination demeurait un acte prématuré, dangereux, car — suivant que le disait ce « quelqu'un » dont parlait Pellenc à La Mark — si l'on donnait le bâton de maréchal à des gens qui n'étaient pas encore entrés en campagne, on se demandait avec anxiété ce qu'on pourrait bien leur accorder le jour où ils reviendraient victorieux[2].

Louis XVI sentit l'inconvénient de la mesure que

____

1. *Moniteur* d'avril 1792, n° 118.
2. « ... Quelqu'un disait en parlant du bâton de maréchal donné à deux hommes au commencement d'une campagne : « Que fera-t-on pour eux « s'ils reviennent victorieux? » (*Correspondance de Mirabeau*. Pellenc à La Mark, 28 décembre 1791, t. III, p. 278.)

lui proposait son Conseil, et, s'il l'accepta assez facilement en ce qui concernait Rochambeau, il fit plus d'opposition lorsqu'il s'agit de Luckner. Depuis l'année 1763, date à laquelle il avait été admis dans notre armée comme lieutenant général, l'ancien condottiere n'avait rien fait au point de vue militaire que de toucher régulièrement les 36.000 livres annuelles qu'il recevait comme général français. Evidemment, c'était insuffisant pour expliquer son élévation à une dignité qu'avait illustrée Turenne.

Le roi hésita donc. Mais le malheureux prince n'était pas homme à lutter longtemps pour une préférence personnelle ; il avait cédé déjà sur des points bien autrement importants. Il se rendit donc, là encore, aux raisons que lui exposa Narbonne, et, le 14 décembre, Talleyrand put envoyer à son ami Biron, à Valenciennes : 1° une nouvelle erronée, à savoir que lui, Biron, allait être fait lieutenant général dans la semaine ; 2° un renseignement exact : le bâton de maréchal accordé à Rochambeau et à Luckner [1].

Ce fut à Metz, où Narbonne s'était rendu au cours de la visite des frontières dont nous avons parlé plus haut, que le ministre de la Guerre remit aux deux titulaires l'insigne de leur nouvelle dignité [2] ; à Metz, où

1. Archives historiques du Ministère de la Guerre (1792). Registre de Correspondance de Biron. Talleyrand à Biron, 14 décembre.

2. Narbonne, s'adressant à Luckner et à Rochambeau, prononça à cette occasion, devant les troupes assemblées, un discours qui obtint « un succès prodigieux dans la garnison » et dont nous extrayons le passage suivant :

« Le Roi, Messieurs, vient de vous nommer maréchaux de France.

« L'Assemblée nationale, en rendant un décret sur cet objet, a ajouté à cette nomination une nouvelle gloire qu'aucun général n'avait pu connaître avant le règne de la Liberté. Le Roi, Messieurs..., en se souvenant de vos services passés et en vous désignant pour généraux, vous a vus déjà victorieux...

« Vous, monsieur de Luckner, que nous n'avions appris à connaître autrefois que par nos revers, vous nous avez adoptés pour patrie ; et en privant nos ennemis d'un de leurs premiers défenseurs, vous nous donnez pour garant de votre dévouement, le choix que vous avez fait de la France sur toute l'Europe et le dépôt de votre gloire, qui ne peut sortir des mains des Français (*). »

(*) Lettre de Metz, publiée dans le *Moniteur* du 3 janvier.

Lafayette avait été également convoqué non point pour assister seulement à une imposante cérémonie, mais pour échanger ses idées avec les commandants des armées du Nord et du Rhin à propos du plan de campagne à adopter en vue d'opérations militaires subséquentes.

De ce qui fut proposé alors rien ne transpira, le ministre de la Guerre et les généraux ayant gardé sur leur entretien un silence qui n'a jamais été rompu[1]. Mais on a des renseignements sur le plan qui fut élaboré à Paris[2], en janvier ou en février, à une époque où Rochambeau, Lafayette[3] et Luckner s'abouchèrent, au Ministère de la Guerre, pour arrêter les dispositions d'ensemble qui permettraient à leurs trois armées d'agir conjointement Rochambeau paraissait tranquille sur la situation de notre frontière, c'est-à-dire sur la résistance que ces places étaient en état d'opposer à une invasion. A vrai dire, cette tranquillité était peut-être optimiste ; mais comment le général en chef eut-il témoigné la moindre inquiétude après le discours prononcé par le ministre de la Guerre à la date du 11 janvier. Ce qui préoccupait Rochambeau bien davantage, c'étaient nos préparatifs d'entrée

---

1. Narbonne, dans son discours du 11 janvier à l'Assemblée, discours que nous avons cité en partie, au chapitre premier, et dans lequel il dit tant de choses inexactes et erronées, sut cependant se taire sur ce point. « C'est à Metz, dans une conférence, que Sa Majesté m'avait ordonné d'avoir avec MM. Luckner, Rochambeau et Lafayette, que des plans de campagne d'après différentes hypothèses ont été préparés. Le secret est nécessaire à tous ces plans... » *Moniteur* du samedi 14 janvier.

2. Rochambeau était à Paris depuis le 19 ou le 20 janvier. « M. de Rochambeau part demain pour Paris. » (Biron à Narbonne, de Valenciennes, 17 janvier 1792.) Il y avait été mandé par Narbonne à la date du 12 ou du 13. (Voir Biron à Narbonne, 14 janvier.) On lit également dans la correspondance de Mirabeau (III, p. 294) : « M. de Rochambeau vient de partir pour Paris, sans doute pour préparer son plan de campagne sur cette frontière. » (La Mark à Mercy, 22 janvier 1792.) Le comte de La Mark habitait alors — comme on l'a dit au précédent chapitre — son château de Raismes, à quelques lieues de Valenciennes ; il était donc nécessairement bien informé.

3. « J'ai été appelé de l'armée à la capitale pour conférer avec les deux autres généraux, le ministre et moi... » (Lafayette à Washington, 16 mars 1792. Dans Charavey, *le Général La Fayette*, p. 286.)

en campagne, ou plutôt l'insuffisance de nos préparatifs, en particulier l'état moral de nos troupes et leur défaut d'instruction professionnelle. Ces troupes, disait-il avec raison, « après une paix de trente ans qui n'avait été interrompue que par des guerres particulières en Amérique et en Corse, avaient le plus grand besoin d'être disciplinées, d'être exercées et d'être aguerries par des succès graduels ». Il proposait donc de garder la défensive, d'occuper avec des masses moyennes les camps retranchés de Dunkerque, Givet, Sedan, et de rassembler le gros des troupes à Famars sous Valenciennes, avec une forte pointe à Maulde, sur la frontière même. Dans cette position, le maréchal était persuadé « que nous ne serions pas attaqués si nous n'allions chercher querelle à personne », et, au cas où nous l'eussions été, il proposait « de déboucher par les deux ailes de l'ennemi dans le pays d'entre Sambre-et-Meuse et d'entre la Lys et la mer, se bornant à manœuvrer « comme le recommandait le maréchal de Saxe », évitant par-dessus tout les grandes batailles.

Luckner combattit la proposition de Rochambeau en demandant, « comme Anacharsis Clootz, qu'on fît la guerre offensive à l'Europe entière. Il exigeait qu'on lui donnât carte blanche » et assurait qu'il irait faire signer la Constitution à Vienne. « Il ne parlait que d'attaquer », dit Rochambeau dans ses *Mémoires*; mais, quand on lui demandait comment et avec quoi il attaquerait, il demeurait coi et disait « comme les charlatans, que c'était son secret ».

Luckner, de loin, de très loin, pouvait en imposer aux foules par sa prestance et son air de croquemitaine, mais dans la conversation, dans la discussion, la nullité de ses moyens sautait trop rapidement aux yeux pour qu'elle pût tromper un instant des esprits

aussi perspicaces que Rochambeau ou Lafayette. « Je
perçai le secret de M. Luckner, dit encore Rochambeau ;
Je déclarai que, comme il n'y avait alors aucune armée
formée sur le territoire ennemi de l'autre côté du Rhin,
vis-à-vis de l'Alsace, il était très facile d'y faire une
course dans les Etats des petits princes de l'Empire et
surtout dans ce que le feu roi de Prusse appelait la
rue des Prêtres ; mais qu'il fallait calculer les avantages d'une pareille irruption dévastatrice avec la
perte que nos armées sans instruction, sans officiers
ni discipline, devaient faire partout où, comme en
Flandre, elles trouveraient des troupes aguerries,
tacticiennes et subordonnées[1]. »

Le plan prudent et temporisateur de Rochambeau
était, sans doute, préférable à l'offensive inconsidérée prônée par Luckner ; il fut adopté en principe par le Conseil du roi. On pouvait donc penser
que le parti de la raison, de l'expérience, l'empor-
tait sur celui de la présomption et de l'ignorance,
quand, le 9 avril, la chute du Ministère dont faisait
partie M. de Narbonne, quand l'arrivée aux affaires
d'un Ministère girondin présidé par Dumouriez vint
modifier profondément à la fois la politique générale
et la direction des affaires militaires.

Dumouriez était né à Cambrai, dans la Flandre française ; mais c'était un Flamand d'occasion, et l'origine provençale de sa famille se décelait nettement
dans son tempérament à la fois ardent et généreux,
naïf et retors. Dumouriez avait été, en 1790, envoyé
en Belgique pour donner une direction au mouvement
insurrectionnel qui y avait précédemment éclaté ; il y
avait vu de près, il y avait étudié consciencieusement

---

1. *Mémoires de Rochambeau.*

la situation, la constitution politique du pays et en était
revenu avec l'idée arrêtée que là comme en France la
révolution générale était imminente, que cet ordre de
choses vermoulu allait s'effondrer sans grands efforts.

Il faut reconnaitre avec Dumouriez qu'à la fin du
xviiie siècle, l'organisation des Pays-Bas autrichiens
était sans doute une des plus compliquées qu'on pût
rencontrer en Europe, une de celles qui, dans l'effervescence générale, ne pouvait manquer d'aspirer à de
profondes réformes.

Au sommet de l'échelle sociale on trouvait d'abord
le clergé régulier, possesseur de toute l'influence,
grâce aux biens territoriaux considérables dont il était
détenteur ; en second et en troisième lieu, venaient la
noblesse et le tiers, qui vivaient, non pas dans la
dépendance des délégués de l'Empereur, mais dans celle
des richissimes abbés de Gembloux et de Tongerloo,
des évêques ou archevêques d'Anvers, de Malines,
subissant, comme l'a dit le député La Mark, non pas
« leur influence religieuse, mais leur omnipotence
pécuniaire ».

L'empereur d'Autriche assumait nominalement l'autorité suprême et était représenté en Belgique par
un gouverneur général, — la plupart du temps membre
de la famille royale, — par un gouverneur en second,
un commandant militaire, et par trois conseils dits :
d'Etat, privé et des finances. Au-dessous de cette administration politique, les dix provinces dont se com-
posaient alors les Pays-Bas autrichiens possédaient
chacune, au point de vue de l'administration intérieure et municipale, au point de vue des corporations et des arts et métiers, une organisation particulière extrêmement complexe, qui, dans ses branches
diverses, était variée à l'infini.

La religion catholique était la religion d'Etat ; tou-

tefois aucune persécution ni pression d'aucune sorte
n'étaient dirigées contre les cultes hétérodoxes.

Il était tout naturel que, dans une situation semblable, un prince comme Joseph II, c'est-à-dire un
esprit imbu des doctrines politiques répandues en
Europe pendant le cours du xviiie siècle, eût la pensée
d'apporter quelques simplifications dans les rouages
enchevêtrés de cette administration dédalesque, qu'il
voulût implanter en Belgique les idées d'émancipa-
tion religieuse qui étaient à cette époque si fort à la
mode en France, en Allemagne, même en Espagne et
en Portugal. Joseph II n'y manqua pas. En 1781, le
12 novembre, il promulgua son fameux décret de Tolé-
rance, qui déclarait les protestants admis à tous les
emplois, « ne voulant pas, disait le prince, considérer
dans l'homme autre chose que le citoyen ». Le 21 mai
suivant, Joseph II proclamait encore la liberté
des unions entre protestants et catholiques ; un troisième décret, en date du 17 mars 1783, suppri-
mait les couvents dits inutiles, abolissait l'appel des
évèques au pape, interdisait la publication des bulles
pontificales ou des mandements sans le visa de l'autorité civile. Plus tard, en octobre 1786, l'Empereur
décrétait encore l'abolition des nombreux collèges
ecclésiastiques à la direction des évèques et centrali-
sait tous ces établissements à Louvain ou à Luxembourg.

Toutes les mesures dont nous venons de parler se
référaient à l'exercice du pouvoir ecclésiastique ;
d'autres furent prises concernant l'administration
civile, qui n'étaient pas moins radicales. Trois ordonnances de 1786 et 1787 supprimèrent les différentes
juridictions en exercice dans les Pays-Bas, et les
remplacèrent par soixante-quatre tribunaux de première instance, six cours d'appel et une cour de cas-

sation. Le conseil des finances, le conseil privé et le
conseil d'Etat cédaient la place à un conseil unique.

Ces mesures émanaient sans doute d'un bon sentiment, et Joseph II, en les édictant, avait assurément
en vue l'amélioration d'une situation qui était très
en état d'être simplifiée ; elles déchaînèrent cependant le mécontentement le plus vif, et rencontrèrent
l'opposition la plus violente. On ne peut nier que les
Belges fussent gouvernés au moyen de procédés
administratifs compliqués, extraordinaires, surannés ;
mais, si embrouillé que fût l'écheveau de cette organisation complexe, les habitants le trouvaient à leur
goût et n'apercevaient pas la nécessité de le changer.
Et non seulement ils ne voyaient là rien à modifier,
mais certains trouvaient cette constitution admirable,
les Brabançons par exemple, qui étaient si fiers de leur
charte particulière, « la Joyeuse Entrée », ainsi qu'on
l'appelait, qu'ils l'eussent proposée volontiers comme
modèle à notre Assemblée nationale, quand celle-ci
commença, trois ans plus tard, à rechercher pour la
France un nouveau système d'organisation politique.
Les Belges jouissaient, en somme, de droits plus
étendus que ceux dont bénéficiaient à cette époque
la plupart des citoyens des autres Etats de l'Europe ;
ils avaient la liberté individuelle, l'inviolabilité du
domicile, le droit de pétition et de remontrances
accordé aux particuliers ; ils élisaient leurs délégués
dans les corporations de métiers. Leurs magistrats
municipaux étaient, à la vérité, au choix de l'Empereur, mais celui-ci, une fois qu'il les avait nommés,
n'avait plus le droit de les révoquer ; cette inamovi-
bilité donnait donc aux membres des municipalités
un pouvoir considérable et la plus grande latitude pour résister au pouvoir souverain. Les Belges,
avait dit jadis le duc Charles de Lorraine, sont des

gens faciles à gouverner, à la condition qu'on ne touche point à leurs privilèges, car « ils y sont attachés jusqu'à la folie ». Ils ne pouvaient donc accueillir qu'avec des protestations un progrès qui les blessait dans toutes leurs coutumes, dans leurs aspirations, dans leurs droits les plus légitimes.

La résistance s'organisa tout d'abord. Favorisée par le clergé, dont le pouvoir sur les esprits était immense — nous l'avons dit — elle ne tarda pas à prendre des proportions considérables. Un avocat du nom de Van der Nott, homme de minces moyens, très faiseur, grand hableur, rusé comédien, doué de cette faconde facile qui impose aux foules, en fut l'âme[1]. Le parti des mécontents refusait les réformes et demandait le maintien de l'ancien état de choses : on appela ces révoltés les Vandernottistes ou Statistes, c'est-à-dire les partisans de Van der Nott ou du *statu quo ante*. En vain Joseph II envoya-t-il en Belgique un soldat énergique, le général d'Alton, pour imposer par la force les réformes que les Belges refusaient de mettre en pratique à l'amiable ; d'Alton, malgré une vigueur inflexible et une répression brutale, ne fut pas le plus fort. Van der Nott, aidé du chanoine Eupen, grand pénitentiaire de l'église d'Anvers, et de Voncq, un autre avocat, membre du conseil de Brabant, leva une armée, en confia le commandement au vieux colonel Van der Mersch, qui avait été de longues années au service de l'Autriche, et osa affronter avec une poignée de volontaires improvisés les troupes solides, depuis longtemps aguerries de d'Alton. Fait plus extraordinaire encore, cette armée, qui dans le principe n'atteignit pas 2.000 hommes, vint à bout, en quelques mois, de son adversaire, le fatigua, le har-

---

1. « Van der Nott, un homme dont l'ambition était la seule qualité », a écrit Van Hasselt. (Voyez *Belgique et Hollande*, p. 461.)

cela, le démoralisa à tel point que, dans les derniers jours de 1789, l'armée autrichienne, expulsée de toutes les places la plupart fortifiées qu'elle occupait dans les Pays-Bas, se retirait dans le grand-duché de Luxembourg, ayant définitivement perdu la partie. Les Etats proclamèrent alors les uns après les autres leur indépendance ; cependant, quand il s'agit d'organiser le pouvoir central souverain, de graves dissidences se produisirent parmi les chefs du parti. Van der Nott, qui avait fait la révolution pour le maintien de l'ancien état de choses, eût volontiers donné à entendre qu'il n'y avait rien de changé en Belgique, sinon que Joseph II était remplacé par Van der Nott Ier. Voncq, au contraire, qui parait avoir été un homme de plus de fond et d'un talent supérieur à son concurrent, voulait faire coïncider la déchéance de la suzeraineté étrangère avec une organisation politique libérale. D'autre part, alors que Voncq estimait que la Belgique devait faire ses affaires seule et par ses propres moyens, le parti des Statistes essayait de trouver au dehors l'appui qui lui faisait défaut dans son propre sein et entamait de pressants pourparlers avec la Hollande, la Prusse, l'Angleterre, cherchant à obtenir en faveur de sa cause l'appui d'une de ces puissances, ou de toutes trois à la fois. N'ayant point abouti dans leurs efforts à cet endroit, les Statistes se tournèrent alors vers la France, et « ce fut un curieux spectacle de voir les députés de la Confédération Belge, c'est-à-dire les représentants les plus extrêmes de l'aristocratie, aller demander protection à un pouvoir d'un principe entièrement opposé[1] ».

Effectivement la France révolutionnaire voulait

---

1. Van Hasselt, p. 462. — Voyez, pour la révolution belge, Borgnet, *Histoire des Belges*, Bruxelles, 1844, et le *Mémoire historique et Pièces justificatives*, publié par E.-J. Binne (Lille, 1791, 3 vol. in-8). — M. Chuquet, dans *Jemappes*, en a donné un résumé fort clair.

jeter à bas tout ce que la révolution belge voulait maintenir ; mais, au-dessus de la question de principe entièrement différente de part et d'autre, un lien cependant les réunissait : la haine vouée à la maison de Habsbourg et la volonté de saper l'influence autrichienne en Europe. C'est ce qu'avait bien compris Dumouriez, quand, au moment où il était parti pour la Belgique, il avait écrit à Lafayette : « Vous êtes persuadé comme moi, Monsieur, que les deux révolutions, quoique marchant en sens inverse, ont trop d'analogie pour que le sort bon ou mauvais des Flamands n'influe pas sur le nôtre[1]. » Il était donc parti pour Bruxelles, plein d'espoir et la tête bourrée, comme toujours, d'idées et de projets. Mais, là, il avait commencé à entrevoir des difficultés. Ni Van der Nott, ni Van Eupen ne lui parurent des hommes assez intelligents, surtout assez décidés pour réussir ; le chef des Vonckistes lui sembla présenter un peu plus de garanties ; toutefois, ce fut uniquement à Liège, où la révolution était menée par le parti populaire et dans un sens nettement radical, que le mouvement insurrectionnel lui parut avoir quelques chances de succès. C'était là qu'il fallait surtout envoyer des subsides, là que l'action de la France devait se faire sentir pour être efficace. De retour à Paris, Dumouriez, agent d'intrigue à cette époque encore très subalterne, exprima à ses amis politiques le résultat de sa mission dans le sens que nous venons de dire ; mais il n'avait pour ainsi dire pas achevé son discours que la convention de Reichenbach[2] et l'entrée victorieuse des troupes autrichiennes dans les Flandres venaient jeter à bas le frêle édifice élevé sur des bases trop incertaines. Avant le 1er janvier 1791, l'empereur

1. Citée par M. Chuquet dans *Jemappes.*
2. Signée le 10 décembre 1790.

Léopold — qui avait succédé le 20 février 1790 à son frère Joseph — avait su réduire à merci ses anciens sujets, disperser les troupes rebelles, étouffer pour un temps toute velléité de révolte.

Dumouriez voyait donc confirmer et au de là les prévisions pessimistes qu'il avait rapportées de Bruxelles.

Cependant, cet esprit audacieux que travaillait une imagination ardente, qu'un sang tout méridional poussait sans répit vers les aventures, n'était pas de nature à oublier l'entreprise dont il avait entrevu un instant la réalisation possible. Dès la fin de 1791, un certain nombre de Vonckistes ou de Statistes émigrés dans notre département du Nord avaient été organisés en légion sous le commandement du général belge de Rozières et du comte de Béthune-Charost[1] ; ils entretenaient l'Assemblée législative de leurs espérances, donnant à entendre que l'entrée d'une armée française dans les Pays-Bas serait le signal d'un soulèvement général ; les députés du pays de Liège tenaient les mêmes discours relativement à l'appui à attendre des sujets du prince-évêque. Dumouriez fut un des premiers à accorder créance à ces assurances conformes à ses désirs ; il avait, par les relations de sa famille, fixée comme on l'a dit à Cambrai, des attaches étroites avec nombre d'insurgés belges, et quand, au mois de mars 1792, il fut devenu le ministre préféré du roi, il songea tout d'abord à prêter à nos amis les révolutionnaires brabançons l'appui qu'ils sollicitaient toujours avec instance.

---

1. Ce M. de Béthune, qui joua un moment un rôle important dans le soulèvement brabançon, eût voulu accaparer la sédition à son profit et se faire élire roi des Belges. Il échoua complètement et, après une vie fort accidentée, finit par mourir assez misérablement. — « Il y a un petit M. de Béthune, âgé de 20 ans tout au plus, jouissant d'une fortune immense. Il m'a paru plein d'esprit, fort intrigant, abhorrant l'Empereur sans aimer notre révolution et se mêlant beaucoup des affaires du Brabant. » Lauzun à Talleyrand, de Valenciennes, 20 décembre 1791. — La *Biographie belge* a consacré à ce Béthune-Charost un important article.

Cependant, depuis 1790, les événements avaient pris une tournure accentuée qu'ils ne possédaient point à cette époque. Il ne s'agissait alors que d'apporter à ces pays insurgés l'aide de quelques milliers de baïonnettes françaises; aujourd'hui la question était tout autre. C'était avec l'ensemble de nos forces militaires que nous devions pénétrer dans la Flandre autrichienne, soulever tout le pays de la Meuse à la mer, nous créer des alliés chez nos ennemis mêmes, faire une guerre d'invasion aidés précisément par ceux-là que nous allions envahir, combattre, ayant derrière nous le solide appui de nos places fortes du Nord, alors que l'ennemi ne tirerait ses renforts que d'une base éloignée et précaire. Dans ces conditions, le plan méthodique et sage que nous avons vu, un peu plus haut, Rochambeau présenter, n'était plus acceptable; tout au moins ne répondait-il plus qu'en partie à l'hypothèse admise. Si, temporairement, l'armée du Nord pouvait encore demeurer sur la défensive, il était indispensable qu'une autre masse, celle qui était le plus près du pays de Liège — l'armée de Lafayette par conséquent — envahît la basse Meuse et se dirigeât de Liège sur Maëstricht [1].

Que Rochambeau ait été consulté sur l'opportunité de modifier son plan dans le sens que désirait le nouveau ministre des Affaires étrangères, le fait est certain; qu'il se soit refusé à rien changer à sa conception première, la chose est également hors de doute [2]. Toutefois, habitué à s'incliner devant la volonté du roi, que Dumouriez représentait ou avait l'air de représenter, le maréchal laissa faire. Il parut même accepter, sans opposition, sans trop rechigner, les idées du ministre; c'est, tout au moins, ce qu'on peut infé-

<hr>

1. *Mémoires de Rochambeau.*
2. Idem, *ibidem.*

rer des deux lettres qu'il écrivit à Biron, la première à la date du 23 mars 1792, la seconde le 29 du même mois. « Je viens, mon cher Biron — disait le maréchal, le 23 mars — de remettre à M. de Lafayette la 2º division, pour le mettre à portée d'aller à l'offensive, si les circonstances l'exigent, contre les princes d'Allemagne[1]. » Et, six jours après, croyant nécessaire de mettre davantage son lieutenant au courant des idées en faveur à Paris, il lui écrivait encore : « De Paris, le 29 mars 1792... Vous devez voir, mon cher Biron, par les dispositions du nouveau Ministère, que leur but, en cas de guerre, est de donner l'offensive à entreprendre à M. de Lafayette, sur la rive droite de la Meuse. Cette guerre révolutionnaire est plus dans son genre, et je crois qu'elle peut produire plus d'effet dans le pays de Liège que dans le Brabant. Je conviens que les moyens qui nous resteront seront très courts... cependant nous tâcherons d'user de ces moyens de manière à ne pas rester dans une défensive morte si l'ennemi se dégarnit et nous prête le flanc. Mon plan serait de camper 4 ou 5.000 hommes à Maubeuge et d'en rassembler 12 ou 15.000 près de Valenciennes avec deux ponts au-dessus de l'Escaut. Il me semble que notre gauche à Valenciennes, notre droite à Famars, la Rhonelle devant nous, deux ponts sur l'Escaut derrière nous, pour marcher au besoin vers Douai et Lille, nous mettraient dans une position respectable et à portée de prendre l'offensive suivant les circonstances[2]. »

Si judicieuse que demeurât la conception militaire de Rochambeau — nous parlons de son plan modifié suivant les idées de Dumouriez, de ce qu'on pouvait

1. Archives historiques du Ministère de la Guerre. Registre de Correspondance de Biron. Rochambeau à Biron, 23 mars 1792.
2. Archives historiques du Ministère de la Guerre. Registre. Correspondance de Biron. Rochambeau à Biron, 29 mars 1792.

appeler son plan deuxième manière — elle n'avait pu obtenir la sanction de tout le monde, en particulier du petit cénacle où l'influence de Biron était dominante. Effectivement l'ancien roué du Petit-Trianon allait mettre, à faire rejeter ce plan, toute la série des petits moyens qui lui étaient familiers et qu'il considérait — avec beaucoup de gens de son temps, il faut l'avouer — comme le comble de l'habileté diplomatique.

CHAPITRE VI

LA PRÉPARATION DU PLAN DE CAMPAGNE (*suite*)
LES INTRIGUES DE BIRON

Plusieurs motifs incitaient Biron à juger vicieuses non seulement les combinaisons de son général, mais aussi celles de Dumouriez. En premier lieu, son inimitié pour Lafayette qui, beaucoup plus jeune que lui, était lieutenant général déjà ancien et commandait en chef une armée, alors que lui, Biron, n'était encore qu'en sous-ordre [1]. La pensée de voir Lafayette, en dehors de son commandement d'armée, recevoir encore la mission de diriger les opérations offensives, c'est-à-dire de jouer le rôle le plus important, un rôle qui, vraisemblablement, obtiendrait à son auteur à la fois honneur et gloire, peut-être le bâton de maréchal de France, était une perspective insupportable à l'esprit jaloux de Biron.

Et depuis une époque déjà éloignée, Lauzun, cédant à ce sentiment mesquin d'animosité, avait entrepris contre le commandant de l'armée du Centre une campagne acharnée de dénigrement. Nous disons « depuis une époque déjà éloignée ». En réalité, l'inimitié qui séparait ces deux hommes datait de l'intervention française aux Etats-Unis, expédition au cours de laquelle Lauzun, ennemi de toute supériorité, avait vu

1. Il avait été nommé lieutenant général seulement le 16 janvier 1792.

avec dépit naître la notoriété du jeune défenseur des
libertés américaines. Tant de nuances, tant de diffé-
rences séparaient d'ailleurs ces deux adversaires qu'il
n'était pas permis qu'ils s'entendissent. L'un, essentiellement droit, franc, ardent, du premier moment,
chevaleresque jusqu'au donquichottisme, inébranlable
dans ses convictions et dans ses chimères, l'autre,
tout de ruse et de dissimulation, sans convictions, sans
croyances, agissant uniquement par intérêt, constituaient deux antithèses impossibles à faire accorder.

Il y avait donc plus de dix ans que Lauzun ne manquait point une occasion de dénigrer un ennemi dont
il avait vu la faveur grandir sans cesse, qui avait su
conquérir toutes les sympathies, s'imposer au roi
lui-même. Cependant, depuis six mois en particulier,
depuis qu'à son rôle politique Lafayette voulait ad-
joindre un rôle militaire, le général Biron redoublait
ses sourdes attaques. Et, à cet égard, il est curieux
de suivre, dans sa correspondance inédite, le développement tenace d'une inimitié qui ne pardonnait
point[1].

Biron écrivait à Talleyrand, le 20 décembre 1791 :
« Vous savez bien que je ne servirai pas dans l'armée
de M. de Lafayette : je ne veux pas plus de sa gloire
que de ses sottises. »

A Talleyrand encore, de Valenciennes, 6 janvier 1792 : «... L'armée de M. de Lafayette est celle
qui fera le plus probablement la guerre, et il faut suppléer autant qu'il est possible aux talents militaires
et à l'expérience qui manquent au général. » Du 7 janvier, du même au même : « On ne croit pas, là-bas,
(à Londres), au patriotisme ni à la sûreté de M. de

______

1. Archives historiques du Ministère de la Guerre. Registre de Correspondance de Biron. Biron à Dumouriez, 31 mars 1792. Biron à Talleyrand,
26 mars. Biron à Rochambeau, 1er avril, etc., etc.

Lafayette et de ses amis. On sait qu'il a fait par ambition le contraire de ce qu'il avait fait par ambition, et qu'il compromettra sans balancer et ses amis et la sûreté publique, pour arriver... à quelque prix que ce soit, sans se compromettre lui-même. » Un peu plus loin, dans la même lettre : « Je suis indigné du ménagement criminel qu'a le Ministère pour les nouveaux royalistes qui sont, apparemment, les nouveaux contre-révolutionnaires, puisque, de peur de leur déplaire, on n'ose donner aux bons citoyens les commissions importantes auxquelles on les croit propres. Si ce n'est pas cette raison, je dois croire, par une longue suite d'exemples, que M. de Lafayette, qui règne maintenant très ostensiblement, ne l'a pas permis, et que l'exécution de sa volonté est la première de toutes les affaires. » Toujours Biron à Talleyrand, 26 mars : «... Il n'y faut plus penser (au succès), si vous avez la maladresse de réduire l'armée du Nord au seul pied de défensive, et cela pour rendre active la seule qui ne doive jamais l'être et la faire commander par le moins expérimenté de nos trois généraux... Dites-leur bien que, s'ils veulent que les destinées de la France dépendent de la médiocrité de M. de Lafayette, il faut au moins se ménager les moyens de le soutenir, s'il est battu. » A Dumouriez, le 31 mars : « Je ne pense pas que les plus chauds partisans de M. de Lafayette veuillent comparer ses talents militaires à ceux de MM. de Luckner et de Rochambeau. » A Rochambeau, le 1ᵉʳ avril : « Je vois avec quelque inquiétude le succès de la campagne, peut-être le sort de l'empire, dépendre de l'armée du Centre. »

C'était, comme on le voit, un sentiment qui ne pardonnait guère, une animosité qui aimait à se dépenser, une inimitié qui cherchait sans cesse une occasion de frapper, d'atteindre son ennemi.

Mais, en dehors du désir de ne point laisser à Lafayette le rôle en vue que lui attribuait le plan de Rochambeau, il existait une autre raison pour que Biron trouvât ce plan défectueux. Cette raison n'était autre que la prétention ouvertement manifestée de faire attribuer à l'armée du Nord l'offensive primitivement dévolue à l'armée du Centre, et l'ambition, habilement dissimulée, non pas peut-être d'évincer entièrement le maréchal, mais de se tailler dans son armée une place à part, de se faire donner — à lui Biron — un commandement important, un corps détaché, qu'on pût charger d'opérer, seul, offensivement en Belgique.

On poussait ainsi, du même coup, Lafayette au second plan, et l'on montait au premier, à sa place.

Cette combinaison de Biron, combinaison à double face, à deux thèses, l'une avouée, soi-disant basée sur l'intérêt du bien public, l'autre, dissimulée, fondée sur l'intérêt particulier, son auteur espérait la faire triompher en décriant Lafayette, comme on l'a vu plus haut, en attaquant sourdement Rochambeau, en dépeignant'la situation en Belgique sous les couleurs que nous dirons tout à l'heure.

Quant à Rochambeau, il entreprit de le représenter comme un vieillard caduc, impotent, gâteux, « excellent pour la défense d'un pays », mais inhabile à conduire des opérations actives. Tout cela était suggéré au milieu d'éloges d'autant plus perfides que, sous le prétexte de rendre hommage au maréchal, ils ne devaient servir qu'à mettre mieux en relief son incapacité. Cependant, comme, Rochambeau écarté, il existait à l'armée plus d'un lieutenant général que son ancienneté eût appelé à recueillir directement la succession du maréchal, Lauzun n'hésita pas à les décrier de telle façon qu'il ne fût pas permis de songer à eux pour un tel commandement. Le terrain ainsi déblayé, tout concurrent ainsi écarté, il ne restait plus que lui Biron, qu'on serait bien forcé de choisir, puisqu'il demeurait l'homme nécessaire, le candidat unique.

Au temps où Narbonne avait été aux affaires, Lauzun avait essayé, timidement, de tâter le terrain à cet égard. Il ne paraît pas que le ministre, en dépit de ses relations avec Biron, ait écouté avec faveur ces propositions très vagues encore, à la vérité. Mais dès l'entrée de Dumouriez au Ministère, de Dumouriez, que Lauzun connaissait de longue date, de Dumouriez, qu'il savait entreprenant jusqu'à la témérité, confiant jusqu'à la crédulité, il estima pouvoir conserver moins de ménagements et travailler avec plus de vigueur à la réalisation de ses secrets désirs.

Toutefois, comme le nouvel élu arrivait aux affaires avec une étiquette politique beaucoup plus foncée que son prédécesseur, comme il se pouvait que Dumouriez, ministre, ne se souciât plus des amis de Dumouriez agitateur, agent secret, aventurier, Lauzun résolut de sonder à nouveau le terrain. Feuillant au temps de Narbonne, il n'hésita pas à parler en Girondin à son successeur, et ce fut l'entrée en matière de la lettre habile qu'il lui écrivit le lendemain du jour où le nouveau ministre entrait en fonctions : « Nos principes politiques et constitutionnels ont été si constamment les mêmes depuis bien des années, disait Lauzun au début de sa lettre, que je regarde comme un devoir de l'amitié de vous soumettre quelques réflexions qui fixeront peut-être votre attention. » Il parlait alors à Dumouriez de différentes questions politiques pour la solution desquelles il offrait une panacée et donnait le nom de quelques-unes de ses créatures capables d'appliquer son remède. Abordant ensuite la question de la guerre, il s'exprimait en ces termes : « Nous n'avons

d'autre parti à prendre que de réduire à une forte
et excellente défensive les deux armées de MM. de
Luckner et de Lafayette et de faire refluer tout ce
qu'il serait possible d'en tirer sur l'armée du Nord...
Nous serions alors en mesure de déclarer au roi de
Hongrie que nous désirons maintenir la paix, mais
qu'à sa première réponse ambiguë... nous entrerons
dans le Brabant. Sous l'ancien régime, il n'y avait pas
de besoin qui pût déterminer à oser affaiblir l'armée
d'un général très en faveur; mais nous ne devons
pas craindre de si criminels ménagements quand nous
voyons le roi composer son Conseil de citoyens dis-
tingués par leur patriotisme et leur attachement à la
Constitution [1]. »

Dumouriez, en naïf qu'il était au fond, prit fort bien
cette lettre, accepta ces éloges intéressés et répondit
moins de huit jours après à son correspondant par une
lettre plus sincère, dont le ton ne put manquer de
remplir Lauzun de joie : « ... Il y a longtemps que nos
opinions et nos sentiments s'accordent, disait le ministre. Voici le moment de mettre à exécution, pour
une nation libre, ce dont on nous a écartés sous le despotisme absurde des ministres. Vous êtes, mon ami, un
des plus forts arcs-boutants de ma machine politique
et militaire... Je garde précieusement les réflexions
de votre lettre du 18 [2]. »

Lauzun n'eut pas plutôt reçu la lettre de Dumouriez que, certain de conserver sous le nouveau Ministère l'influence qu'il avait obtenue au temps de
Narbonne, il reprit la plume en faveur de son idée
principale : l'attribution de l'offensive à l'armée du
Nord. Depuis sa lettre du 18, il avait reçu de Ro-

1. Archives historiques du Ministère de la Guerre. Registre de Correspondance de Biron. Biron à Dumouriez, 18 mars 1792.
2. Archives historiques du Ministère de la Guerre. Registre de Correspondance de Biron. Dumouriez à Biron, 27 mars.

chambeau les deux communications dont nous avons cité plus haut quelques passages, communications qui lui avaient fait voir Lafayette continuant à être l'homme en faveur, l'homme chargé des missions délicates, le général en vue et du premier plan. Il adressa donc à Dumouriez, à la date du 31 mars, une seconde dépêche, dans laquelle il l'assurait d'abord de son « austère franchise », et, après divers hors-d'œuvre, qui n'avaient qu'un semblant d'intérêt, il arrivait à la grande question du plan de campagne. « Permettez-moi maintenant, continuait-il, de vous dire combien je suis étonné et affligé de la manière dont votre Ministère me parait avoir disposé de nos armées. Réduire celle du Nord à la défensive, s'ôter les moyens d'entrer en Brabant si nous avons à nous plaindre des Autrichiens, les débarrasser de la nécessité d'y tenir une armée considérable, et tout cela pour renforcer notre armée du Centre, pour charger des opérations hostiles le moins expérimenté de nos généraux;... en vérité, mon ami, c'est ce que faisaient autrefois les maitresses du roi pour les favoris devenus généraux. Il est impossible que de telles mesures inspirent la confiance et paraissent dictées par le seul amour de la chose publique[1]... »

Non content de gagner Dumouriez à ses désirs, Lauzun fit encore parler au ministre par différents personnages que Talleyrand avait été chargé de gagner à sa cause, et Talleyrand, disposé à seconder son ami de tout son pouvoir, ne faisait de démarches qu'après avoir pris le mot d'ordre à Valenciennes. L'ancien évêque d'Autun écrivait, en effet, à Biron, à la date du 5 avril : « Il faudrait que nous sachions par vous ce que nous devons faire faire à M. de Grave

---

1. *Ibidem.* Biron à Dumouriez, 31 mars.

et à M. Dumouriez[1]. » Et Biron lui avait répondu par une lettre entortillée, entre les lignes de laquelle il fallait lire : Faites-moi nommer, sans que j'aie l'air d'y tenir, au commandement de l'armée du Nord.

Ce fut pour faciliter encore le revirement d'esprit qu'il désirait produire dans l'esprit du ministre que Lauzun imagina cette émigration des patriotes belges venant en masse nous demander des armes, surtout cette fantasmagorique désertion des troupes autrichiennes, prêtes, affirmait-il avec un extraordinaire aplomb, à se joindre à nos soldats, du jour où nous aurions franchi la frontière. Et, à propos de cette question de déserteurs, il est indispensable que nous donnions ici une explication.

Aux termes des conventions diplomatiques intervenues naguères entre la France et l'Autriche, conventions toujours en vigueur, puisqu'à la date du 1er avril, la guerre n'était point déclarée, les déserteurs ne pouvaient être accueillis ni dans l'une ni dans l'autre armée, et devaient être, au contraire, livrés à la première réquisition de la puissance intéressée. Depuis longtemps, et déjà à l'époque où Narbonne occupait le Ministère de la Guerre, Lauzun avait signalé l'apparition, dans nos lignes, d'un certain nombre de déserteurs autrichiens et avait indiqué la possibilité de former avec eux des bataillons ou des légions auxiliaires. En réalité, cet exode se réduisait à fort peu de choses, mais, dans sa préoccupation d'attribuer, de faire attribuer à l'armée du Nord le rôle prépondérant dans les opérations, Lauzun dénaturait les faits, leur accordait une importance qu'ils n'avaient nullement. Déjà, à la date du 6 janvier, il avait écrit à Narbonne « qu'on ne pouvait se faire une idée de la

---

1. *Ibidem.* Talleyrand à Biron, 5 avril.

prodigieuse désertion qui devait éprouver l'armée impériale dans les quinze premiers jours de la déclaration de guerre, de l'embarras et de la souffrance que cette désertion mettrait dans toutes les opérations de l'ennemi ». Et il lui annonçait encore deux mois après, le 6 mars, « qu'il se préparait un grand mouvement de désertion dans les troupes de l'Empereur », et qu'il était averti, lui Lauzun, « qu'il pourrait nous venir d'un moment à l'autre des compagnies, peut-être même des corps entiers avec chevaux, armes et bagages ».

Lauzun avait repris ce thème avec Dumouriez. En montrant au ministre les Brabançons, c'est-à-dire les Belges, sur le point de se soulever en notre faveur, en lui signalant les régiments autrichiens prêts à passer en masse sous nos drapeaux, il lui faisait toucher du doigt la nécessité d'utiliser sans retard des sentiments aussi favorables à notre cause. Pour en tirer parti, il fallait obligatoirement que l'armée du Nord prît le plus tôt possible l'offensive; qu'elle pénétrât en Belgique; qu'elle fit tomber par son irruption en pays autrichien les scrupules des quelques Belges qui pouvaient hésiter encore à se soulever.

Dumouriez était tout disposé à prêter l'oreille à ces propositions. Effectivement, s'il avait conçu jadis des doutes sur l'efficacité du soulèvement belge contre la domination autrichienne, c'est qu'il avait envisagé surtout la faiblesse des chefs du mouvement, des dirigeants tels que Van der Nott ou Van Eupen; mais il avait toujours cru à l'existence d'un sentiment de révolte dans le peuple, et, en admettant que ce sentiment ne fût pas aussi caractérisé en Belgique que dans l'évêché de Liège, il n'était pas moins possible, pas moins politique d'en tenir compte, de s'en servir. En ce qui concernait la désertion autrichienne, la proposition de Biron lui causa une joie profonde et lui apparut comme signalant un fait d'importance capitale. Il s'y rallia instantanément, avec passion, et répondit le jour même à Biron, lui demandant non seulement d'accueillir sans différer les déserteurs qui se présenteraient, mais « de les envoyer à Paris où leur promenade ferait un beaucoup meilleur effet que la promenade des Châteauvieux[1] ». Dans une autre lettre, sur le même sujet, il disait encore : « Préparez la désertion autrichienne, et, sous peu de temps, nous lâcherons la bride à ce moyen d'effrayer le « jeune homme[2] ». Si nous pouvions avoir un corps tout entier, armé et vêtu, nous lui ferions une entrée triomphale à Paris comme aux Châteauvieux, et cela ferait un bien autre effet. »

Lauzun avait, en réalité, mis en avant cette histoire de déserteurs autrichiens comme un appât destiné à amorcer Dumouriez, à l'amener à l'idée de l'offensive pour l'armée du Nord. Cette modification au plan stratégique de Rochambeau demeurait pour lui la question principale, la désertion des troupes autrichiennes était l'accessoire. Mais c'était le contraire qui se passait dans l'esprit de Dumouriez, et ce qui l'avait frappé le plus dans les dépêches de Lauzun, c'était précisément cette question de déserteurs. Ce qu'apercevait le ministre, dans la situation que lui faisait entrevoir son correspondant, c'était bien moins le fait lui-même que la portée morale qu'il pouvait avoir, que les conséquences dont il pouvait être l'origine pour l'avenir de la Révolution. Les

1. Nous rappelons ici que les soldats suisses du régiment de Châteauvieux, condamnés aux galères à la suite de la révolte de Nancy, août 1790, venaient d'être graciés et ramenés à Paris. Il y eut au sujet de leur délivrance et de leur retour une fête populaire, dans laquelle ces criminels vulgaires furent promenés triomphalement, dans les rues principales de la capitale.

2. François II, qui venait d'être élu empereur à vingt-quatre ans, en remplacement de Léopold II, mort le 1er mars 1792 après deux ans de règne.

Belges révoltés, donnant tout d'un coup la main aux soldats autrichiens leurs oppresseurs ; les uns et les autres franchissant ensemble la frontière en abandonnant, ceux-ci leur sol national, ceux-là leur drapeau et venant côte à côte se ranger sous « l'égide de la Liberté », quel coup d'éclat en Europe, quel coup de théâtre, quelle « réclame » !

A partir des premiers jours d'avril, on voit cette illusion de Dumouriez de promener dans Paris des uniformes autrichiens s'élever chez lui à l'état de manie, d'idée fixe ; il en parle dans toutes ses dépêches, il y revient à diverses reprises dans la même lettre.

« Faites passer les déserteurs tout équipés à Paris, écrit-il le 13 avril, et, pour qu'ils soient parfaitement reçus, adressez-les de club en club, jusqu'à celui des Jacobins. Si, comme vous me l'assurez dans une de vos précédentes lettres, vous avez la possibilité de faire déserter une compagnie ou un escadron entier, nous sommes sûrs que cela nous produira deux bons effets. Le premier, d'encourager la Nation, parce qu'elle verra par expérience qu'elle peut espérer fondre cette grande armée par l'appât de la liberté et de l'aisance. La deuxième est d'effrayer les généraux autrichiens en leur inspirant la méfiance contre leurs soldats. Comme les généraux sont des Allemands brutaux et bêtes pour la plupart, ils croiront pouvoir arrêter la désertion en redoublant de sévérité, et cette même sévérité augmentera la désertion[1]. »

Un peu plus bas, toujours dans la même lettre, Dumouriez disait encore : « C'est dans vos lettres que j'ai conçu le plan de faire cette opération très en grand. Occupez-vous-en sur-le-champ pour qu'avant huit jours nous puissions promener des Autrichiens

---

1. Registre de correspondance de Biron. Dumouriez à Biron, de Paris, 13 avril 1792.

dans **Paris** comme on va y promener des soldats de Chàteauvieux. » Dans une autre lettre, Dumouriez revient encore à la charge : on sent qu'il entrevoit de plus en plus dans ce projet une source intarissable d'avantages, et qu'il tient absolument à en hâter la réalisation : « Tàchez, dit-il, de nous envoyer à Paris des uhlans et des Hongrois que nous puissions carrosser et promener comme les soldats de Chàteauvieux... surtout envoyez-nous les déserteurs à Paris, tout habillés, armés, montés surtout. S'ils peuvent être un peu nombreux... adressez-les de club en club. Il faut qu'on les voie à Paris, qu'on les y fête et que tous les papiers publics en retentissent. » Et du lendemain, 14 avril, six jours avant la déclaration de guerre : « Suivez très vivement le projet d'embauchage ; allez-y bon jeu, bon argent, d'après ma lettre d'hier matin. Le plus tôt que nous pourrons faire promener des uniformes au Palais-Royal sera le mieux... »

Dumouriez, à la fois madré et naïf, doué d'une imagination sans cesse en travail, entrevoyait déjà toute l'armée de l'Empire combattant dans nos rangs et sous nos couleurs : « Je prévois avec plaisir, disait-il à Biron, le 27 mars, qu'à la tête des troupes de la nation vous commanderez bientôt une armée autrichienne dont nous nous servirons parfaitement contre les despotes. » Que ne devait-on donc point faire pour Lauzun, pour cet homme précieux qui avait conçu et se faisait fort d'exécuter ce plan **génial** de désertion en masse ?

Le bàton de maréchal de France ne paraissait pas une récompense exagérée pour un tel service, et Dumouriez n'hésitait pas à le lui promettre. « Laissez-moi, lui écrivait-il, laissez-moi saisir l'occasion de vous mettre à la main le bàton qu'ont honoré vos pères. »

Et, pour faire naitre cette occasion, le moyen le plus sûr était non seulement d'attribuer à l'armée du Nord un caractère nettement offensif, mais surtout de réserver à Biron le rôle principal dans cette offensive. Il ne pouvait exister aucun doute à cet égard.

Ce fut ainsi que, séduit par les raisonnements spécieux de son correspondant, désireux de lui être agréable, de le mettre en lumière, Dumouriez commença à prêter l'oreille aux propositions de Valenciennes, concernant l'opportunité qu'il pourrait y avoir à modifier le plan d'opérations Rochambeau-Lafayette. L'idée de cette modification, d'abord assez vague dans l'esprit du ministre des Affaires étrangères, finit par germer, par prendre corps, par se développer, et se développer au détriment de toute autre. C'était donc le vrai moment pour Lauzun d'agir avec insistance auprès de son nouveau protecteur, le moment d'obtenir de lui quelque chose de ferme, de positif, et le rusé personnage envoya à cet effet son aide de camp Beauharnais à Paris, prétendant qu'il ne pouvait quitter lui-même Valenciennes[1]. En réalité, c'était une finesse de plus que de faire conduire par un tiers cette négociation tout intime. Un agent dévoué, comme l'était Beauharnais, pouvait plaider la cause de celui qui l'envoyait avec autant de chaleur que l'intéressé en personne ; il pouvait davantage faire de son chef un éloge qui eût été déplacé dans la bouche de Biron lui-même. Beauharnais vint donc à Paris et trouva, dans le ministre des Affaires étrangères, un homme tout converti, nous l'avons déjà dit. Cependant il restait à régler

---

1. « En vérité, je crois qu'il y aurait danger à me faire quitter Valenciennes pour quarante-huit heures. On travaille nos troupes de toutes les manières possibles, on ne s'occupe d'autre chose que de préparer des insurrections. Ma présence contient tout, parce que ma surveillance est grande, que je suis bien informé et beaucoup avec le soldat. » (Biron à Dumouriez, 6 avril.)

d'une façon plus précise les modifications qu'on se proposait d'apporter au plan en projet à ce jour. Dumouriez et l'envoyé de Lauzun se mirent ensemble à l'œuvre, et ce fut à ce moment, ce fut dans ces conférences, que furent définitivement combinées, nous allions dire complotées, la nouvelle conception stratégique et l'offensive de l'armée du Nord.

Il fut décidé que, tout en conservant à Rochambeau le commandement nominal des troupes, on ne laisserait guère à sa disposition que des réserves, les bataillons de garde nationale inexercés, en un mot les contingents de seconde ligne, et qu'au contraire, tout ce que l'on pourrait rassembler de troupes actives serait réuni sous Lauzun, en une seule masse destinée à opérer une irruption soudaine dans le Brabant. Pour assurer les flancs de ce corps principal d'invasion, on le soutiendrait à droite par l'armée de Lafayette, à gauche par des détachements tirés de **Lille** et de **Dunkerque.**

Tout cela ne fut pas encore arrêté dans tous les détails, mais les grandes lignes du projet furent bien déterminées. Aussi le soir du 11 avril, Beauharnais pouvait-il annoncer avec vérité, à Lauzun, « que l'armée du Nord devait être offensive comme celle du Centre et qu'une division de 20.000 hommes placée sous son commandement serait particulièrement destinée à opérer activement ». — « Toutes les mesures relatives à ce système, ajoutait-il, vont être prises, et plusieurs même qui s'y rattachent ont déjà été ordonnées[1]. »

Deux jours après, le 13, Dumouriez écrivait lui-même à Lauzun pour lui confirmer ces nouvelles : « Si la totalité de l'armée du Nord n'agissait pas offensi-

---

1. Archives historiques de la Guerre. Carnet de correspondance de Lauzun. Beauharnais à Lauzun, 11 avril.

vement, lui disait-il, il y aurait cependant une partie de cette armée employée très activement, et c'est vous qui la commanderiez[1]. »

Ce furent du 11 au 13 avril que prirent fin les conférences entre Dumouriez et Beauharnais ; tout avait été examiné, pesé ; toutefois, il restait un point à préciser : la façon dont on ferait accepter à Rochambeau la situation nouvelle.

La question était délicate. Rochambeau, par son âge, par sa situation personnelle, par son grade, enfin par la faveur dont il jouissait auprès du roi, était une personnalité avec laquelle même un ministre ne pouvait se passer de garder des ménagements. Or, on se doutait bien que le maréchal opposerait un veto catégorique à une modification aussi radicale que celle à laquelle on venait de s'arrêter. Dumouriez, doué d'un esprit fécond en ressources, chercha un expédient ; Beauharnais s'ingénia, Lauzun fit de même : ni les uns ni les autres ne trouvèrent de raison plausible.

Les choses en étaient en ce point quand le hasard parut vouloir les servir d'une façon inespérée : le bruit courut, le 15, que l'hydropisie dont souffrait le maréchal s'était subitement aggravée et que vraisemblablement une issue fatale allait se produire.

Déjà, deux semaines auparavant, la maladie de Rochambeau avait à peine été connue, que, dans le cercle des amis de Biron, on s'était préoccupé de la succession du maréchal et l'on s'était mis à l'œuvre pour y préparer l'opinion : « L'opinion publique, écrivait déjà à ce propos Beauharnais à son général, est toujours que M. de Rochambeau ne partira pas et que ce doit être vous ou M. d'Estaing qui devez commander l'armée.

---

1. *Ibidem.* Dumouriez à Lauzun, 13 avril.

J'ai passé la soirée hier chez Cond... avec l'abbé Si...[1], la députation de Bordeaux, etc. Ils désirent tous que vous ayez en chef le commandement de l'armée du Nord[2]... »

Il existait cependant à la réalisation de ce vœu un obstacle difficile à surmonter. C'était le vote rendu par la Constituante en se séparant, c'était le décret décidant qu'une charge officielle ne pourrait être conférée à aucun de ses membres pendant tout le temps où la nouvelle Assemblée serait en fonctions. Et il ressortait de ce vote, d'après l'interprétation admise en 1792, que Lauzun, ancien député du Quercy aux États généraux de 1789, pouvait bien remplir à l'armée les fonctions de son grade, mais demeurait inhabile à y exercer, à moins que son ancienneté ne l'y appelât, un commandement comportant l'envoi de lettres de service spéciales telles que les provisions de général en chef. Les amis de Biron. en gens la plupart rompus aux finasseries du langage législatif, avaient cherché comment on pourrait tourner la difficulté, la façon dont il serait permis d'éluder une loi due sans doute à un sentiment généreux de désintéressement, mais dont les conséquences fâcheuses commençaient à se faire sentir. Et c'était alors que se montrant plus fin que Dumouriez, que Beauharnais, que Lauzun, Talleyrand avait trouvé un expédient. « Il est positivement décidé, avait-il écrit déjà à la date du 5 avril, que votre général Rochambeau ne retourne pas. Il trainera ici, parlera d'eau dans la poitrine, sera à la veille de partir... et restera ; c'est de son intérieur qu'est tiré tout ce que je vous dis là. Il faut que ce soit vous qui commandiez si l'on fait quelque chose ; dites-moi quel est le moyen, c'est-à-dire dites-moi quel est le

1. Sans doute Condorcet et Sieyès.
2. Carnet de correspondance de Lauzun.

plus ancien *pour qu'on l'envoie ailleurs*. Vous savez
bien qu'en vertu de votre charmant décret de la Montagne, vous ne pouvez rien commander que par ancienneté ; ainsi *il faut se défaire de tout ce qui est plus
ancien que vous*. Mon opinion est que vous allez être,
d'ici à quinze jours, dans la plus grande activité ; on
attend la réponse du cabinet de Vienne et on la prévoit. Vous savez que Dumouriez a toujours été à
l'idée d'attaquer ; il y est plus que jamais ; tout ce qui
nous tourmente dans l'intérieur l'y porte. Il faut que
nous sachions par vous ce que nous devons faire faire
à M. de Grave et à M. Dumouriez[1]. »

Biron, qui très certainement avait envisagé déjà
l'éventualité de la disparition de Rochambeau, Biron,
pour lequel ses amis ne travaillaient certainement pas
sans avoir son consentement, parut troublé de la proposition qui lui était faite. Tout d'abord il sembla ne
point l'agréer. La vérité est qu'entre l'ambition d'être
quelque chose, ce dont il avait bien envie, et le sentiment peut-être vague en lui, mais existant cependant,
qu'il était inférieur à la tâche dont il voulait charger ses épaules, il demeurait perplexe, hésitait, mon-
trait nettement combien il était peu fait pour une
situation où il fallait surtout de la décision, de l'énergie, du caractère.

Il répondit à Talleyrand qu'il n'apercevait point,
parmi ses camarades de l'armée du Nord, de successeur capable de substituer Rochambeau et qu' « il ne
s'aimait pas mieux que les autres » ; que le meilleur
parti serait d'appeler Luckner à Valenciennes, confiant l'armée — celle d'Alsace — à M. de Gelb (qui
y commandait déjà une division), et qui, « avec le
Rhin devant lui, y serait très suffisant ». Si le roi

---

1. Carnet de correspondance de Lauzun. Talleyrand à Lauzun, 5 avril.

tenait absolument à laisser Luckner à Strasbourg, Biron désignait, comme candidat pour l'armée du Nord, M. de Choisy, « si sa santé était rétablie », ce qui était bien loin d'être le cas. En dehors de M. de Choisy, continuait Biron, « j'avoue franchement que je ne vois plus que moi,... et vous me permettrez de vous faire observer que si le décret de la Montagne s'oppose à ce que je puisse commander les lieutenants généraux, mes anciens dans notre armée, il a déjà été enfreint pour M. de Lafayette, qui a été prendre le commandement de l'armée de la Moselle, quoique M. de Belmonte, qui y est resté, fût lieutenant général dix ans avant lui. Si cette exception ne peut regarder que M. de Lafayette, s'il est au-dessus des lois, cela doit donner beaucoup d'espoir à ceux qui ne veulent pas s'y soumettre ».

Les choses en étaient à ce point, et les amis de Biron attendaient impatiemment la disparition de Rochambeau, quand, le lendemain du jour où l'on avait signalé son agonie comme imminente, on apprit, de la façon la plus inattendue, que le maréchal était plus vaillant que jamais, qu'il avait fait ses malles, qu'il avait commandé sa chaise de poste, qu'il achevait ses derniers préparatifs pour rejoindre l'armée.

Il n'y avait plus à tergiverser, il fallait en prendre son parti. On n'avait plus que la ressource de le pressentir sur les modifications au plan de campagne qu'on avait arrêté en dehors de lui et, sans lui dire la vérité, de voir la résistance qu'il opposerait à des projets qu'on gardait encore l'espoir de lui voir sinon approuver, tout au moins tolérer. On le manda donc au Ministère, et là Dumouriez, en présence du ministre de la Guerre de Grave, lui fit part des motifs qui invitaient le Ministère à modifier dans un sens beaucoup plus actif, beaucoup plus offensif, les dispositions primitivement arrêtées. On lui parla de l'émigration en masse que l'on attendait de la part des Belges, de la nécessité d'appuyer le mouvement, de l'espoir qu'on caressait de voir la désertion enlever au duc Albert de Saxe-Teschen la plus grande partie de l'armée des Pays-Bas, de l'opportunité de provoquer ce mouvement en franchissant le plus tôt possible la frontière. Rochambeau a raconté la scène dans ses *Mémoires :* elle vaut la peine d'être transcrite. « J'appris — nous dit le maréchal — que M. Dumouriez et son parti dans l'Assemblée voulaient déclarer la guerre et la faire offensive sur les plans les plus fous, qui ne pouvaient avoir été forgés qu'aux Petites-Maisons. M. de Grave vint me voir de la part du Roi et me donna rendez-vous le lendemain chez lui, avec M. Dumouriez.

« Je crus que ces ministres avaient le transport au cerveau. Ils me parlèrent d'une désertion générale dans l'armée autrichienne, sur laquelle ils comptaient, du parti énorme qu'ils avaient dans le Brabant ; d'une émigration de plus de 30.000 hommes, qui viendraient au-devant de nous, et qu'il y en avait déjà 5.000 rendus dans mon commandement. Je leur dis qu'ils étaient impudemment et horriblement trompés... que le corps des émigrés brabançons était toujours de 5 à 600 hommes (au lieu de 5.000), que l'esprit général du Brabant, sans être favorable au Gouvernement autrichien, était encore plus ennemi de notre Révolution..... J'interpellai les quatre chefs de bureau sur l'état de nos troupes et de nos magasins... Ils me demandèrent jusqu'au 15 mai pour fixer le premier rassemblement de troupes [1]. »

Finalement le maréchal demeura de plus en plus

---

1. *Mémoires de Rochambeau.*

confirmé dans son idée que son premier plan de défensive n'avait rien perdu de sa valeur : tout au plus admettait-il une pointe tentée par Lafayette sur Namur et Liège. Il le dit avec chaleur, avec entêtement, et il sortit du Ministère laissant Dumouriez fort désappointé, mais non convaincu. Décidé à passer outre, le ministre des Affaires étrangères n'avait plus qu'une chose à faire : rédiger seul et définitivement son plan, en préparer secrètement les moyens et en ordonner ensuite l'exécution au nom du roi, dans un terme assez court pour qu'il ne permit ni discussion ni réclamation. Ce fut à ce dernier parti que Dumouriez s'arrêta.

Le futur vainqueur de Valmy[1] et de Jemappes ne répugnait pas, il faut malheureusement l'avouer, à ces procédés souterrains, à ces manœuvres tortueuses ; et comme Lauzun se trouvait là tout de même dans son élément, les deux amis s'entendirent facilement pour agencer clandestinement leur conjuration de palais. C'est un des détails les plus pénibles de cette étrange affaire, de voir ces deux hommes s'ingénier à tenir le maréchal en dehors de leurs agissements, à lui dissimuler également leurs tentatives d'embauchage à l'étranger et leurs combinaisons stratégiques pour l'invasion des Pays-Bas, à agir en un mot non point en hommes d'État poursuivant à ciel ouvert la réalisation d'une idée avouable, mais en politiciens véreux, cherchant à faire aboutir par des chemins détournés une entreprise louche. Cette pensée de tenir soigneusement Rochambeau en dehors des nouvelles combinaisons préoccupe Dumouriez, et il y revient à diverses reprises dans sa correspondance : « Je vous prie de

---

1. Bien qu'on attribue généralement le gain de la bataille de Valmy à Kellermann, c'est véritablement à Dumouriez que revient l'honneur de cette journée.

ne parler *de tout cela au maréchal* que lorsque la machine sera parfaitement montée, et même je crois que vous pouvez vous dispenser de lui faire cette confidence. » Et ailleurs : « Je crois le maréchal très opposé au plan d'offensive. Quand il aura les ordres, vous vous chargerez de le convertir. Je n'ai pas besoin de vous recommander la plus souveraine discrétion. » Et Biron répondait sur-le-champ à Dumouriez : « Je pense comme vous qu'il est absolument inutile de rendre compte à M. le Maréchal de notre plan d'embauchage. » Et ailleurs : « Comptez sur ma plus invariable discrétion [1]. »

Ce n'était pas une des moindres anomalies de cette époque féconde en surprises de voir entrer, dans ce véritable complot contre le maréchal, son propre fils, qui n'était cependant plus un jeune homme[2], et qui commandait en qualité de maréchal de camp la place de Maubeuge. Séduit par l'ascendant de Lauzun, Joseph Rochambeau avait accepté de faire, lui aussi, de l'embauchage en dehors de son père et demeurait même, par suite de sa position sur l'extrême frontière, l'agent le plus actif de cette entreprise hasardée. Hasardée et peu glorieuse et qui ne paraissait guère devoir aboutir ! Effectivement les jours s'écoulaient ; on était arrivé à la veille de la déclaration de guerre et Biron n'avait envoyé à Paris pas le moindre uhlan. Dumouriez s'étonnait de ces retards, demandait des explications. Il ne comprenait pas les obstacles imprévus qui s'opposaient tout d'un coup à la réalisation d'une opération dont on lui avait déclaré tout d'abord l'exécution sans difficultés. Mais Lauzun, qui s'était fort avancé pour parvenir à ses fins, commençait à

1. Registre de correspondance de Biron. Dumouriez à Biron, 15 avril. Biron à Dumouriez, 15 et 19 avril.
2. Il était né en 1750 et fut tué comme général de division, à Leipzig, en 1813.

revenir adroitement sur ses dires. Il assurait bien encore qu'il avait mis des agents en campagne et qu'il attendait de bons résultats de leurs démarches. Mais il affirmait aussi qu'on avait annihilé en grande partie les moyens d'action qu'il avait eus tout d'abord à sa disposition, que, « si la fermentation était encore grande en notre faveur à Mons et à Tournay, la discipline y était sévère et la surveillance très active ». Il se préparait ainsi adroitement une défaite. Il écrivait notamment à Dumouriez que les soldats autrichiens ne dissimulaient point « leur envie de déserter, que le grand nombre surmonteraient les obstacles, mais que tous demandaient ce qu'ils deviendraient ensuite et s'il y avait des corps destinés à les recevoir ». Or, les légions, les bataillons, les escadrons dont Biron avait demandé la formation n'étaient point crées : il fallait donc prévoir que les Autrichiens ne viendraient point encore.

Dumouriez entendit-il qu'il avait été joué, tout au moins que Biron avait abusé de sa crédulité, qu'il avait fait briller à ses yeux une apparence décevante ? Il y a lieu de le supposer. Toutefois, avec la décision qui faisait le fond de son caractère, il comprit que ce n'était point le moment de récriminer, ni de rien modifier. Il fit semblant d'accepter les raisons qu'on lui donnait, ne fit entendre aucune plainte et, sans penser à regretter les erreurs passées, il chercha seulement à pallier leurs conséquences.

A la date à laquelle nous sommes parvenus, c'est-à-dire au 16 ou 17 avril, le ministre des Affaires étrangères s'occupait avec de Grave à faire rédiger définivement les instructions nouvelles destinées à l'armée du Nord, instructions tenues rigoureusement secrètes, nous l'avons dit, et qui ne devaient être divulguées qu'au dernier moment.

Or, à la même date, Rochambeau, à la veille de regagner Valenciennes, faisait également mettre au net, au Ministère, peut-être par les mêmes commis, le plan arrêté primitivement avec Lafayette, agréé jadis par Dumouriez, par le Conseil du roi, et qu'il s'imaginait être toujours valable.

On se souvient que ce plan n'était pas la conception primitive des deux généraux en chef, Dumouriez ayant exigé, à son arrivée au Ministère, qu'on introduisit dans cette combinaison originelle d'importantes modifications, notamment l'invasion par l'armée du Centre du pays de Liège. Ce fut naturellement en tenant compte de ces dispositions nouvelles que Rochambeau fit rédiger le 15 avril, par de Grave, les instructions qu'il était supposé recevoir du Conseil. Aux termes de ce memorandum l'affaire importante et urgente pour l'armée du Nord était de rassembler ses troupes en trois *camps d'instruction*, c'est-à-dire de les appeler des différentes garnisons où elles étaient pour le moment éparpillées, et de les concentrer en trois masses d'où elles pourraient « au premier signal prendre l'attitude de guerre, si la politique étrangère nous forçait à le faire ». L'emplacement de ces camps était fixé à Dunkerque, à Maubeuge, à Valenciennes, et les troupes devaient y être réunies du 1er au 10 mai. On devait grouper 3 ou 4.000 hommes à Dunkerque, 4 à 5.000 à Maubeuge, 18.000 aux environs de Valenciennes. « Si nous étions forcés de faire la guerre, continuait l'instruction, le camp de Maubeuge et celui de Valenciennes se réuniraient pour s'emparer de Mons et seraient portés au moins à 25.000 hommes. C'est de Mons que ce corps d'armée marcherait sur Bruxelles. Ces opérations devraient se faire de concert avec l'armée du Centre (Lafayette), *qui serait la première à se mettre en mouvement...* Dans la supposition de guerre qui doit être celle qui dirige essentiellement toutes les opérations actuelles, les troupes du camp de Dun (Lafayette) marcheraient sur Givet, où elles prendraient une position passagère pour se porter avec rapidité sur Namur et de Namur sur Liège. *C'est à l'époque de leur marche sur Namur que l'armée du Nord (Rochambeau) se portera sur Mons et de là sur Bruxelles, si l'armée du Centre (Lafayette) réussit à s'emparer de Namur et qu'une grande insurrection facilite la marche sur Bruxelles.* »

Ce qu'il faut surtout remarquer dans ces instructions du 15 avril, si l'on veut en discerner l'idée originale et maîtresse, c'est la dernière phrase que nous venons d'en citer et que nous avons soulignée, la disposition qui subordonnait l'offensive de l'armée du Nord entièrement à celle de l'armée du Centre. Conformément à ces prescriptions, l'armée du Nord ne devait se porter en avant que du 1ᵉʳ au 10 mai ; elle devait attendre que Lafayette se fût emparé de Namur ; elle devait attendre, en outre, qu'une « grande insurrection se produisit en notre faveur en Belgique ».

Tout cela était bien aléatoire et bien hypothétique, mais, quoi qu'il en fût, Rochambeau, décidé à rejoindre son quartier général, était prêt à l'exécuter. Il était au courant des négociations entamées avec l'Empire et connaissait l'envoi à Vienne d'un ultimatum conçu en termes tels que la rupture était inévitable. On sait que la guerre devait être effectivement déclarée. Tous les partis politiques avaient fini par se mettre tacitement d'accord non seulement pour l'accepter mais pour la désirer, chacun espérant la faire servir à ses visées. Il n'était pas jusqu'au roi lui-même que Dumouriez n'eût fini par convaincre et qui la subissait, résigné. Quant au peuple, on n'avait point eu de peine à lui faire croire qu'un appel aux armes était indispensable ; on insinuait, d'ailleurs, que cette campagne ne serait qu'une marche triomphale jusqu'à Vienne. Quand le canonnier Bricard, un tapissier du faubourg Saint-Honoré, s'engagea, en 1792, il laissa ses meubles chez son cousin germain et le pria de « les lui garder trois mois, terme jugé suffisant — a-t-il écrit lui-même — pour repousser les ennemis et rentrer victorieux[1] ».

C'était la croyance générale, celle du peuple, celle de l'immense majorité de l'Assemblée législative, tout à fait ignorante, comme on l'a dit au chapitre premier, des défauts, des lacunes de notre organisation militaire.

Le 20 avril 1792, Louis XVI pénétrait dans l'enceinte de l'Assemblée, prenait place au fauteuil d'honneur que lui assignait la Constitution et y lisait d'une voix dolente une déclaration dans laquelle Dumouriez avait énuméré les griefs de la France contre l'Empire, la violation des traités dont l'Empereur s'était rendu coupable à notre endroit, la nécessité de mettre un terme à ces provocations.

Le monarque quitta alors la salle des délibérations et incontinent on procéda au débat sur la proposition royale. Quelques rares voix firent appel au calme, à la modération ; on leur imposa silence, on demanda pour elles la question préalable. « Le peuple veut la guerre, s'écria le député Mailhe ; hâtez-vous de céder à sa juste, à sa généreuse impatience. Je demande que l'Assemblée ne désempare pas avant d'avoir décrété la guerre. » — « Ne craignez pas de précipiter votre décision, ajouta Aubert-Dabayet, elle ne saurait être trop prompte. »

Et la guerre, la guerre contre « le roi de Bohême

____
1. *Journal du canonnier Bricard*, p. 3.

et de Hongrie » fut votée par acclamation, presque à l'unanimité, puisque sept députés [1] seulement, sept sur sept cent, eurent le courage de résister à l'entraînement général.

C'en était donc fait : la parole était au canon, Rochambeau n'avait plus qu'à partir. Il quitta effectivement Paris le 21 au soir et arriva le surlendemain à Valenciennes où son premier soin, en prenant à nouveau possession de son commandement, fut de donner connaissance à Lauzun du document du 15 avril, dont il n'avait pu lui adresser jadis que le sommaire écourté.

De quelle façon l'ancien roué reçut-il cette communication? Ni lui, ni Rochambeau, ni aucun autre témoin ne nous ont laissé de confidence sur ce sujet ; on est donc réduit à cet égard à des conjectures. Ce qui n'est pas douteux, c'est qu'il fallait être bien maître de soi, posséder une puissance de dissimulation peu commune pour supporter impassible une telle confidence. Car Lauzun savait à n'en pas douter, à l'heure où Rochambeau lui communiquait les instructions du 15 avril, qu'en ce moment même d'autres prescriptions, absolument contradictoires, portant la date du 22, mais depuis longtemps rédigées, étaient déjà parties de Paris et allaient arriver d'un instant à l'autre au quartier général.

---

1. Baer-Duholant (Pas-de-Calais), Becquey (Haute-Marne), Michel Gentil (Loiret), Hua (Seine-et-Oise), Jancourt (Seine-et-Marne), Théodore Lameth (Jura), Mathieu Dumas (Seine-et-Oise). Jancourt, Lameth et Mathieu-Dumas étaient trois militaires.

CHAPITRE VII

DERNIERS ORDRES ET DERNIERS PRÉPARATIFS
LES PREMIÈRES OPÉRATIONS

Quand Rochambeau avait quitté Paris, le 21 au soir, retenu jusque-là, nous dit-il lui-même, « par la volonté des ministres [1] », il connaissait nécessairement la rupture des relations avec l'Empire[2]. Toutefois, comme il n'avait reçu aucune notification officielle de la déclaration de guerre, il profita du répit que lui laissait l'arrivée du courrier, pour tenter auprès du généralissime autrichien, en Flandre, le duc Albert de Saxe-Teschen, une démarche dont nous devons dire quelques mots, par la double raison qu'elle peint une époque et qu'elle fut plus tard amèrement reprochée au maréchal.

Au XVIIIe siècle, la guerre était, comme de nos jours, un état violent, qui interrompait les relations amicales entre les peuples pour donner carrière aux procédés brutaux de la force. Néanmoins, les déclarations d'hostilité, faites avec les formes courtoises qui imprégnaient si fortement les mœurs du temps, ne revêtaient jamais le caractère d'aigreur qu'elles comportent si souvent aujourd'hui et n'impliquaient point les irruptions soudaines auxquelles elles donnent lieu

1. *Journal du maréchal de Rochambeau.* Archives historiques du Ministère de la Guerre. Armée du Nord, 1792, classé au 2 mai.
2. La déclaration de guerre est, comme on l'a vu, du 20 avril.

à notre époque. Elles admettaient même certains tempéraments qui ne laissent pas que de nous paraître singuliers.

Rochambeau, à la veille de communiquer officiellement au duc Albert la rupture de la paix entre la France et l'Empereur, lui adressa le colonel adjudant général[1] de Foissac-Latour, avec un pli fermé, aux termes duquel le général français, en faisant pressentir à son ennemi l'ouverture imminente des hostilités, l'invitait « à différer des deux côtés l'attaque des vedettes et des avant-postes, jusqu'à ce qu'on fût en état, de l'un et de l'autre côté, d'ouvrir une guerre franche, attendu que celle d'homme à homme coûtoit à l'humanité, sans terminer les différends politiques[2] ». En d'autres termes, Rochambeau disait au duc de Saxe-Teschen : Vos troupes et les miennes sont composées de soldats inexpérimentés, incapables d'effectuer des opérations de longue haleine. Aguerrissons-les par des marches, des manœuvres, des bivouacs, et commençons à nous battre sérieusement seulement quand nos hommes seront réellement dignes de paraître sur un champ de bataille. Jusquelà, donnons des ordres pour que nos sentinelles ne se tuent pas inutilement aux avant-postes ; la mort de ces braves gens n'aurait aucun effet sur la solution des litiges pendants entre nos deux pays. Si bizarre que nous paraisse aujourd'hui une proposition de ce genre,

1. Colonel d'état-major

2. Rochambeau dit dans son *Journal* que la lettre par laquelle il proposait au duc de Saxe-Teschen la trêve à laquelle il est fait allusion ici fut adressée à l'ennemi *avant* la notification de la déclaration de guerre. Foissac-Latour, dans ses *Notes sur le début de la campagne de 1792*, prétend qu'il la porta en même temps que la déclaration de guerre. Il est malaisé de discerner laquelle des deux versions est la véritable. Toutefois, il est vraisemblable que c'est celle du maréchal, si l'on se réfère à la note suivante, écrite par Foissac, à cet endroit de son manuscrit : « Cette partie est écrite de mémoire, n'ayant pas sous les yeux les registres d'ordres et de correspondance de l'armée du Nord, tenus alors par Jarry, chef d'état-major de cette armée. Il serait bon de consulter le vieux maréchal Rochambeau. »

elle était, nous l'avons dit, tout à fait dans les mœurs de l'époque et elle demeurait, alors, si raisonnable, qu'elle fut sur-le-champ acceptée.

Ce fut le 24 avril, à cinq heures du matin, que le colonel Foissac-Latour quitta Valenciennes pour se rendre aux avant-postes ennemis. Il les atteignit, à la frontière, au bourg de Quiévrain, où cantonnait un poste de chasseurs tyroliens de Le Loup[1]. « Tout était encore endormi, dit Foissac, et pouvait être enlevé, si la loyauté française eût pu s'oublier un instant pour faire place au machiavélisme anglais qui attaque toujours sans prévenir[2]. »

L'officier français laissa là son escorte et, accompagné d'un peloton de uhlans autrichiens, partit pour Mons, où se trouvait le général Beaulieu. Là, il fallut envoyer un exprès à Bruxelles pour avoir la réponse du généralissime ; celle-ci arriva bientôt, et le colonel fut renvoyé sans incidents, après avoir été reçu avec égards « et beaucoup de démonstrations de regrets de voir la bonne harmonie rompue entre les puissances[3] ».

Le 24 au soir, Rochambeau savait donc que sa proposition de trêve était acceptée. Il allait pouvoir procéder à la concentration des troupes de son armée ; il allait être en mesure de les aguerrir, de les fortifier au physique et au moral, et, lorsque ces résultats seraient obtenus, il aviserait le duc de Saxe-Teschen et il entrerait en campagne.

En ce moment Rochambeau ignorait totalement — faut-il le rappeler — que depuis plus d'un mois il

---

1. Les chasseurs de Le Loup, qui portaient le nom de leur major, avaient un uniforme gris brochet à parements verts et à boutons jaunes. Minutoli, dans sa *Campagne de 1792*, dit qu'ils étaient recrutés dans les Pays-Bas autrichiens.

2. Archives historiques du Ministère de la Guerre. Armée du Nord, 1792. Portefeuille A1a. Relation de Foissac-Latour.

3. Idem, *ibidem*.

existait, entre son lieutenant Biron et le ministre
des Affaires étrangères, une intrigue tendant à
évincer de la direction des opérations le général en
chef. Il n'avait aucun soupçon de la correspondance
latérale née de cette intrigue, ni des autres incidents
qui s'y rattachaient. Il fut donc stupéfait quand, ce
même soir 24, il reçut par l'intermédiaire de Maret,
le futur duc de Bassano, un plan de campagne qui
annulait celui du 15 avril, des instructions qui lui enjoi-
gnaient d'entamer d'urgence des opérations offensives,
opérations contre l'opportunité, contre la possibilité
desquelles il avait toujours énergiquement protesté.

Il est bien vrai que, pour ménager autant que possible la juste susceptibilité du vieux maréchal et pour
lui faire accepter avec moins d'amertume une mesure
qui ne pouvait manquer de le froisser profondément,
Dumouriez et Lauzun avaient fait endosser à Louis XVI
la paternité de leur combinaison, bien personnelle
cependant. Mais le piège était trop grossier pour
que Rochambeau pût s'y laisser prendre, pour que,
sous le gant royal, il ne sentit pas la main mal
dissimulée du ministre. « Le roi, était-il dit dans le
préambule destiné à engager la responsabilité du souverain, le roi charge le ministre de la Guerre de
prévenir M. le maréchal de Rochambeau, que des
circonstances extérieures et politiques forcent Sa
Majesté d'abandonner, pour le moment, le plan purement défensif, méthodique et très convenable en
toute autre circonstance, pour adopter un système
d'invasion qui puisse favoriser *l'insurrection presque
générale des Belges qui n'attendent que notre entrée
dans les Pays-Bas pour lever l'étendard*. M. le Maréchal est prévenu que M. de Lafayette se mettra
en mouvement sur Namur vers le 30 de ce mois...
qu'il faut qu'à cette époque, M. le Maréchal ait com-

mencé son plan d'invasion et ait porté son avant-garde au moins à Mons et peut-être, en cas de succès, jusqu'à Bruxelles... Aussitôt cette dépêche reçue, M. le Maréchal remettra à M. de Biron l'instruction *cachetée* ci-jointe, fera rassembler les troupes destinées à entrer en campagne des garnisons de Maubeuge, Avesnes, Landrecies, Le Quesnoy, Cambrai, Douai et Valenciennes, à Quiévrain, d'où M. de Biron suivra la destination prescrite dans son instruction. M. le Maréchal est prévenu qu'au même jour où M. de Biron réunira son avant-garde à Quiévrain, M. d'Aumont, gouverneur de Lille, doit former une tête de cavalerie de 8 ou 10 escadrons tirés des garnisons de Lille, Aix, Béthune, Arras et Hesdin, qui se rassembleront à Lille, d'où ils se porteront sur le territoire autrichien en avant de Baisieux, sur la grand'route de Tournay, pour masquer cette place, inquiéter l'ennemi, et lui faire croire que c'est là qu'on veut entrer. Il en résultera nécessairement un bon effet. Les troupes autrichiennes qui occupent la Flandre n'oseront pas la dégarnir pour se rendre sur le Hainaut et le Brabant, ainsi M. de Biron n'aura affaire qu'aux garnisons de Mons et de Bruxelles. Il est de même présumable que la garnison de Tournay, qui, d'après les avis multipliés que nous recevons, est disposée à la désertion, favorisera l'insurrection des habitants, auquel cas, l'officier général qui commandera cette tête pourrait être reçu dans Tournay... M. le Maréchal donnera ordre à M. d'Elbhecq, commandant à Dunkerque, de porter un corps de troupes de 1.200 hommes, moitié cavalerie, commandée, par un maréchal de camp, du côté de Furnes, sur le territoire autrichien, s'annonçant comme une tête de colonne qui pourra continuer et se conformer au reste de l'instruction. »

En prenant connaissance de ces dépêches, Rochambeau ne put dissimuler ni son mécontentement, ni sa
colère. A vrai dire, ce n'était pas surtout le remplacement de son plan d'opérations par un autre
qui le choquait. Des raisons politiques prépondérantes pouvaient subitement imposer au gouvernement un changement d'attitude militaire et
ordonner une modification immédiate dans la mission tout d'abord affectée aux armées. Mais, ce
qu'il n'était pas possible d'admettre, ce qui était
intolérable, ce qui le choquait profondément, dou-
loureusement, c'était l'atteinte portée à sa préro-
gative, à son autorité ; c'étaient les ordres donnés,
par-dessus sa tête, à ses subordonnés, la direction
de son armée assumée directement par le ministre
sous le couvert mal déguisé du roi.

En voyant le rôle attribué à Lauzun, en se rappelant les liaisons qui avaient uni jadis ce général à
Dumouriez, Rochambeau comprit qu'il avait été la
dupe de ces deux hommes et il s'en plaignit amèrement à son lieutenant. « Le maréchal m'a envoyé
chercher sur-le-champ, écrivait Biron à Dumouriez
en lui rendant secrètement compte de la façon dont
avaient été reçues les dépêches du 22. Je l'ai trouvé
convaincu qu'on lui avait caché cette disposition, que
j'étais dans le secret, et qu'elle était le résultat d'une
petite intrigue à la tête de laquelle j'étais. Vous
pouvez juger qu'après cela je n'ai pas été bien reçu.
Il m'a dit sèchement qu'il ne pouvait pas approuver
une mesure à laquelle il s'était toujours opposé, mais
que cela ne l'empêcherait pas de concourir de tout
son pouvoir à son succès[1]. »

Et le maréchal, en dépit de sa juste irritation,

1. Registre de Correspondance de Biron. Biron à Dumouriez, 25 avril 1792.

s'apprêta à le faire loyalement comme il l'avait dit.

L'examen attentif des instructions apportées par Maret se résumait, en somme, en trois points principaux :

1° Former avec toutes les troupes disponibles à Valenciennes, Maubeuge, Avesnes, Landrecies, Le Quesnoy, Cambrai et Douai, une masse de 20 à 25.000 hommes qu'on lancerait sur Mons sous les ordres de Biron ;

2° Diriger de Lille sur Tournai une colonne d'environ 3.000 hommes ;

3° Menacer Furnes, de Lille, avec 1.000 à 1.500 chevaux.

C'étaient donc trois opérations distinctes effectuées sur un front de 150 kilomètres environ, par des troupes qui n'avaient aucune liaison entre elles et auxquelles le commandant en chef n'avait d'autres instructions à donner que celle de se conformer aux ordres particuliers, adressés directement et par-dessus sa tête aux divers commandants de détachement.

Dans l'esprit de Dumouriez, la seule de nos trois armées qui dût agir d'une façon sérieuse était celle de Rochambeau, et dans l'armée de Rochambeau le seul corps à la mission duquel on attachât une réelle importance était celui de Biron. Cependant, le ministre des Affaires étrangères avait adressé, en même temps qu'à Rochambeau, des instructions à Luckner et à Lafayette prescrivant au premier de demeurer sur la défensive et à Lafayette de se porter, le 30, sur Givet[1]. Le commandant de l'armée du Centre devait, par ce mouvement, attirer sur lui l'attention des Autrichiens, c'est-à-dire les empêcher de se porter en forces sur le corps de Biron. Dès le 19, Lafayette, avisé par Du-

____

1. « Vous m'avez mandé, Monsieur, d'être le 30 à Givet... » (Archives historiques de la Guerre. Armée du Centre, 1792. Lafayette à de Grave, de Givet, 2 mai.)

mouriez que la déclaration de guerre était imminente, avait adressé à ses lieutenants, aux commissaires ordonnateurs et aux trésoriers militaires une dépêche les invitant à se tenir prêts à entrer en campagne au premier moment. Toutefois, on voit par sa correspondance que ce « premier moment » signifiait dans son esprit la mi-mai, d'autant que, dans la pénurie de toute sorte de moyens où se trouvait son armée, c'était encore là une date prématurée[1].

On peut juger par là qu'il ne fut pas moins surpris que Rochambeau du changement survenu dans les idées du Conseil du roi et, le lendemain même du jour où il avait reçu les nouvelles instructions, il écrivit à de Grave la lettre suivante, datée de Metz, 25 avril :

« Lorsque je vous priais, Monsieur, si la guerre était indispensable, de ne la déclarer que quand nous serions prêts, je prévoyais que cette déclaration nous mettrait dans l'alternative ou d'être prévenus par les ennemis ou de les prévenir avec des moyens incomplets. Votre courrier n'ayant porté la proposition du roi à l'Assemblée, je n'ai pu songer qu'à tirer parti de l'état actuel, et mon premier soin a été d'apprendre cette nouvelle aux troupes qui la reçurent aux cris de : « Vive la Nation ! Vive le Roi! »

« C'est hier que les dernières instructions du Conseil me sont arrivées, entre quatre et cinq heures du soir, par un aide de camp de M. Dumouriez. Nous étions, comme vous savez, convenus que je formerais d'abord un camp de 6.000 hommes sur la Moselle, qu'ensuite, aussitôt que la formation des bataillons et des équipages de guerre le permettrait, nous réunirions à

---

1. Voir la lettre écrite à Lafayette par Petret, commissaire général de l'armée du Centre, constatant que cette armée n'a ni foin ni paille, ni équipages de vivres, ni hôpitaux, et que le paiement de la solde en assignats expose les officiers à mourir de faim. (Archives historiques de la Guerre. Armée du Centre, 1792. — Petret à Lafayette, de Givet, 6 mai.)

Dun le corps d'armée agissant avec son artillerie et, qu'après y avoir passé quelques jours, cette armée ainsi mise ensemble se porterait à Givet.

« Voici, Monsieur, dans quelle position nous avons reçu le changement d'instructions.

« Les bataillons et escadrons étaient en partie formés, parce que j'ai tranché toutes les difficultés. Mais, quoique j'eusse demandé sous ma responsabilité, à tous les payeurs, de faire fournir l'argent, il y a eu pour la plupart impossibilité physique, attendu que l'argent destiné aux équipages n'est arrivé ici qu'aujourd'hui.

« Nous n'avons donc, faute des gratifications promises aux officiers et des sommes promises aux corps, aucun équipage quelconque. Les chevaux de peloton[1], qu'on annonce tous les jours, ne sont pas arrivés, et l'on ne sait où ils sont ; les effets de campement ne sont pas réunis ; on n'a pas l'ordre de campement pour la cavalerie. Il n'y a que 25 chevaux d'ambulance, sans forge, point d'arrangement pour le pain blanc des malades, point d'eau-de-vie ni de vinaigre.

« Les vivres ne sont pas organisés, les boulangeries n'arrivent pas, il n'y a qu'une portion des chevaux nécessaires à cette partie, ceux de l'artillerie ne sont pas rassemblés.

« Beaucoup de régiments manquent d'habits, de linge et de souliers, parce que, malgré leurs demandes réitérées, et les miennes, il n'a point été envoyé de fonds à leur caisse et que le Directoire[2] n'a pas répondu à leurs sollicitations.

1. Les chevaux de peloton étaient destinés à porter les bagages, vivres, ravitaillement de la troupe. C'étaient les mulets de bât de l'époque. Comme leur nom l'indique, il y en avait 1 par peloton, 2 par compagnie.

2. Section du Ministère de la Guerre chargée de ce qui concernait l'administration des corps de troupe. Bardin qu'on trouve rarement en défaut dit que : « Le Directoire créé par l'ordonnance d'administration du 17 mars 1788... tomba avec le Conseil de la Guerre. » Il semble, d'après Lafayette, que ce Directoire existait encore en 1792, à moins que le commandant de l'armée du Centre ne se serve d'un nom caduc pour désigner l'institution qui avait dû remplacer l'institution abolie.

« Il manque un grand nombre d'officiers dans l'armée et même des officiers supérieurs. Sur 5 lieutenants généraux, il n'y en a que 2 présents[1], 3 adjudants généraux sur 6; 4 maréchaux de camp annoncés manquent.

« Les brigades du génie ne sont pas encore arrivées et n'ont reçu aucun ordre; elles ne sont même pas toutes encore formées.

« Sur 4 officiers généraux d'artillerie, 1 refuse; l'autre, dit-on, est émigré; des 2 autres, un seul est annoncé pour ce soir; il n'y a point de trésoriers de l'armée, plusieurs payements sont en retard.

« Sur le nombre des troupes annoncées, il manque encore 2 bataillons d'infanterie légère, 1 régiment de cavalerie, 1 régiment de chasseurs, les bataillons de guerre des 102e et 103e régiments, plusieurs bataillons de volontaires et 7 compagnies d'artillerie.

« Je vous devais, Monsieur, ce rapport, ou plutôt cette répétition fidèle de notre situation, et, lors même qu'elle eût été différente, l'instruction du Conseil offrirait encore des difficultés.

« En effet, Monsieur, le changement subit de nos dispositions, la distance de 46 lieues entre Metz, où se prépare toute l'artillerie, et Givet, s'oppose à la promptitude de ce mouvement; mais, si vous rapprochez cette idée de la situation dont je viens de vous faire part et dont tous mes moyens et mes sollicitations n'ont pu nous garantir, vous jugerez combien d'obstacles arrêtent l'exécution de votre projet.

« Ne croyez pas cependant, Monsieur, que ces difficultés m'aient rebuté. J'ai ordonné, par des courriers, le mouvement sur Givet. J'ai fait charger l'artillerie de campagne et une division de pièces de position, qui,

_____
1. MM. de Paignat et de Frauc.

au défaut de chevaux d'artillerie, seront traînées par les chevaux de carrosse et de labour des citoyens de Metz et des environs ; les mêmes moyens nous en procurent pour nos autres transports.

« Je vais réunir tous les souliers que nous pourrons trouver dans cette ville et quelques autres ; du canon et des souliers, voilà l'essentiel.

« L'arrivée prompte de l'artillerie offre tant de difficultés que j'ai chargé M. de Narbonne [1] d'être conducteur de notre convoi ; c'est employer toutes les mesures de possibilité.

« Je ne suis pas parti, Monsieur, ce soir, c'est-à-dire vingt-quatre heures après l'arrivée de l'aide de camp de M. Dumouriez, parce que la première nuit ne suffisait pas à notre travail, que le mouvement général de l'armée serait suspendu si je quittais Metz avant de l'avoir terminé, que je suis inutile à la marche de chaque régiment, surtout en envoyant M. de Narbonne, M. de Gouvion et plusieurs autres officiers, enfin que ma présence n'était pas inutile aux moyens extraordinaires que les citoyens nous ont fournis.

« L'aide de camp est arrivé le 24 au soir ; le 25, à quatre heures du matin, tous les ordres étaient expédiés, tant pour le rassemblement du Tiercelet que pour celui de Givet. Cette nuit, seront réunis tous les chevaux pour le train ; l'artillerie part demain matin ; le même jour, toutes les dispositions des différentes parties de l'armée et des garnisons seront finies.

« Je serai le 28 à Givet, avant aucune troupe, et j'y aurai été précédé par M. de Gouvion. Je crois, Monsieur, qu'on ne peut guère faire plus avec moins de moyens...

« Il est impossible que les 6.000 hommes et leur

---

1. C'est l'ancien ministre de la Guerre. En quittant Paris, Narbonne était venu servir dans son grade de maréchal de camp à l'armée du Centre.

artillerie soient en état de marcher le 30 ; mais, si vous croyez utile à la politique d'insulter ce jour-là le territoire autrichien, j'y pousserai quelques troupes légères pour que la nouvelle en arrive à l'Assemblée des Etats généraux des Pays-Bas[1]. »

A cette lettre qui peignait, en termes si positifs et si peu satisfaisants, l'état de l'armée du Centre, de Grave répondit, le 27 et le 28, en annonçant qu'il pressait l'envoi du matériel manquant. « Les fonds sont partis et les payeurs sont en route », mandait-il dans la lettre du 28... « Il y a à Metz 1.177 tentes d'infanterie ancien modèle, 4.724 nouveau modèle, et 373 tentes de cavalerie. Ces tentes suffiront pour 40.000 hommes... Les boulangers sont partis... M. Pétret a reçu l'avis du départ pour Verdun de 1.800 chevaux de peloton, de 250 chevaux d'ambulance ; quant à la forge, M. de Fleury a des ordres nécessaires pour en procurer... Vous pouvez faire donner 50 livres par homme qui vous apportera un fusil, un équipement et habillement uniforme, et 300 livres par homme qui vous amènera de même, de l'armée ennemie, un cheval d'escadron[2]... »

Toutes ces prescriptions étaient excellentes assurément, mais elles avaient le tort d'être tardives et incomplètes. Le ministre n'était d'ailleurs pas le dernier à le reconnaitre ; mais, comme, en réalité, on ne se préoccupait à Paris que du succès du seul corps de Biron, on ne s'inquiétait pas outre mesure de l'armée du Centre, pensant bien que Lafayette trouverait, de quelque façon que ce fût, un moyen de remplir suffisamment la tâche secondaire qu'on lui affectait.

Entre temps, à Valenciennes, le maréchal de Ro-

1. Archives historiques de la Guerre. Armée du Centre, 1792. Lafayette à de Grave, de Metz, 25 avril.
2. Archives historiques de la Guerre. Armée du Centre, 1792. De Grave à Lafayette, 28 avril.

chambeau avait fait, comme Lafayette à Metz, des
prodiges de bonne volonté, d'activité, et, bien qu'on ne
lui laissât que la partie ingrate d'une tâche essentiellement ardue, il avait entrepris de la mener à bonne
fin avec un dévouement sans bornes.

Il avait à vaincre mille difficultés, car son armée,
comme celle du Centre, manquait des plus élémen-
taires ressources et il n'avait pas le temps d'y pourvoir.
D'autre part, les opérations qu'allaient exécuter ses
lieutenants exigeaient pour réussir une extrême rapidité. Il n'existait à Valenciennes, pour tous vivres, que
cent bœufs parqués dans l'abbaye de Vicoigne; « aucuns
des approvisionnements décrétés pour légumes secs,
eaux-de-vie, vinaigre, n'étaient constitués[1] ». Les
seuls caissons ou chevaux de peloton disponibles
étaient à Avesnes, et le maréchal dut suppléer à ce
qui manquait à cet égard en réquisitionnant à la hâte
tous les véhicules qu'il fut possible de rencontrer dans
les environs. Certaines troupes étaient à peine vêtues,
« les trois quarts des étoffes n'étant pas arrivées;
enfin on ne savait où trouver les attelages nécessaires
pour traîner l'artillerie ».

En dépit de tant d'obstacles, Rochambeau put écrire
à de Grave, le 26 au soir, que « toutes les troupes
prescrites par l'instruction du Conseil seraient réunies
à Valenciennes, qu'elles atteindraient la frontière à
Quiévrain, le 28, et qu'elles pourraient se présenter
devant Mons le 29 ». D'autre part, un détachement
de 9 escadrons, 2 bataillons, 6 pièces, conduit par le
maréchal de camp Théobald Dillon, partirait de Lille
le 29 et se montrerait le même jour devant Tournai.
Enfin, à la même date, les troupes de Dunkerque
seraient en état de « se porter sous les murs de

1. *Journal de Rochambeau.*

Furnes, sous le commandement d'un maréchal de camp[1] ».

Ces dispositions prises, Rochambeau n'avait plus qu'à laisser agir ses lieutenants, à se tenir prêt à appuyer leurs succès s'ils étaient victorieux, à soutenir leur retraite, s'ils étaient contraints à se replier. L'heure de la réflexion était passée : la parole était aux événements, c'était à eux de trancher le litige, à dire qui, de Biron et de Dumouriez ou du maréchal, avait raison.

Les opérations militaires qui constituent la première campagne de la Révolution française et la dernière du dernier maréchal de notre ancienne monarchie[2] ont duré quatre jours et ont eu, comme nous l'avons dit déjà, trois théâtres d'action différents. Sur chacun de ces théâtres s'est développée une série de faits particuliers, n'ayant aucune corrélation avec ceux qui se déroulaient sur le théâtre voisin ; ce sont trois chapitres distincts d'un livre unique, qu'on peut, qu'on doit étudier à part et que nous allons examiner en présentant les événements suivant leur importance. Nous parlerons donc, en premier lieu, de la pointe tentée sur Furnes par la garnison de Dunkerque, puis des opérations de Dillon contre Tournai, enfin du mouvement offensif de Biron contre Mons.

Revenu de Paris, comme on l'a vu, croyant toujours à la validité du plan du 15 avril, de ces instruc-

---

1. Archives historiques du Ministère de la Guerre. Armée du Nord, 1792. Rochambeau à de Grave, 25 avril 1792. Dans l'esprit de Dumouriez et de Biron, ces deux dernières opérations devaient être surtout des démonstrations, et les instructions particulières adressées à d'Elbhecq et à Dillon le mentionnaient formellement. On voulait, grâce à ces démonstrations, retenir dans le nord du Brabant la totalité des forces autrichiennes qui s'y trouvaient, de façon à les empêcher de se porter au secours de Mons, qu'on tenait surtout à enlever.

2. Nous ne comptons pas l'exotique Luckner, mercenaire étranger qui fut toujours dépaysé dans notre patrie.

tions qui prévoyaient la formation de trois camps à Dunkerque, à Maubeuge, à Valenciennes, le maréchal avait avisé. dès le 23, le lieutenant général d'Elbhecq, à Dunkerque, d'avoir à rechercher aux environs de la ville un emplacement favorable pour y réunir 5.000 hommes. D'Elbhecq s'était préoccupé, le même jour, de trouver un terrain répondant aux exigences qu'on lui fixait; ou plutôt, comme il l'avait depuis longtemps reconnu et choisi, il n'eut plus qu'à le signaler au ministre de la Guerre et à Rochambeau : « Le camp à établir, écrivait-il à la date du 24, pourrait être placé près du village de Ghyveldt, sur la route de Furnes, à 2 lieues en avant de Dunkerque, à cheval sur le canal, la gauche appuyée à la mer, la droite aux marais des Grandes Moëres[1]. » Mais, le jour même où cette lettre était remise au courrier, d'Elbhecq recevait notification des instructions du 22 avril et ordre de former sur-le-champ la colonne mobile destinée à opérer contre Furnes. La dépêche était impérative et urgente; d'Elbhecq prit immédiatement ses dispositions pour y obtempérer, et, le 29 avril, il était en mesure de rendre compte à la fois à Valenciennes et à Paris que son expédition serait prête pour le 30.

A cette dépêche, le gouverneur de Dunkerque avait joint la copie des instructions remises par lui au maréchal de camp, comte de Carle, chargé de diriger l'opération :

« M. de Carle partira de Dunkerque le 30 avril, à trois heures du matin, à la tête d'un détachement composé des 2 compagnies de grenadiers et de 6 piquets de 50 hommes chacun, du 12e régiment d'infanterie,

---

1. Archives historiques du Ministère de la Guerre. Armée du Nord. 1792. D'Elbhecq à de Grave, 26 avril 1792.

des 2 compagnies de grenadiers et de 6 piquets du 78° régiment d'infanterie, de 1 compagnie de grenadiers et de 3 piquets du 1ᵉʳ bataillon des volontaires de la Somme et, finalement, de 200 maîtres du 10° régiment de cavalerie. Il dirigera sa marche le long de la rive droite du canal de Furnes, et, lorsqu'il sera prêt d'entrer sur le territoire autrichien, il fera reposer ses troupes et les avertira qu'il va les conduire jusqu'à la vue de Furnes, non en conquérants, mais en amis ; il recommandera aux cavaliers et aux soldats de ne faire ni mal, ni tort, ni violence à personne.

« Cet officier général continuera ensuite sa marche jusqu'à 2 ou 300 mètres de la ville de Furnes, et si, comme il est apparent, il ne trouve point de résistance, il enverra un lieutenant-colonel avec quelques troupes assurer les magistrats de cette ville que les Français ne sont pas leurs ennemis et qu'ils n'en ont rien à craindre, qu'au contraire toute protection sera accordée aux Brabançons.

« Le général ne laissera aucune troupe dans la ville de Furnes et reprendra la route de Dunkerque.

« Dunkerque, le 29 avril 1792. »

« *Le lieutenant général,*

« Delbhecq (*sic*)[1].

Tout se passa très scrupuleusement, en conformité des instructions ci-dessus ; le lendemain, 30 avril, au soir, le gouverneur de Dunkerque pouvait rendre compte, en ces termes, de l'heureuse issue de son opération :

---

1. Idem. *ibidem.* 29 avril.

Dunkerque, 30 avril 1792.

« Monsieur,

« J'ai l'honneur de vous informer que M. de Carle s'est porté ce matin sur Furnes avec un détachement de 1.200 hommes. Il n'a trouvé aucune troupe. Les magistrats et toutes les corporations sont venus au-devant de lui le complimenter. Je lui avais prescrit de ne point laisser entrer sa troupe en ville, de crainte qu'elle ne se dispersât et ne s'enivrât ; il a exécuté mes ordres et est rentré avec tout son monde.

« Le bruit court que les Autrichiens qui avaient évacué les garnisons d'Ostende, Furnes, Ypres, Gand, Bruges, etc., pour porter toutes ces troupes sur Tournay, les renvoient à leur ancien poste.....

« *Le lieutenant général,*

« Delbhecq.

« *A M. de Grave, ministre de la Guerre*[1]. »

Tout s'était donc bien passé dans cette première démonstration de nos armées en territoire ennemi ; voyons maintenant comment les événements s'étaient déroulés en avant de Lille.

1. Archives historiques du Ministère de la Guerre. Armée du Nord, 1792. D'Elbhecq à de Grave, 30 avril 1792.

CHAPITRE VIII

LE GÉNÉRAL THÉOBALD DILLON ET LES OPÉRATIONS
VERS TOURNAI. — L'AFFAIRE DE BAISIEUX

Le 24 au soir, le duc d'Aumont, lieutenant général, gouverneur de Lille, avait reçu du ministre de la Guerre — directement comme il a été dit — l'ordre de faire marcher sur Tournai, le 29, un corps de 2 à 3.000 cavaliers, et de menacer simplement la place, ou de s'en emparer si l'on n'y trouvait aucune résistance. Le général Théobald Dillon, maréchal de camp, fut chargé de diriger l'opération, et il envoya le lendemain 25, à Valenciennes, le colonel de Berthois, directeur du génie, avec mission de prendre les ordres verbaux du général en chef. M. de Berthois, outre certains éclaircissements de détail, devait demander au maréchal l'autorisation de joindre, aux régiments de cavalerie désignés seuls pour l'expédition, quelques bataillons d'infanterie et 6 pièces de canon. Dillon jugeait un contingent de troupes à pied indispensable pour le cas « très vraisemblable où l'ennemi aurait préparé des embuscades ou envoyé des détachements qui, tournant par la route de Bouvines et le pays très couvert du côté de Blandain, auraient très facilement coupé la retraite[1] de notre cavalerie ».

---

1. Rapport du capitaine Pierre Dupont-Chaumont sur l'affaire de Baisieux. Bibliothèque nationale, vol. Lb39 10. 557. — Ce capitaine Dupont, à cette époque attaché à l'état-major de Dillon en même temps que son frère, le colonel adjudant général Antoine Dupont-Chaumont, est le futur comte Dupont qui capitula à Baylen, en 1808. L'empereur, qui l'appréciait

Le 27, le colonel de Berthois rentra à Lille avec des instructions écrites, complémentaires, de Rochambeau. Ce document entrait dans des détails précis, trop précis peut-être, et indiquait « les dispositions qui devaient être faites sur le terrain, suivant les circonstances [1] ». Le maréchal insistait, en particulier, sur « la nécessité de ne point engager une affaire avec l'ennemi et de ne pas se compromettre vis-à-vis de forces supérieures dans le cas où la garnison de Tournai, qui avait été considérablement renforcée, viendrait à sa rencontre [2].

C'était donc une démonstration, et seulement une démonstration qu'il s'agissait de faire [3].

Munis des dernières instructions de Valenciennes, Dillon mit tout en œuvre pour partir à l'heure. Les troupes placées sous son commandement comprenaient 8 escadrons de cavalerie, 3 compagnies d'infanterie, 1 compagnie de volontaires nationaux et 6 pièces de campagne : au total 3.800 baïonnettes, 1.200 chevaux, 6 canons. Elles entrèrent à Lille le 27 et le 28, et furent passées en revue, à la citadelle, le samedi 28, à huit heures du matin [4]. A trois heures de l'après-midi, l'ordre du départ portant qu'on romprait à neuf

comme un officier hors ligne, l'avait envoyé en Espagne avec la pensée de le nommer maréchal. Ministre de la Guerre en 1814, il ne demeura que quelques mois en fonctions.

1. *Idem.*

2. Le 25 avril, à onze heures trente du soir. Dupont avait lui-même écrit à Rochambeau pour le prévenir que l'actuelle garnison de Tournai, *régiment de Klerfayt et Wallon*, suspecte d'accointances avec le parti républicain franco-belge, serait relevée le 27 ; que le 24, 600 ou 700 hommes d'un autre régiment y étaient entrés déjà ; que le 26 ou le 27, on attendait un régiment de hussards. A la même date. Biron savait que les Autrichiens « faisaient marcher sur les frontières le plus de troupes possible. Tout donnait donc à penser à Rochambeau que Dillon trouverait à Tournai, une des premières places fortes des Pays-Bas, une garnison considérable.

3. Les instructions du 22 avril disaient textuellement : « M. d'Aumont doit former une tête de cavalerie de 8 ou 10 escadrons qui se rassembleront à Lille, d'où ils se porteront ... sur la grande route de Tournay pour marquer cette place, inquiéter l'ennemi et lui faire croire que c'est là qu'on doit entrer. »

4. Archives historiques du Ministère de la Guerre. Armée du Nord, 1792. Portefeuille A¹a. Journal du grenadier Blandin.

heures du soir fut communiqué aux chefs de corps, et effectivement, à l'heure dite, le détachement se mit en mouvement, « à travers un peuple immense qui applaudissait avec transport à l'ardeur que témoignaient les troupes et au civisme de leur général[1] ».

De Lille à Tournai on compte environ 24 kilomètres. De la porte de Fives à la frontière, marquée, en 1792, à 800 mètres à l'Est du village de Baisieux[2], par une barrière où les Autrichiens avaient établi un poste, il y a 16 kilomètres, 4 lieues. En sortant de Lille la route traverse Hélemmes, aujourd'hui faubourg, jadis bourg situé à 2 kilomètres des anciens remparts, passe près d'Ascq et d'Anstaing, franchit la Marque au Pont-à-Tressin et traverse encore le village de Chéreng avant de pénétrer dans Baisieux. Après Baisieux, à l'Est, les seuls lieux habités qu'on trouvât avant Tournai, en 1792, étaient Marquin et Orcq. D'une façon générale, tout ce sol ne présente que des altitudes insensibles et la moindre ride y constitue une bonne position défensive.

Le général Dillon mit sa colonne en marche dans l'ordre suivant :

En extrême pointe, et précédant la colonne de deux heures, 1 peloton de chasseurs du 6e régiment ;

En avant-garde, M. Valabris, colonel adjudant général chargé de guider l'avant-garde ;

2 escadrons du 6e chasseurs, ci-devant Languedoc ;

2 escadrons du 1er de cavalerie, ci-devant Colonel général ;

Gros de la colonne, M. Dupont-Chaumont, colonel adjudant général chargé de guider le gros de la colonne ;

---

1. Rapport de Dupont-Chaumont.
2. Cassini écrit : Baisieu sans x, Chérang, etc. Pour tous ces noms, nous suivons l'orthographe de la carte d'État-major au 1/80.000 actuelle.

1 compagnie du 1er bataillon des volontaires de Seine-et-Oise ;

1 bataillon du 24e d'infanterie ci-devant Brie ;

1 bataillon du 56e d'infanterie ci-devant Bourbon ;

1 bataillon du 90e d'infanterie ci-devant Chartres ;

6 pièces de campagne.

Arrière-garde : 2 escadrons du régiment de cuirassiers (cuirassiers du roi); 2 escadrons du 13e de cavalerie ci-devant Chartres [1].

La marche, effectuée dans cet ordre, s'opéra sans encombre. La première halte eut lieu à hauteur du village d'Ascq, à une heure de Lille [2]. Là, le général crut à propos d'apporter quelques modifications à l'agencement de sa colonne. Suivant un errement du temps, il réunit en 1 bataillon les 3 compagnies de grenadiers du 24e, du 56e et du 90e, leur adjoignit la compagnie de volontaires de Seine-et-Oise, qu'il voulait piquer d'honneur, et plaça la nouvelle unité sous le commandement particulier du colonel de Ruault, du 56e. Le bataillon de grenadiers eut ordre de prendre la tête de la colonne, et c'est dans cette nouvelle formation qu'on se remit en marche.

On atteignit ainsi Baisieux; il pouvait être trois heures du matin. Le général prescrivit une grand'halte et fit donner l'avoine aux chevaux; lui-même, accompagné de MM. Valabris et de Berthois, se porta en avant du village pour reconnaître le terrain, la situation et recueillir de la bouche des cavaliers de l'extrême pointe les renseignements acquis.

Comme il arrivait à l'extrémité Est de Baisieux,

1. Le général Pully, alors colonel des cuirassiers et présent à l'affaire de Tournai, donne un ordre de marche très peu différent, en ce qu'il met le 1er régiment de cavalerie au gros de la colonne au lieu de le placer à l'avant-garde. Nous adoptons la version de Dupont-Chaumont.

2. Le grenadier Blandin dit qu'on s'arrêta tout d'abord au village d'Elein (?), sans doute Hélemmes, puis au pont de Saint-Marcin (?), vraisemblablement Pont-à-Tressin. Nous continuons à suivre la version de Dupont-Chaumont.

Dillon reçut l'avis que les Autrichiens occupaient
encore le poste-barrière de la frontière ; il le fit enlever par les 2 compagnies de tête du bataillon de grenadiers et donna ordre à ces 2 compagnies de continuer sur Marquin avec les 50 chevaux de l'extrême
pointe. Dans cet engagement, le premier d'une lutte
qui allait durer plus de vingt années, nous eûmes
1 homme tué et 2 faits prisonniers. Néanmoins, nos
soldats, pleins d'entrain, continuaient à progresser,
d'autant que, le général ayant fait soutenir ses éclaireurs par le reste du 6ᵉ chasseurs, on put dépasser
Baisieux de 1.500 mètres et s'avancer jusqu'à
hauteur de Hertain.

Sous le couvert de l'avant-garde, Dillon fit alors
déboîter le reste de la colonne et la forma en position d'attente, à droite et à gauche de la chaussée,
entre deux villages dont aucune relation ne donne le
nom, mais qui, vraisemblablement, étaient Hertain,
au Nord, et Lamain, au Sud. Le déploiement se fit
avec ordre et disposa les troupes sur deux lignes de
la façon suivante :

Première ligne. — A la droite, et en allant de la
droite à la gauche, venaient : 1° le régiment 1ᵉʳ de
cavalerie, 2 pièces, le 24ᵉ régiment d'infanterie[1], le
tout formant l'aile droite ; 2° le 90ᵉ régiment d'infanterie, 2 pièces, le bataillon de grenadiers ou ce qu'il
en restait, 2 pièces, le 56ᵉ, formant le centre ; 3° l'aile
gauche, constituée avec le 5ᵉ chasseurs. En outre, à
l'extrême droite et à l'extrême gauche, les deux villages, point d'appui de notre position, étaient occupés
par 1 compagnie de fusiliers et 1 escadron.

Deuxième ligne. — La seconde ligne était dispo-

---

1. Ces régiments comprenaient, on s'en souvient, 1 seul bataillon de
campagne, de 812 hommes. D'après le projet dont nous avons parlé plus
haut (p. 13), ils auraient dû en posséder 2, mais jusque-là il n'avait pas été
possible de former le 2ᵉ bataillon de guerre.

sée à 80 pas de la première. Elle comprenait les cuirassiers et le régiment de Chartres-cavalerie, massés l'un à côté de l'autre, en colonnes par peloton [1].

Etabli en ce point et avec ce dispositif, le général Dillon pouvait avec raison, semble-t-il, se croire en sûreté. Effectivement, « après avoir bien examiné la droite et la gauche de sa position, il s'affermit davantage dans l'opinion que les Autrichiens ne pouvoient l'y forcer et qu'il restoit maitre du moment de sa retraite ». Il fit donc presser l'arrivée des fourrages, du pain et de l'eau-de-vie, qu'il fit distribuer [2]. En même temps il prescrivit à la cavalerie d'envoyer ses chevaux à l'abreuvoir, par peloton [3], et en attendant, il ordonna aux autres de débrider [4].

Entre temps, les grenadiers envoyés vers Marquin, les diverses reconnaissances de cavalerie expédiées à droite et à gauche, sur le front, n'avaient pas cessé d'escarmoucher. A ce moment, c'est-à-dire vers sept heures du matin, « un officier de chasseurs vint faire rapport au général qu'un parti des siens venait d'être repoussé près d'un moulin [5] qui se trouvait sur une petite éminence à la droite de la chaussée. L'officier ajouta qu'il avait cru apercevoir l'ennemi occupé à établir en ce point du canon. Dillon fit tout d'abord renforcer ses tirailleurs et donna l'ordre de reconnaitre le point suspect. Toutefois, si utile qu'il fut de surveiller ce que pouvaient faire les Autrichiens au pied du moulin, l'établissement d'une batterie en ce point n'était pas, pour le moment, bien dangereux,

1. Les ordres de bataille donnés par Dumont-Chaumont, par le général Pully et par le grenadier Blandin ne sont pas identiques ; toutefois les variantes sont légères.
2. Rapport de Dupont-Chaumont.
3. Archives historiques du Ministère de la Guerre. Armée du Nord, 1792. Rapport du duc d'Aumont à Rochambeau, 30 avril.
4. Relation du général Pully
5. Rapport de Dupont-Chaumont.

étant donné qu'elle était là, à « plus de 1.200 toises[1] », de nos troupes, c'est-à-dire à une distance supérieure à la portée efficace des pièces de 4 livres. Vraisemblablement Dillon n'en jugea pas ainsi, et le rapport du lieutenant de chasseurs parait avoir fait sur son esprit une impression plus profonde qu'elle ne méritait. Bientôt, d'autres rapports furent transmis au général qui lui semblèrent confirmer l'apparition de troupes ennemies « en forces très supérieures[2] »; il résolut donc de se conformer strictement à ses intructions, « de ne point engager une affaire avec l'ennemi[3] »; de ne pas « se compromettre » vis-à-vis d'un adversaire disposant d'une prépondérance numérique qu'on annonçait considérable, en un mot de battre en retraite pendant qu'il pouvait encore le faire sans être inquiété. Néanmoins, ce mouvement rétrograde d'une troupe avantageusement placée pour combattre ne laissait pas que d'être anormal; il pouvait paraitre inexplicable à nos officiers, aux soldats eux-mêmes, exciter une défiance qui était déjà dans la plupart des cœurs. Dillon réunit donc les chefs de corps qui se trouvaient le plus près de lui, leur communiqua les instructions qu'il avait reçues de Rochambeau[4] et les invita à faire connaitre à leurs hommes les motifs de la retraite. C'était précisément le moment où le lieutenant-colonel de cuirassiers chargé de reconnaitre le village de Marquin venait de rendre compte de sa mission au colonel de Pully, fixant à 1.800 hommes au plus la force de l'ennemi en présence. Un instant auparavant, c'est-à-dire pen-

---

1. Deux mille quatre cents mètres.
2. Rapport de Dupont-Chaumont.
3. Instructions écrites de Rochambeau à Dillon, rapportées à Lille par le colonel de Berthois, le 27 (Voir p. 138).
4. « J'ignore quel pouvait être le but de cette marche sur Tournay, le général ayant l'ordre par écrit (*et je l'ai lu*) de ne pas attaquer, de montrer seulement sa troupe, de rester quelques heures sur le terrain ennemi et de rentrer ensuite à Lille. » (Relation du général Pully.)

dant qu'on amenait les fourrages, le colonel de Pully lui-même avait eu la curiosité d'aller voir personnellement ce qui se passait du côté de Marquin, et, galopant jusque-là en compagnie d'un adjudant, il avait apprécié à 2.000 hommes l'effectif des Autrichiens. Il acquit la conviction qu'en « les attaquant par leur flanc gauche pendant qu'on les inquiéterait sur la droite, on les forcerait à se retirer[1] ». « Je communiquai, dit Pully, mon impression au général, je lui en montrai le succès facile et je m'offris de commencer vigoureusement l'attaque avec le régiment de cuirassiers que je commandais. Ce fut alors que le général m'exhiba l'ordre écrit que j'ai cité[2]. »

Mais la résolution de Dillon était alors prise depuis un certain temps et déjà l'ordre de se replier avait été communiqué. L'infanterie devait regagner la chaussée par le chemin le plus court et se retirer de là sur Baisieux, en colonnes par peloton, tandis que la cavalerie demeurerait en position de façon à masquer le mouvement, puis à le couvrir.

Comme le général l'avait très exactement prévu, cet ordre de retraite avant, pour ainsi dire, qu'on eût tiré un coup de fusil, surprit tout le monde; la masse des soldats et des officiers, qu'on n'avait point eu le temps de mettre au courant, le trouvèrent inexplicable. Dillon put se convaincre personnellement

1. Relation du général Pully.
2. « Notre division, écrit le colonel de Gonneville en parlant de la campagne de 1805, en Italie..., était commandée par le général de Pully, officier d'une capacité très ordinaire et d'une réputation plus qu'équivoque sous le rapport de la moralité. C'était, dans les habitudes de la vie, ce que l'on appelle une vieille commère ; il faisait des discours aux soldats, qui se moquaient de lui. » (*Souvenirs militaires du colonel de Gonneville*, Paris, Perrin, 1895, in-12, p. 8 et 9.) Nommé général de division le 8 mars 1793, Pully fit toutes les guerres de l'Empire jusqu'en 1809, date à laquelle Napoléon le nomma gouverneur du château de Meudon; il mourut en 1832, à quatre-vingt-trois ans. — Le maréchal de Castellane, qui avait épousé la petite-fille de Pully, dit de lui : « Grand-père de ma femme, j'ai été à portée de connaître cet excellent homme; très spirituel, il était peut-être trop bon dans le service, mais il connaissait à fond tous les détails de son métier. » (*Journal du maréchal de Castellane*, t. III, 2.)

de cette situation quand, ayant enjoint lui-même aux grenadiers de faire demi-tour, il entendit une réponse qui pouvait donner beaucoup à réfléchir : « M. Dillon, nous dit le grenadier Blandin, — que nous avions perdu de vue depuis que nous avions quitté notre corps d'armée [1], — reparut dans ce moment, et, prenant un visage riant et un air de confiance : « Grenadiers, « nous dit-il, crainte de surprise, battez en retraite. » M. Bordière, notre capitaine, choqué d'un ordre de cette nature, se permit de lui répondre : « Comment, « mon général, en retraite? Morbleu, jamais Français « n'a battu en retraite. » Là-dessus, le général donne de l'éperon à son cheval et va rejoindre le corps d'armée [2]. »

Toutefois, et en dépit de la surprise, l'injonction de Dillon fut exécutée et l'infanterie commença immédiatement sa marche vers l'Ouest, alignée, posément, précédée de son artillerie. On ne croyait pas encore à une retraite définitive, on pensait « qu'on reculait seulement pour mieux sauter [3] ». Comme le commandement de « face en arrière ! » avait été prononcé alors que la distribution des vivres n'était pas achevée, les hommes de corvée préposés à la répartition du pain avaient rechargé leur sac sur leur dos et suivaient les compagnies en serre-files, s'imaginant qu'on allait s'arrêter incessamment pour faire à nouveau face en avant [4].

Cependant le mouvement continuait à s'opérer, sans répit, mais aussi sans désordre ; déjà les premières troupes atteignaient les maisons les plus rapprochées de Baisieux. En ce moment, la cavalerie,

---

1. On a vu plus haut qu'au sortir de Baisieux, 2 compagnies de grenadiers, *dont faisait partie Blandin*, avaient eu l'ordre de s'avancer en éclaireurs vers Marquin.
2. Relation du grenadier Blandin.
3. *Idem.*
4. *Idem.*

qui était demeurée en arrière, distinguait la tête des colonnes autrichiennes, qui, s'apercevant de notre mouvement en arrière, s'étaient mises lentement à nous suivre : un espace de plus de 2 kilomètres nous en séparait. Ces troupes s'élevaient à un effectif notoirement inférieur au nôtre : elles comprenaient seulement 1 bataillon de Klerfayt, ce régiment que Biron avait cru disposé à passer dans nos rangs et que Dillon avait signalé à Rochambeau comme devant quitter Tournai le 27, 2 divisions du régiment de d'Alton, 1 division d'un régiment de ligne et 2 divisions de La Tour chevau-légers, au total 2.500 hommes environ, munis de 2 ou 3 pièces de canon. L'intention du baron de Vogelsang, colonel de Klerfayt, commandant de la colonne autrichienne, était, parait-il [1], de nous tourner par notre droite, et cet officier avait invité déjà les colonels de cavalerie Pfortzheim et de Roë à entamer un mouvement de ce genre.

Mais, avant que l'ennemi eût pu prendre ses dispositions d'attaque, un événement inattendu, inexplicable, se produisait à sa vue, jetait dans ses rangs peut-être autant de stupeur que dans les nôtres.

Vers huit heures, et alors que le mouvement de retraite de l'armée française s'opérait avec le plus grand calme, sans motif apparent, sans raison, une de ces paniques extraordinaires qui s'emparent des troupes sans qu'on en sache jamais la véritable origine, faisait faire brusquement demi-tour à l'un de nos escadrons de première ligne. Une clameur désespérée, effrayante, un cri inexpliqué d'angoisse sort brusquement de toutes ces poitrines : « Nous sommes

1. Rapport du général d'Apponcourt au général baron de Bender. Tournai, 29 avril. Archives historiques du Ministère de la Guerre. Armée du Nord, 1792, 29 avril.

trahis ! sauve qui peut ! ! » Le premier escadron en entraîne un second, celui-ci un troisième, un quatrième. En un instant, cette masse de chevaux en désordre se précipite à une allure vertigineuse sur la chaussée, seule issue praticable par laquelle se retirent nos fantassins. Elle s'y engage au galop de charge, bousculant et écrasant sur son passage hommes, chevaux, conducteurs d'artillerie. Devant cette avalanche de fuyards qui roule comme un torrent, l'infanterie prend peur à son tour. A son tour, elle se met à courir au milieu des chevaux, jetant ses sacs, jetant son équipement, jetant ses fusils !

Dillon s'était arrêté, de sa personne, au village de Baisieux pour voir défiler ses troupes, et il venait de charger le colonel Dupont-Chaumont d'établir en ce point l'artillerie et les grenadiers pour soutenir la retraite[2], quand les premiers fuyards l'atteignirent.

En vain le général essaie-t-il d'arrêter cette cohue : on n'entend ni ses ordres ni ses prières. Son aide de camp, le capitaine Dupont-Chaumont, les officiers de son état-major : Berthois, Valabris, Dupont-Chaumont (Antoine), joignent en vain leurs efforts à ceux de leur chef. Toutes les tentatives sont vaines, les remontrances demeurent sans résultat : les fuyards courent toujours.

En cet instant, et comme Dillon a saisi par la bride le cheval d'un chasseur qu'il cherche à maîtriser, le cavalier, hors de lui, sort un pistolet de sa fonte, et fait feu à bout portant sur son général qui tombe à la renverse : le capitaine Dupont se précipite pour soutenir le blessé, et reçoit lui-même une balle à la cuisse. Au milieu de l'indescriptible tumulte où se

1. Rapport du capitaine Dupont-Chaumont.
2. Déclaration du colonel adjudant général Antoine Dupont-Chaumont, frère du précédent, faite au lieutenant général d'Aumont, le 15 mai. Archives historiques du Ministère de la Guerre. Armée du Nord, 1792, 15 mai.

passe cette scène, elle demeure inaperçue. Le général
et son aide de camp sont foulés aux pieds et séparés
l'un de l'autre. Dupont parvient cependant à remonter
à cheval, et quand le torrent des fuyards s'est écoulé,
l'on peut enlever Dillon et le conduire à l'abbaye de
Cysoing où les premiers soins lui sont tardivement
donnés.

Une heure après que ces scènes de tumulte et de
honte s'étaient passées à Baisieux, les premiers cavaliers rentraient dans Lille à une allure encore désordonnée et y jetaient, par leurs clameurs, la conster-
nation et l'effroi. « Nous sommes trahis! criaient ces
énergumènes : l'on nous a menés à la boucherie[1]! » Et
comme eux-mêmes commençaient à se rendre compte
de la lâcheté de leur conduite, du peu de fondement
de leurs plaintes, ils s'efforçaient de soulever la population, de provoquer des crimes qui fissent oublier les
leurs.

Il pouvait être dix heures du matin et les membres
de la municipalité étaient occupés à surveiller le vote
pour le remplacement du procureur de la commune[2],
quand les magistrats eurent connaissance du tumulte qui
venait d'éclater en ville, du motif qui le faisait naître.

D'après ce qu'annonçaient les fuyards, l'ennemi
était aux portes, et la ville pouvait être envahie d'un
moment à l'autre. On courut chez le duc d'Aumont
pour le mettre au courant de la situation et lui
demander s'il répondait de la sécurité des remparts.
Précisément le gouverneur venait d'être averti de la
fatale nouvelle par le colonel Dupont-Chaumont, qui.
séparé de son général un peu avant l'attentat et

1. Extrait du registre des délibérations du corps municipal de la commune de Lille, 29 avril 1792.
2. *Ibidem.*

jugeant d'ailleurs la situation désespérée, avait pris sur lui de courir à franc étrier jusqu'à Lille pour prévenir l'autorité militaire de l'état dans lequel rentrait la colonne. Il estimait urgent — comme il l'a dit plus tard — de mettre le duc d'Aumont en mesure de rassembler le peu de troupes qui demeuraient dans la place « de façon à protéger à la fois la ville et les fuyards dans le cas très vraisemblable où l'ennemi poursuivrait[1] ». Le colonel Dupont-Chaumont était rentré au milieu de cavaliers de divers régiments, et, bien qu'assailli dans la rue, « par de nombreux coups de fusils dont l'un l'avait grièvement blessé au bras[2] », il avait pu regagner l'hôtel du gouverneur et rendre compte des événements. M. d'Aumont, malade et impotent[3], eut toutes les peines du monde à se faire hisser à cheval. Il répondit cependant à la municipalité qu'il garantissait la défense des murailles, mais voyait un danger plus grand, plus immédiat dans l'affolement qui avait gagné toute la population. En répondant de la sécurité des portes et des remparts, le gouverneur s'avançait beaucoup, car, en fait de troupes fraîches, il disposait en tout et pour tout du 2ᵉ bataillon du 24ᵉ, en formation, à peine habillé, mal armé, d'aucun officier d'artillerie ni du génie. En cherchant bien, on finit par trouver, dans ce bataillon du 24ᵉ, « 23 hommes en état de servir le canon[4] ». Cependant, au fur et à mesure que les soldats débandés rentraient en ville, l'excitation des passions populaires grandissait dans

1. Déclaration du colonel adjudant général Dupont-Chaumont.
2. Déclaration du colonel adjudant général Dupont-Chaumont.
3. « On bat la générale; je ne sais comment me tenir à cheval; je souffre affreusement de ma hanche: l'on dit que les Autrichiens envoient des partis dans les faubourgs, la cavalerie ne peut remuer, elle est excédée. » (Archives historiques du Ministère de la Guerre. Armée du Nord, 1792. D'Aumont à Rochambeau, 30 avril.)
4. Extrait du registre des délibérations du corps municipal de la commune de Lille, 29 avril 1792.

une proportion de plus en plus inquiétante. Dans tous les quartiers on battait la générale[1], le beffroi sonnait la cloche d'alarme ; on ne voyait dans la rue que gens courant de tous côtés, portant qui des fusils, qui des piques, allant les uns aux remparts, d'autres aux portes, d'autres ils ne savaient où, dans un affolement qui faisait prévoir les plus graves excès. Ce fut à ce moment, à l'heure où toute voix était impuissante à faire entendre raison à des forcenés, que le général Dillon, la tête enveloppée de bandages, fit son apparition à la porte de Fives, couché dans un cabriolet qu'escortaient une quinzaine de cavaliers[2]. A peine la voiture a-t-elle franchi le pont-levis que l'auteur présumé de tant de maux est reconnu par la foule. Aussitôt les cris de : « A mort ! A mort, le traître ! A la lanterne, l'aristocrate ! » se font entendre. Les piques se lèvent, les fusils s'abaissent. En cet instant un coup de feu part, et l'infortuné général, mortellement atteint cette fois, commence à râler sur la banquette où il est étendu déjà. Mais ce spectacle ne suffit pas à la foule. On jette le corps du général à bas du cabriolet, on le piétine ; on le traine sur la place centrale, où l'on finit par le pendre par les pieds.

Affolée par son crime, enivrée de ce premier sang, la bande d'assassins se répand alors par la ville, vociférant des cris de mort, cherchant d'autres victimes. C'est sur ces entrefaites qu'elle se heurte au colonel de Berthois, qui rentrait seulement de Baisieux, déjà blessé, meurtri et pouvant se tenir à peine à cheval. Le malheureux est à l'instant entouré, jeté à terre et achevé à coups de pique et de pistolet. Un peu plus loin, quatre soldats autrichiens faits prisonniers le matin sont immédiatement assassinés puis pendus.

1. D'Aumont à Rochambeau, 30 avril.
2. *Idem*, 29 avril.

Plus loin encore, la foule s'ameute à la porte d'une communauté de sœurs Ursulines où l'on a vu pénétrer un curé non conformiste, de la paroisse de la Madeleine. Le bruit circule que le vieux prêtre est entré chez ces religieuses « pour se réjouir de la mauvaise nouvelle qui accablait la ville [1] ». On l'attend à la porte en hurlant des obscénités. En vain les sœurs essaient-elles de le faire évader à la faveur d'un déguisement. Au moment où il franchit le seuil et essaie de se perdre dans la foule, celle-ci le reconnait. Tout aussitôt l'infortuné est saisi, bousculé, frappé, jeté à terre et bientôt mis en pièces. Quand on le hisse au réverbère, son cadavre ne présente plus qu'une masse informe.

Il était plus de midi quand ces scènes sanglantes prirent fin. Nous avons dit que dès dix heures le duc d'Aumont était monté à cheval et avait essayé de prendre quelques mesures pour assurer la sécurité des remparts. On ne tarda pas à reconnaitre qu'aucun danger n'était à craindre du côté des Autrichiens : non seulement l'ennemi n'était pas aux portes, mais il n'avait même pas franchi la frontière.

Dès onze heures, c'est-à-dire peu après sa rentrée dans Lille, et avant qu'on sût encore exactement jusqu'à quel point s'étendait le désastre, le colonel Dupont-Chaumont avait — sur l'ordre du gouverneur — rendu compte à Rochambeau des événements, par une lettre qu'un officier des chasseurs de Languedoc (6ᵉ chasseurs) avait portée, à franc étrier, à Valenciennes [2]. Trois heures plus tard, le duc d'Aumont

---

1. *Ibidem.*
2. « Au maréchal de Rochambeau : Lille, onze heures du matin. Les troupes de M. Dillon, chassées dans Lille, dans la déroute la plus horrible. La moitié des hommes et des chevaux morts et blessés sur la route de fatigue et de coups. M. d'Aumont monte à cheval pour rassembler ce qui reste des seconds bataillons et la garde nationale pour empêcher que l'ennemi ne poursuive, jusque sur la place d'armes, les battus. On crie à la trahison. Je suis victime de ces indignes calomnies. » (Dupont-Chaumont, adjudant général).

écrivait lui-même au général en chef pour lui donner
de plus amples détails : « Monsieur le maréchal, lui
disait-il, M. Chaumont vous a déjà rendu compte de
l'événement malheureux de ce matin. Tout est ici dans
la fermentation la plus cruelle. Je fais tous mes efforts
pour rétablir le calme. Puissé-je être assez heureux
pour y réussir. M. Berthois est mort. Nous n'avons
pas encore l'aperçu net de la perte réelle tant en
hommes qu'en chevaux. Les bataillons et escadrons
sont si fatigués qu'il est impossible qu'ils partent
demain ni après pour vous rejoindre. Envoyez-moi,
Monsieur le maréchal, des ordres qui puissent fixer
ma conduite. Si mes forces et mes lumières égalaient
mon patriotisme, je pourrais peut-être être utile, mais
malheureusement le zèle ne suffit pas dans un pareil
moment... P.-S. : J'apprends que Dillon est mort[1]... »

Cependant, en dépit de la vérité qui se faisait jour
peu à peu, malgré que la population fût revenue de sa
panique, les esprits demeurèrent toute la journée et
toute la nuit dans une surexcitation extrême. A trois
heures du matin, le duc d'Aumont crut un instant
que les scènes sanglantes de la veille allaient re-
commencer. Il avait passé la nuit à rédiger son
rapport. En adressant ce rapport au maréchal,
au point du jour, il l'accompagnait d'une lettre
où nous trouvons le post-scriptum suivant : « Je
rouvre, Monsieur le maréchal, ma lettre, pour vous
peindre la position de la ville où les troubles renaissent
avec le jour. Les soldats disent qu'ils ne veulent plus
de généraux. Si malheureusement il arrivait un échec
quelque part, je ne sais ce que nous deviendrions.
J'ose vous assurer, Monsieur le maréchal, que la
frayeur ne m'exagère point les choses. Je sais comme

---

1. Archives historiques du Ministère de la Guerre. Armée du Nord, 1792.
D'Aumont à Rochambeau, 29 avril.

un autre que l'on ne meurt qu'une fois et à mon âge l'on a moins à perdre. Je prends le parti de vous adresser les relations que j'adressais au ministre ; vous êtes mon général, c'est à vous de lui rendre compte.

« L'on bat la générale ; je ne sais comment me tenir à cheval : je souffre affreusement de ma hanche[1]. »

Heureusement les craintes du duc d'Aumont étaient vaines. La population lilloise, un moment jetée hors de son bon sens par la folie criminelle de quelques forcenés, avait repris peu à peu son calme ; déjà le sentiment unanime des honnêtes gens atteignait dans une réprobation égale les fuyards de Baisieux et les assassins de la porte de Fives ; il demandait une justice impitoyable et prompte.

Ces événements devaient avoir effectivement un épilogue et la mort de l'infortuné Théobald Dillon devait être en partie vengée en tant que la vie enlevée violemment à un criminel peut compenser celle qu'il a ravie lui-même à un innocent. L'assassin de Dillon, c'est-à-dire celui qui fut convaincu d'avoir, à la porte de Fives, tiré le coup de feu qui l'avait achevé, fut

1. Voici le rapport de d'Aumont : « Lille, 29 avril, *c'est évidemment le 30 qu'il faut lire*. — Monsieur le maréchal, j'ai l'honneur de vous adresser la triste relation de nos malheurs d'hier ; elle n'est pas complète, vu que le désordre a été si grand, même après que les troupes aient été rentrées dans nos murs, que je n'ai pu avoir le détail exact de la perte en chevaux, en hommes et en effets ; la plus grande partie de l'artillerie a été abandonnée, quoique parfaitement attelée, par les conducteurs. Je vous évite les détails déchirants, pour une âme comme la vôtre, de l'affreuse mort de MM. Dillon et Berthois. J'avoue que j'en suis si navré que je m'évite à moi-même un grand tourment.

« La nuit a été paisible, grâce au zèle de la garde volontaire, à celui des Suisses et du peu d'hommes qui nous restaient, car les deux bataillons qui doivent se rendre à Valenciennes une fois partis, il ne nous restera que 200 hommes ou 250 au plus par bataillon en état de servir, le reste étant sans habits et les hommes de recrue qui ne savent pas armer leur fusil, et le régiment de Diesbach qui n'est pas complet.

« P.-S. J'aurai l'honneur de vous adresser les situations de l'état des escadrons et bataillons aussitôt que je les aurai reçues.

« J'envoie au ministre pareille relation, mais j'ai cru devoir ne point parler de la mort tragique de Dillon et Berthois. Je laisse à la sagesse de M. le maréchal de l'en instruire plus tôt ou plus tard. » Comme on l'a vu plus haut d'Aumont finit par renoncer à envoyer lui-même son rapport au ministre ; il l'adressa seulement à Rochambeau.

recherché, arrêté, condamné à mort et exécuté ; mais on n'arriva jamais à retrouver le cavalier qui avait porté le premier coup au général en avant de Baisieux, ni celui qui avait tiré sur les deux Dupont, ni les assassins du colonel de Berthois, ni ceux du curé de la Madeleine, ni ceux enfin qui avaient pendu les quatre chasseurs tyroliens. Des instructions furent ouvertes pour déterminer les responsabilités dans ces différents attentats ; cependant, la justice, effrayée elle-même du nombre des coupables, hésita à sévir. Elle fit semblant de ne pas voir, traîna les choses en longueur, et bientôt l'opinion publique, attirée par d'autres événements, ne conserva plus de la journée du 29 avril qu'un souvenir pénible mais effacé.

Ainsi finissait cette malheureuse expédition où nos troupes avaient sauvé leur vie et leur liberté aux dépens de leur honneur. On a longtemps épilogué sur les responsabilités de cette désastreuse affaire, et, à la date même où elle se produisit, il y eut des voix pour accuser Dillon d'avoir agi avec imprudence et incapacité. On parla également à cette époque de trahison préméditée, de cris poussés par des gens qui avaient intérêt à faire avorter cette première tentative des armées révolutionnaires[1]. La vérité ne semble pas être là. Sans doute Dillon ne paraît point avoir agi dans la circonstance avec la décision, l'initiative dont il eût pu témoigner[2]. Lié par ses instruc-

---

1. Voyez ce que dit le capitaine Dupont-Chaumont à cet égard. Rapport déjà cité, 3 dernières pages.

2. La Bourdonnaye, successeur de d'Aumont au gouvernement de Lille, écrivait au ministre de la Guerre, le 15 mai :

« ... M. Dillon avait perdu la tête pendant l'action : il n'avait fait aucune disposition utile avant l'action ; il a commandé la retraite à pas précipités, ce qui préparait l'inquiétude dans les troupes, tandis que les colonels lui représentaient qu'à 400 toises de l'ennemi, et, dans tous les cas, la retraite devait toujours être faite lentement. La cavalerie qui vit cette retraite inattendue et préparée par des manœuvres inutiles se débande et cause le désordre. Ne devant pas combattre, on ne devait pas déployer, et on l'a fait sans préparer de retraite. Si on eût voulu combattre, ce qui était tentant, vu la bonne volonté des troupes, on avait assez de forces

tions, il s'y conforma trop servilement et ne comprit
point que sa supériorité numérique lui assurait vraisemblablement un succès qu'on n'eût jamais pu lui
reprocher. Mais la réalité est que cet échec était
imputable en grande partie au manque de cohésion, à
l'indiscipline de nos troupes, au peu d'expérience d'officiers encore mal au courant de leur tâche, très nouvellement promus, sans influence ni autorité sur leurs
soldats, enfin et avant tout à ce plan bizarre, incohé-
rent, qui ordonnait de déployer nos colonnes, de les
établir face à l'ennemi, en formation de combat,
pour leur faire entamer immédiatement la retraite,
avant d'avoir tiré un coup de fusil.

Le 1er mai, les habitants de Bruxelles voyaient
pénétrer dans la ville, entre deux rangs de soldats
autrichiens, un long convoi de prisonniers français,
des caissons, de l'artillerie[1], qui attestaient nettement notre désastre. Si, comme l'avait affirmé
Lauzun, les patriotes brabançons avaient compté sur
nos succès pour se soulever, le spectacle que leur
offrait gratuitement le duc de Saxe-Teschen était
bien fait pour refroidir leur enthousiasme. Le temps
n'était pas éloigné où se confirmerait la réalité de ces
prévisions.

pour pousser les 2.000 hommes de Tournai sous le canon de la place, et
peut-être qu'alors le mouvement intérieur aurait eu lieu à Tournai. »
   Archives historiques de la Guerre. Armée du Nord, 1792, 15 mai.
   1. Il y avait un obusier et 4 pièces de 4 livres : *la Modestie, la Timide,
l'Écorcheuse, la Martiale*. Lettre de Bruxelles. *Moniteur* du 6 mai 1792.

CHAPITRE IX

LES OPÉRATIONS DE BIRON SUR MONS

Les troupes mises à la disposition du général Biron pour son entreprise sur Mons devaient s'élever, suivant les prévisions de Dumouriez, au chiffre de 15 à 20.000 hommes. En réalité, il ne fut possible de réunir qu'un détachement d'effectif beaucoup moindre et encore fallut-il des prodiges d'activité et de bonne volonté pour le concentrer en temps utile sous les murs de Valenciennes.

Tel qu'il était, ce détachement comprenait les forces suivantes :

INFANTERIE. — 1er régiment d'infanterie, ci-devant Picardie, colonel de la Rouillère[1] ;

18e régiment d'infanterie, ci-devant Royal-Auvergne, colonel Chapuy de Tourville ;

49e régiment d'infanterie, ci-devant Vintimille, colonel de Casabianca ;

68e régiment d'infanterie, ci-devant Beauce, colonel de Montchoisy ;

---

1. Le nom du colonel de la Rouillère n'existe pas dans la liste des colonels du 1er de ligne, conservée au Ministère de la Guerre. Cette lacune ne doit pas étonner, les régiments ayant été, à cette époque, commandés par des chefs de corps qui ne demeuraient que quelques jours en place. D'après les documents du Ministère, le 1er d'infanterie a eu, en 1791, 2 colonels, et 1 en 1792 : M. de Montigny. Il est vraisemblable que M. de la Rouillère émigra avant que son dossier fût classé au 1er régiment.

74e régiment d'infanterie, ci-devant Beaujolais, colonel de Freytag ;

2e bataillon de volontaires nationaux de l'Oise, lieutenant-colonel Roulland ;

3e bataillon de volontaires nationaux de l'Oise, lieutenant-colonel N... ;

3e bataillon de volontaires nationaux de Paris, lieutenant-colonel Haquin.

Les régiments d'infanterie ne comprenaient, comme il a été dit déjà, qu'un seul bataillon de campagne. C'était donc un total de 8 bataillons, dont 5 à 812 hommes et 3 à 540 [1], donnant un effectif de 5.680 baïonnettes.

CAVALERIE. — 3e régiment de cavalerie, ci-devant Commissaire général, colonel de Montcanizy ;

5e régiment de dragons, ci-devant Colonel général, colonel de Dampierre ;

6e régiment de dragons, ci-devant La Reine, colonel Duval de Hautmarest ;

3e régiment de hussards, ci-devant Estherazy, colonel de Froissy.

Au total : 10 escadrons et 500 chevaux [2].

ARTILLERIE. — Colonel du Puch [3]. — 300 hommes, non compris les charretiers chargés de la conduite des pièces et des caissons [4].

30 bouches à feu.

GÉNIE. — Colonel Lafitte [5].

---

1. Voir p. 14.

2. Les régiments de chasseurs et de hussards avaient 3 escadrons à 150 chevaux, les dragons, 2 escadrons seulement (Voir p. 13).

3. M. du Puch, « officier d'artillerie de la plus grande distinction », dit Biron dans son rapport. « Le lieutenant-colonel du Puch, chef très estimé dans son arme », écrit également Foissac-Latour, dans sa relation. Du Puch fut blessé au bras, au cours de l'expédition.

4. Il n'y avait pas à cette époque de train d'artillerie. Les pièces étaient tirées par des attelages loués, conduits par des charretiers civils.

5. « Le colonel Lafitte, militaire d'une réputation distinguée, était nouvellement de retour de Constantinople où il avait été envoyé par la France, pour y établir une école du génie. » (Relation de Foissac.)

Convoi. — 1 Ambulance [1].

1 troupeau sur pied.

3 jours de pain chargés sur voitures.

Ces troupes furent réparties en deux brigades, dont le commandement fut attribué à MM. de Fleury et de Rochambeau fils ; mais, au dernier moment, le maréchal jugea à propos de garder près de lui M. de Fleury, de telle sorte que Biron ne paraît avoir eu pour le seconder dans son expédition qu'un seul officier général. Comme état-major, il disposait, au contraire, d'un personnel assez nombreux. C'étaient d'abord 3 colonels adjudants généraux : MM. Alexandre Berthier, de Foissac-Latour, et Alexandre de Beauharnais, plus 1 capitaine adjoint : M. du Pontavice, et de nombreux aides de camp, parmi lesquels figuraient le duc de Chartres [2], le duc de Montpensier, un M. de Pressac, enfin un volontaire, M. Le Vasseur [3], précédemment attaché à la personne du ministre des Affaires étrangères, d'opinions très avancées, et que Dumouriez avait envoyé à Biron comme *persona* très spécialement *ment grata*.

De Valenciennes à Mons on compte environs 35 kilomètres. La route traverse un pays relativement accidenté dans lequel les reliefs de 10 à 15 mètres ne sont point rares. Tous les villages que l'on trouve aujourd'hui sur ce territoire existaient déjà en 1792,

---

1. Rochambeau dit dans son *Mémoire* : « ... l'hôpital ambulant, c'est-à-dire ce qu'on avait imaginé ici pour le suppléer... »

(*Mémoire* donné par M. le maréchal de Rochambeau sur les événements de la campagne de 1792.)

2. C'est le futur roi Louis-Philippe.

3. « *Le Vasseur, mon aide de camp, il est jacobin et vous pouvez vous en servir dans les clubs*, part demain matin pour servir auprès de vous. Sa meilleure qualité est une grande fidélité et une grande soumission ; d'ailleurs, ce n'est point un aigle ; vous pouvez l'employer en courrier, si vous avez quelque chose d'important à me faire passer. » (Registre de Correspondance de Biron. Dumouriez à Biron, 13 avril 1792.) Biron avait répondu le 19 avril : « Le Vasseur est arrivé ce matin, je crois que nous nous conviendrons beaucoup. Je ne crains pas assurément d'être espionné par vous, et d'ailleurs, j'ai tout à y gagner. » (*Ibidem.* Biron à Dumouriez, 19 avril.)

mais ils étaient loin de posséder leur importance
actuelle ; on y voyait quelques bois qui ont disparu, et
des fermes ou censes remplacées aujourd'hui par des
exploitations minières. Les rivières que l'on rencontre
dans cette zone coulent généralement du sud au nord.
Ce sont, en premier lieu, l'Aunelle, qui trace la frontière entre Marchepont et Crespin, en passant par
Quiévrechain et près de Quiévrain, laissant Quiévrechain en France et Quiévrain en Belgique ; tout près
de l'Aunelle, et d'un cours sensiblement parallèle,
l'Hougneau, qui reçoit l'Aunelle à Crespin et traverse
Quiévrain ; le ruisseau de Barrerettes, qui coupe en
deux le village de Baiseux[1] ; le ru d'Elouges, sur
lequel sont bâtis les villages d'Elouges et de Thulin ;
le ruisseau de Boussu, ceux de Wasmes, de Quaregnon, de Paturages, enfin la Haisne, qui, après avoir
traversé Mons, revient vers l'Ouest à Jemappes. Ce
pays, malgré les accidents de terrain dont nous avons
parlé, est partout d'un accès facile aux troupes, praticable à toutes les armes, en particulier à l'artillerie,
dont le lourd matériel ne pouvait alors circuler que
sur des chaussées bien entretenues.

La science des marches qui donne lieu, de nos jours,
à des controverses si fréquentes, avait été étudiée
chez nous, dès le XVIIe siècle, avec une compétence
qui n'a pas été dépassée. Le fractionnement en nombreuses colonnes, même la marche des troupes à
travers champs, étaient des procédés logistiques
conseillés par Rohan, vulgarisés dans notre armée par
Puységur et constamment employés par nos officiers
d'état-major. Berthier ne manqua pas de les appliquer
ici. L'armée de Biron fut donc répartie en trois colonnes espacées suffisamment pour que chaque élé-

---

1. Baiseux, près Mons, qu'il ne faut pas confondre avec le Baisieux,
voisin de Tournai.

ment fût libre de ses mouvements, et assez rapprochées, pour que chacune pût prêter à ses voisines,
à chaque moment, un appui efficace. Quiévrechain,
sur la frontière même, était fixé comme point ter-
minus de l'étape et lieu de concentration; on devait
y camper le 28 au soir.

Le 28 au matin, le départ des différentes localités
où les troupes avaient été réunies dès la veille
se fit avec une certaine précipitation et quelque
désordre, par suite d'un retard dans le chargement
des vivres et des fourrages[1]. Toutefois la marche, une
fois entamée, se fit sans accident, et, le soir, les trois
colonnes conduites, celle de gauche par le capitaine
du Pontavice[2], celle du centre par le colonel de
Beauharnais, celle de droite par le colonel de Foissac-
Latour, arrivèrent sans encombre à Quiévrechain,
où elles s'établirent, la droite à ce village, la gauche
à Crespin.

Quiévrain, en Belgique, était occupé par l'ennemi
et fut enlevé à peu près sans résistance par 400 hommes
du 74° et 50 chasseurs. « Le général, dit Foissac-
Latour, ordonna qu'on campât dans cette position.
Une circonstance singulière frappa les officiers de
l'état-major. La troupe s'était établie, le soldat man-
geait la soupe ; la nuit était là et nul officier général
ne s'était mis en peine de reconnaître le terrain en
avant du camp ou d'y établir des postes et des avant-
gardes. Le général Biron ne songeait même pas au
mot d'ordre ni à aucune disposition pour la marche
du lendemain. Il se contentait de se promener dans
le camp, à cheval, et d'inviter les soldats à honorer
le nom français par leur courage ; on eût dit que tout

____

1. Relation d'Alexandre de Beauharnais.
2. « L'adjoint à l'état-major Pont-Avice (*sic*), capitaine d'infanterie plein
de zèle et de valeur. » (Relation de Foissac-Latour.)

autre moyen, toutes précautions, étaient inutiles ou ignorées. Un des adjudants généraux en fit l'observation, il courut réveiller l'attention du général sur ces objets importants. La matière lui parut presque neuve, tant l'art militaire est éloigné de celui du courtisan et importe peu à étudier ceux-mêmes qui paraissent vouloir en tirer leur fortune ou leur gloire. Il s'en remit du soin de dicter ses ordres aux officiers de son état-major. Les oublis furent rectifiés et les ordres donnés pour la marche du lendemain[1]. » Le 29 était un dimanche. Le temps était beau et un soleil de printemps, qui déjà, la veille, avait fatigué des troupes mal entraînées, présageait une journée non moins pénible. Les préparatifs du départ prirent un certain temps, aussi l'atmosphère était lourde déjà quand les colonnes se mirent en mouvement, dans le même fractionnement et guidées de la même façon que la veille. A sept heures il ne restait au camp que 1 bataillon de volontaires de Seine-et-Oise qui avait reçu l'ordre d'y demeurer pour garder le pont et assurer, en arrière, les communications de l'armée[2].

La colonne de droite, celle qui partait de Quiévrechain même, passa par Baiseux, Elouges, Saint-Charles, Wasmes, et se dirigea sur Hornu ; elle ne rencontra nulle part de résistance et atteignit, entre Wasmes et Hornu, un point où elle fit sa jonction avec la colonne du centre. La colonne de gauche se dirigea sur Saint-Ghislain par La Chapelle, également sans se heurter à l'ennemi. Mais la colonne du centre eut à déloger les Autrichiens successivement des villages de Thulin, de Hainin et de Boussu, qui se trou-

1. Relations de Foissac-Latour.
2. Archives historiques du Ministère de la Guerre. Armée du Nord, 1792, 2 mai. Biron à de Grave.

vent sur la chaussée ou à quelques centaines de mètres au nord de la chaussée. L'ennemi, en faible effectif, n'opposa partout qu'un semblant de résistance. Cependant quand l'armée, à peu près concentrée, se présenta, vers neuf heures et demie du matin, devant Saint-Ghislain, Biron eut le sentiment qu'il allait avoir à fournir un effort plus vigoureux[1]. Effectivement, le 2ᵉ bataillon de Paris, lancé à l'attaque de Saint-Ghislain, mit deux heures à s'emparer de cette position, et le 89ᵉ eut de la peine à progresser vers Wasmuel, Quaregnon et Jemappes. « Comme le général n'avait point pris de position, à mesure que les colonnes arrivaient elles se plaçaient sur la grand'route et dans les champs contigus, les différentes armes pêle-mêle de manière qu'il en résulta un grand embarras et une grande confusion. Celles du centre et de gauche étaient dans cet état lorsque celle de droite arriva; sa marche avait été plus lente parce qu'elle avait eu à passer des défilés, des bois et des villages qu'elle avait fait fouiller avec soin avant de s'y engager. Elle fut obligée de s'arrêter en attendant que les autres eussent pris leur ordre de bataille, à quoi les adjudants généraux parvinrent dès qu'ils eurent réuni leurs soins[2]. »

Une fois établie en ligne, l'armée française apparut rangée suivant un dispositif qui appuyait sa droite aù village de Wasmes « où l'on ne trouvait qu'une plaine avec un petit bois[3] »; la gauche « sans point d'appui[4] » à la chaussée, entre Saint-Ghislain et la

---

1. « Aujourd'hui 29, vers les neuf heures et demie du matin, l'ennemi venant de Quiévrain et de Quiévrechain se présenta en plusieurs colonnes... » Rapport du général Beaulieu au général de Bender, daté de Mons, 29 avril. Archives historiques du Ministère de la Guerre. Armée du Nord, 1792, 29 avril.
2. Relation de Foissac.
3. Rapport de Beaulieu.
4. Relation de Beauharnais.

barrière en avant d'Hornu[1], un de ces barrages qu'on trouvait à chaque instant sur les routes de Flandres et qui indiquait des péages. Vis-à-vis de Wasmes, à notre extrême droite, se trouvaient le 3e de cavalerie et le 5e hussards, le 49e et le 1er d'infanterie ; au centre, le 74e, le 18e et un bataillon de volontaires de l'Orne ; à gauche, le 5e et le 6e dragons, le 89e et le bataillon de volontaires de Paris. Il était vraisemblable qu'on n'allait pas demeurer longtemps dans cette position d'attente, car on voyait du côté de Mons, sur les hauteurs de Bertaumont qui touchent à la place, des masses ennemies descendre d'un côté vers Quaregnon et Jemappes, de l'autre vers Paturages et Wasmes. En réalité, Beaulieu disposait seulement de « 1.800 hommes d'infanterie, de 1.500 chevaux et de 10 pièces de canon, la plupart de 3 livres de balles[2] ». C'étaient donc des forces très inférieures numériquement aux nôtres, et avec un peu d'audace, quelque savoir-faire, Biron eût pu vraisemblablement prendre là, du premier coup, la supériorité tactique. Malheureusement, le commandant des troupes françaises, très brave et très audacieux personnellement, ne montra, en cette circonstance, aucune des qualités de coup d'œil et de décision qui sont indispensables à un chef d'armée. Nul ordre ne fut donné, aucune disposition combinée ne fut prescrite : le général se contenta de laisser les troupes engager quelques tirailleurs au fur et à mesure qu'elles se trouvaient en présence de l'ennemi, et il n'était guère possible qu'un succès décisif sortît d'un système d'action aussi décousu, aussi incertain.

---

1. **Relation de Foissac.** — De Quiévrain à Jemappes, la carte de Ferraris indique quatre barrières. La barrière dont il est parlé ici est la plus à l'est, celle qui se trouvait à 800 mètres environ au nord-est d'Hornu.
2. **Rapport de Beaulieu.**

L'événement devait confirmer ces prévisions.

A notre gauche, les volontaires de l'Orne et le 89e avaient envoyé quelques éclaireurs qui tiraillaient sans résultat devant le village de Quaregnon défendu par les chasseurs de Le Loup ; mais leur attaque, molle et indécise, n'était pas de celles qui réussissent. Au contraire, les Tyroliens montraient du savoir-faire et de la vigueur. Embusqués dans un ravin bordé de constructions et de broussailles [1], armés de carabines à longue portée dont ils se servaient avec habileté, ils parvinrent à arrêter l'élan de nos troupes, malgré que notre artillerie fît sur eux un feu des plus violents [2]. Les tirailleurs se harcelèrent sans se faire de mal et nos canonniers, ayant plus de zèle et d'ardeur que d'expérience, faisaient grand bruit en tirant sur tous les chasseurs tyroliens qui se présentaient isolément dans la plaine entre les deux armées : nulle représentation, nul ordre ne put arrêter cette inutile canonnade [3]. A notre droite, c'est-à-dire vers la gauche ennemie, en un point où cette gauche s'appuyait à un petit bois formant équerre sur la ligne autrichienne, le combat se bornait de même à un inutile échange de coups de fusil tirés hors de portée. Rien de décisif ne s'y produisait. Dans le cimetière de Wasmes, le capitaine Gigault, du 49e, repoussa brillamment avec sa compagnie de grenadiers une petite colonne autrichienne qui cherchait à tourner le village, mais ce succès ne pouvait avoir que la valeur d'un épisode heureux, sans résultat sur l'issue finale de la lutte.

En résumé, l'action demeurait réduite à l'une de

---

1. Rapport de Beaulieu.

2. Beaulieu dit : « Les troupes françaises eurent beau tirer plus de quatre-vingts coups de canon pour les déloger (les chasseurs de Le Loup), rien ne put leur faire quitter leur poste. » L'original de ce rapport (dont une copie existe à Paris, au Ministère de la Guerre) se trouve à Vienne au Kriegs-Archiv, Cabinet-Acten, 1792. 4.27. (Voir *Geist n. Stoff im Kriege*, I, p. 279.)

3. Relation de Foissac.

ces « tireries » vaines dont parle le maréchal de
Saxe dans ses *Rêveries*. Du bruit et de la fumée,
mais pas autre chose : avec cela, aucune manœuvre,
aucune combinaison tactique, aucun de ces mouvements offensifs et menaçants qui seuls contraignent
un ennemi à se retirer.

Biron commençait à être découragé.

Avait-il espéré entrer dans Mons sans coup férir ?
Avait-il réellement pensé qu'à peine la frontière fran-
chie les Belges se rangeraient unanimement de nos
côtés. Avait-il pu croire à ce roman, forgé par lui,
de la désertion en masse des régiments autrichiens?
Ce n'est pas possible. Et, s'il en eût été autrement, il
eût été déjà amplement désabusé. Nous venions de
traverser une dizaine de villages et pas un cri n'avait
été poussé en notre faveur, pas une démarche n'avait
prouvé que les habitants nous vissent pénétrer sur
leur territoire avec satisfaction.

En outre, trompé par les marches et contremarches
effectuées entre Quaregnon et Frameries par un
ennemi qui, voulant nous donner le change sur son
maigre effectif, faisait défiler et redéfiler à nos yeux
les mêmes régiments, Biron croyait avoir devant lui
des forces prépondérantes. Il allait jusqu'à apercevoir sur les hauteurs de Bertaumont des retranchements de batterie qui existaient seulement dans son
imagination.

Entre trois et quatre heures de l'après-midi, il parcourut encore une fois le front de sa ligne et consulta
Berthier sur l'opportunité de se retirer ou de continuer la lutte. Mais Berthier, esprit supérieur, esprit
excellent pour la préparation des marches ou la concentration des colonnes, Berthier admirablement doué
pour saisir la pensée d'un chef et la traduire avec
clarté et précision, Berthier n'était point l'homme

des résolutions hardies. Il conclut comme Lauzun, influencé déjà par lui, qu'une attaque poussée plus à fond serait peut-être risquée, que l'ennemi paraissait être en force, qu'un échec serait désastreux dans les circonstances politiques et militaires où l'on se trouvait, finalement il opina pour la retraite[1].

Lauzun, conquis d'avance à cet avis timoré, s'y rendit d'abord. Il se trouvait en ce moment près de la barrière en avant d'Hornu, dont nous parlions un peu plus haut : il descendit de cheval et adressa au maréchal de Rochambeau une première dépêche dans laquelle, à travers les réticences qui lui étaient familières, il faisait entrevoir déjà la difficulté qu'il aurait à entrer dans Mons. Ce fut Berthier lui-même qui fut chargé de porter cette lettre à Valenciennes et de donner au maréchal les explications complémentaires qu'il pourrait demander ; la dépêche était ainsi libellée :

> A la barrière en avant d'Hornu, dimanche (29 avril), quatre heures après-midi.

« M. Berthier rendra compte à M. le Maréchal de tout ce qui s'est passé aujourd'hui. Il ne nous est parvenu ni déserteur, ni Brabançon. Les ennemis paraissent disposés à défendre, avec des forces que l'on peut juger assez considérables, une très bonne position vis-à-vis et en avant de nous. Je vais tâcher de donner de mes nouvelles à M. Dillon. M. le Maréchal voudra bien en faire donner à M. de Lafayette. Je vais passer ici la nuit. J'emploie plusieurs moyens pour avoir des nouvelles de Mons. J'espère que quel-

---

1. C'est Lauzun, dans son rapport, qui attribue à Berthier cette partie de sa responsabilité ; peut-être y a-t-il de fortes réserves à faire sur l'authenticité de cette assertion.

qu'un réussira. Je donnerai demain de mes nouvelles
à M. le Maréchal. Je le prie d'agréer mon respect.

« *Le lieutenant général,*

« BIRON.

« *P.-S.* L'ennemi paraît actuellement sur les hauteurs de Bertaumont[1]. »

Sur la minute et au bas de cette lettre qui existe aux
Archives de la Guerre, on lit l'annotation suivante
de la main du maréchal de Rochambeau : « M. de Biron
a ajouté verbalement à M. Berthier qu'il allait se
retirer sur Quiévrain. »

Il résulte de cette note que la résolution prise par
Lauzun de battre en retraite était arrêtée dès l'après-
midi du 29, qu'elle était par conséquent bien antérieure aux incidents que nous allons raconter tout à
l'heure et qui ont passé jusqu'ici pour avoir amené
les événements du lendemain.

Berthier, porteur de la dépêche qu'on vient de lire,
partit vraisemblablement sans retard pour Valenciennes, tandis que Biron, incertain, mécontent de
lui-même, n'osant encore parler ouvertement de
retraite, recommençait, en compagnie de son état-major et de ses aides de camp, sa promenade entre
Saint-Ghislain et Paturages. Foissac et Beauharnais,
ignorant la résolution prise par le général, parlaient
de dispositions à prendre pour marcher en avant, et
l'un de ces messieurs ayant émis l'avis qu'une démonstration sur Quaregnon, accompagnée d'une attaque
réelle sur le flanc gauche ennemi, avait toutes chances
de réussir, Biron parut tout d'un coup s'accrocher à

---

1. Archives historiques du Ministère de la Guerre. Armée du Nord, 1792.
Biron à Rochambeau, 29 avril.

cette planche de salut, adopter subitement cette idée :
« C'est cela, dit-il, attaquons sur-le-champ ; qu'on en
donne l'ordre [1]. »

Mais il était tard déjà et l'heure favorable était
passée. Avant qu'on eût pris les dispositions pour un
tel mouvement, la nuit serait venue. Foissac en fit
l'observation, et Biron ne dit plus rien. Il revint à
ses incertitudes et remit l'attaque au lendemain, au
point du jour.

On se borna à laisser les choses en l'état. Peu à
peu l'obscurité tombait ; les coups de fusil se faisaient
plus rares ; bientôt ils cessèrent tout à fait et les deux
partis bivouaquèrent sur leurs positions [2], ayant la satisfaction de penser que s'il n'y avait de vainqueur
d'aucun côté, il ne se trouvait davantage de vaincu.
Parmi les Français la lassitude était grande, les troupes
« épuisées [3] » avaient un besoin urgent de repos ; malheureusement les tentes n'étaient pas arrivées et ce manque
de confortable, à cette époque contraire à tous les
usages, produisit un fâcheux effet sur le soldat. Les
vivres aussi et les fourrages manquaient en partie [4] ;
l'on dut en réquisitionner dans les villages [5], non sans
perte de temps et nouvelles fatigues.

En dépit de ces difficultés, les troupes finirent par
achever leur installation. Les feux s'éteignirent peu à
peu, le silence se fit, et les soldats s'endormirent sous
la protection des grand'gardes.

Rien ne paraissait devoir troubler le calme de cette

1. Foissac-Latour aurait été, d'après lui-même, l'auteur de cette motion.
Voir sa Relation.
2. Relation de Beauharnais.
3. Archives historiques du Ministère de la Guerre. Armée du Nord, 1792.
Rapport de Biron sur l'affaire de Mons. Biron à de Graves, de Valenciennes, 2 mai. Beauharnais dit aussi : « L'armée était excédée de fatigue... »
Relation.
4. Relation de Beauharnais : « Une grande partie de l'armée a manqué
de vivres et de fourrages... »
5. « Je me déterminai... à chercher les moyens de faire manger les hommes
et les chevaux. » Rapport de Biron, 2 mai.

nuit sereine, quand subitement des coups de feu retentirent vers la gauche de notre ligne, c'est-à-dire au Nord de la chaussée de Mons, vers Saint-Ghislain, là où bivouaquaient[1] le 89e, les 5e et 6e dragons. « Vers dix heures du soir », a écrit Biron, en parlant de cette alerte, « il était à peu près minuit », dit au contraire Foissac-Latour. Quelle que fût l'heure où elle se produisit, Biron n'était pas encore descendu de cheval. Entouré de ses officiers d'état-major[2] et suivi de son peloton d'escorte, — un peloton du 3e hussards, sous les ordres du lieutenant Dorviller, — il se dirigea en hâte vers Wasmuel, guidé par le bruit lointain, sourd encore, d'une rumeur qui grandissait de minute en minute.

Au fur et à mesure qu'il approchait de Saint-Ghislain, le groupe distinguait des clameurs, un tumulte de pas précipités d'hommes et de chevaux. Biron accélère l'allure, et bientôt, sans comprendre encore se qui se passe, il aperçoit une cohue de soldats affolés qui s'enfuient aux cris de : « A nous camarades ! Nous sommes trahis ! Nous allons être égorgés ! Cent mille Autrichiens sont derrière nous ! Sauve qui peut ! »

La masse, éperdue, s'enfonce au galop de charge dans la nuit. Et avant que Biron ait pu songer à ce qu'il doit faire, il est entouré par d'autres cavaliers, affolés comme les premiers, qui fuient, comme leurs camarades, en poussant les mêmes clameurs. En vain, le général, qui comprend enfin qu'il assiste à une panique, s'efforce de faire entendre raison aux fuyards. Il est bousculé, entrainé par des gens qui l'ont reconnu, qui l'enlèvent de force, lui, ses officiers, son escorte, « lui criant qu'il est un traitre, qu'il les a conduits à la

---

1. « L'armée a été au bivouac le jour et la nuit. » Relation de Beauharnais.
2. Sauf Beauharnais. « Beauharnais avait été forcé, par les fatigues de la veille et la faiblesse de sa constitution physique, de se livrer au repos. » Relation de Foissac.

boucherie, qu'il faut qu'il vienne à Valenciennes où l'on fera justice de lui[1] ».

La lune brillait, étincelante, au-dessus des fuyards, mais le nuage de poussière soulevé par les pieds des chevaux était tel qu'on avait peine à voir son voisin. « Jamais la peur ne présenta une image plus effrayante que dans ce moment où le repos de la nature contrastait avec tant d'agitation et de criminels desseins[2]. »

Cependant, au bout d'une heure de cette chevauchée désordonnée, les chevaux rompus, fourbus, ralentirent d'eux-mêmes l'allure, et Biron, qui n'avait cessé de protester contre le traitement qu'on lui faisait subir, parvint enfin à se faire entendre. En même temps, le lieutenant Dorviller, le chef du peloton d'escorte, disait en allemand à ses hussards[3] qu'il était indigne d'eux de s'associer aux violences faites à leur général, à leur général qui avait été jadis leur colonel, au chef qui avait toujours pris leur parti, même contre leurs propres officiers[4]. Ces paroles finirent par produire leur effet. Les hussards parvinrent à se rapprocher de Biron, dont les fuyards les avaient coupés, l'entourèrent, le séparèrent petit à petit de la masse et, étant demeurés un peu en arrière, réussirent à le leur enlever tout à fait. Tous mirent alors pied à terre. Et tel est l'effet de l'exemple qu'à la vue de ces quelques cavaliers rentrant dans le devoir, une partie des fuyards — les deux tiers du 5° dragons — céda enfin aux objurgations du colonel de Dampierre et fit également halte.

Cette chaude alerte passée, Biron reprit ses esprits.

---

1. Relation de Foissac.
2. *Ibidem.*
3. Au XVIII° siècle, les régiments des hussards étaient composés presque en totalité d'Allemands, de Hongrois et d'Alsaciens.
4. En 1790, les hussards de Lauzun et le Royal-Liégeois s'étaient soulevés à Belfort. Dans la séance du 3 octobre, Lauzun prit chaudement leur parti, déchargea de toute responsabilité les hommes, et incrimina sévèrement les officiers. (Voir le *Moniteur* de ce jour, n°° 304 et 305.)

Ce n'était pas l'heure de rechercher les motifs de la panique dont on venait d'être témoin ni de déterminer les responsabilités. On avait pu distinguer que les cavaliers qui avaient entraîné le général et dont on ramenait une partie étaient, comme on l'a dit, des soldats du 5ᵉ dragons; on sut que la première masse de fuyards, celle qu'on avait vu disparaître dans la nuit au moment de l'arrivée à Saint-Ghislain, était le 6ᵉ dragons tout entier[1]. En réalité, plus d'un quart de la cavalerie du corps d'armée avait disparu. Il n'y avait, pour le moment, d'autre parti à prendre, que celui de retourner vers Mons. Foissac, du Pontavice, les aides de camp cherchèrent à s'orienter. On se consulta, on examina le terrain. L'on vit alors qu'on avait franchi la moitié de la distance qui sépare Mons de Valenciennes. Il fallait donc se hâter si l'on voulait rejoindre le camp avant le point du jour. Le camp! Existait-il encore? Y trouverait-on quelqu'un? La panique qui venait d'entraîner vers Valenciennes 4 ou 5 escadrons de cavalerie avait-elle gagné les autres régiments de l'armée? C'était là, comme on pense, le sujet d'une cruelle perplexité. On laissa donc un moment souffler les chevaux épuisés et l'on reprit le plus tôt possible le chemin de Saint-Ghislain.

On rejoignit tout d'abord l'emplacement où s'était établie l'infanterie de la gauche, on gagna de là la barrière d'Hornu, puis Wasmes. Par un bonheur providentiel, rien n'avait transpiré, dans les autres troupes, de la fuite des dragons. Les bivouacs étaient silencieux et, autour des feux demi-éteints, les hommes dormaient profon-

---

1. La seule victime de cette affaire fut un sous-lieutenant nommé Paillard. Le 22 juillet 1792, le ministre de la Guerre Lajard, transmettant au président de l'Assemblée copie du jugement de la cour martiale de l'armée du Nord, appelé à connaître des faits concernant l'affaire de Mons, demandait, faute de loi antérieure, une décision de l'Assemblée sur la peine méritée par le sous-lieutenant Paillard, du 6ᵉ dragons. (Archives historiques du Ministère de la Guerre, armée du Nord, 1792, 22 juillet.)

dément, sans se douter de la dangereuse chevauchée à laquelle venait de se livrer le général. Qu'allait-on faire ? « Un général habile eût alors fait prendre les armes à son camp et eût disposé ses mouvements pour l'attaque projetée pour le lendemain. Cette diversion eût occupé les esprits, eût empêché la circulation de la nouvelle de l'événement de la nuit et le mauvais effet moral qui pouvait en résulter. Mais Biron n'était que brave et courtisan et n'avait point les premières notions du talent d'un général ; et, quoiqu'il passât pour l'homme de France qui eût le plus d'esprit, il manquait de ce feu du génie militaire qui voit et saisit au même instant le parti qu'il peut tirer d'une résolution périlleuse et inattendue. Il prit donc la résolution contraire ; il craignit que, la confiance de ses troupes étant ébranlée, il ne s'établît parmi elles un désordre capable de les livrer en effet à l'ennemi. Il voulut donc, avant de rien déterminer, tenir un petit conseil de guerre, sauf à faire l'attaque plus tard si elle était résolue[1]. »

Les conseils de guerre ne sont réunis, en général, que par des gens qui inclinent vers un parti pusillanime, tout au moins qui sont éloignés d'une résolution audacieuse[2]. Il en devait être ainsi du conseil tenu en avant de Wasmes.

Si, dès la veille, Biron avait pensé déjà à se retirer, les événements de la nuit n'étaient pas tels qu'ils pussent le faire revenir sur sa résolution. Aussi, malgré qu'un certain nombre d'officiers consultés opinassent pour l'attaque, ce fut la retraite qui fut décidée.

Les troupes cependant ne paraissaient nullement

1. Relation de Foissac.
2. « A force de disserter, de faire de l'esprit, de tenir des conseils, il arriva ce qui est arrivé dans tous les siècles, en suivant une pareille marche ; c'est qu'on finit par prendre le plus mauvais parti, qui, presque toujours, à la guerre, est le plus pusillanime, ou, si l'on veut, le plus prudent. La vraie sagesse pour un général est dans une détermination énergique. » (*Maximes* de Napoléon. Paris, Anselin, 1827, p. 37.)

démoralisées. Dès trois heures du matin même, c'est-
à-dire, dans cette saison, avant le jour, les avant-
postes s'étaient remis à tirailler en avant de Quaregnon, abandonné pendant la nuit par les Autrichiens,
et s'étaient portés d'eux-mêmes et sans ordre dans la
direction du village de Jemappes[1].

En même temps, nos régiments de la droite s'étaient
aventurés, au delà de Wasmes et de Paturages, vers
le village de Frammeries, précédés de plusieurs pelo-
tons de cavalerie. Beaulieu avait été renforcé pendant la nuit de quelques troupes, entre autres de
2 bataillons de Sztarrai, de 2 canons de 6 livres et
de 2 obusiers. Il jugea que les Français essayaient de
le couper de Mons par sa gauche, et, pour résister à
ce danger, — en réalité imaginaire, — il établit au
Sud-Est de Frammeries les grenadiers de Debriey, le
premier bataillon de Sztarrai (major Sztarrai), 3 escadrons de Cobourg (colonel Fischer), 3 escadrons de
uhlans (majors de Kirner et Wodzicki), 1 obusier et
1 pièce de 6 livres. En même temps il donnait l'ordre
au capitaine Thierry, des chasseurs de Le Loup, de
tenter un crochet offensif sur la lisière Nord de Paturages, mouvement qui, dirigé sur notre centre, prenait en même temps en flanc les défenseurs français
de Quaregnon.

Contre ces forces, encore inférieures aux nôtres,
une attaque vigoureuse eût eu des chances de succès,
mais en ce moment Biron pensait moins que jamais à
attaquer. Penchant déjà, dès l'après-midi du 29, pour
le parti de la retraite, cédant de plus en plus à sa
première idée depuis les événements de la nuit, il y
fut irrémédiablement confirmé par une dépêche qu'il

---

1. « Le matin, à trois heures, l'ennemi attaqua la droite de mon corps
d'armée au village de Jemappes. » (Deuxième rapport de Beaulieu au feld-
maréchal Bender. Du moulin à vent de Boussu, 30 avril.)

reçut en cet instant, de Rochambeau, et qu'il ne put lire
sans une émotion profonde. Cette dépêche n'était
autre que l'avis du désastre de Baisieux, la nouvelle de
l'assassinat du général Dillon par ses propres troupes.

Un chef d'un autre caractère eût peut-être pensé
que ce n'était point là un motif de reculer, que Tournai indiquait une revanche à prendre ; mais nous
concédons que la situation était déjà bien compromise,
nous admettons que ce dernier coup était de nature
à dérouter un esprit plus ingénieux, à abatttre un
caractère plus solide que celui de Lauzun.

Le conseil de guerre délibérait encore quand arriva
l'horrible nouvelle, et personne ne parut croire qu'on
pût désormais combattre avec succès ; la retraite fut
donc immédiatement, instantanément ordonnée. En
réalité, nos troupes, cédant peu à peu devant les
démonstrations de Beaulieu, avaient commencé déjà
à l'exécuter, continuant à agir d'elles-mêmes comme
elles le faisaient depuis la veille, car, dans ces deux
journées néfastes, ce furent toujours les troupes qui
conduisirent le général, à l'envers de ce qui se passe,
tout au moins de ce qui devrait se passer ordinaire-
ment sur un champ de bataille.

Le mouvement rétrograde s'effectua par échelons,
avec sang-froid, soutenu par le 68ᵉ, par les volontaires
de l'Orne et par les 3 escadrons du 5ᵉ dragons — ce
qui restait des trois escadrons. — le tout appuyé de
4 pièces de canon[1]. Beaulieu poursuivait, ou plutôt
suivait, mollement, en homme qui échappe à un danger
imminent et qui, se contentant d'un succès inespéré,
ne cherche point à tenter la fortune. Il se borna donc
à garder le contact, d'une façon continue, mais d'assez
loin, au moyen d'une avant-garde aux ordres du co-

---

1. Relation de Beauharnais.

lonel Fischer : lui-même appuya le mouvement avec
1 bataillon de grenadiers de Debriey, 2 divisions de
Murray et toute sa cavalerie[1].

Pendant cette retraite, notre arrière-garde s'arrêta
et fit tête à diverses reprises, notamment à la ferme
du Saulçois, qui existe encore, à 500 mètres au Sud
de la chaussée de Mons, un peu au Nord du village
d'Elouges. Sous sa protection, le corps principal, tout
au moins la colonne qui avait suivi la grand'route, et
toutes nos troupes de la droite purent regagner sans
accidents le village de Quiévrain, puis celui de Qui-é
vrechain, c'est-à-dire le camp qu'on avait occupé le
28 au soir.

On rallia là le bataillon qui y avait été laissé pour
le garder, on y trouva aussi un détachement que le
maréchal de Rochambeau, sur la nouvelle d'une déroute
annoncée par les fuyards de la nuit, envoyait au
secours de Biron sous le commandement du maréchal
de camp de Fleury.

Les troupes reprirent assez rapidement leurs emplacements de l'avant-veille. Déjà les faisceaux étaient
formés et les corvées étaient commandées pour aller
à l'eau et aux vivres, lorsque soudain, des troupes
appartenant à la colonne de gauche — celles qui
étaient rentrées par Hainin et Thulin — se présentèrent
entre Crespin et Quiévrechain, débandées, « se disant
serrées de près par un gros d'ennemis..., criant que
toute l'armée autrichienne arrivait sur ses pas[2] ».

Il n'en eût pas fallu davantage pour ébranler des
troupes, moins harassées par les marches, moins
démoralisées par la retraite. Celles-ci, toutefois, ne se
débandèrent pas : tout au moins, si elles le firent, ce
fut pour courir à l'ennemi. Sous la menace d'un dan-

1. Deuxième rapport de Beaulieu.
2. Relation de Foissac.

ger qu'ils ne voient pas, mais qu'ils soupçonnent, les soldats s'élancent vers les faisceaux et saisissent leurs armes. Devant eux, le long de l'Hongneau, qui coule à quelques centaines de pas en avant du camp, une bordure de saules, d'aulnes, d'osiers déjà touffus, arrête la vue et dessine le cours de la rivière. Nos hommes supposent que ce masque abrite nécessairement l'ennemi. Ils n'aperçoivent personne : n'importe, le feu commence, et bientôt, sur toute la ligne, la fusillade crépite avec une intensité extraordinaire. « Les ordres des généraux, des chefs de corps, leurs menaces, leurs prières, demeurent impuissants[1]. » Et ces balles vont frapper précisément notre arrière-garde, ces mêmes troupes qui, depuis le Saulçois, avaient continué à arrêter bravement les Autrichiens et qui, en ce moment, atteignaient la limite du village de Quiévrain.

Quand au bout d'un temps trop long, cette échauffourée prit un terme, on put constater qu'elle avait fait plus d'une victime. Le colonel de Montchoisy, du 68ᵉ, avait eu son cheval tué sous lui. Le maréchal de camp de Fleury, dont la monture avait reçu plus de vingt coups de feu, était lui-même blessé grièvement à la cuisse. Entraîné dans la chute de son cheval, le pied pris dans l'étrier, le général était demeuré une demi-heure par terre, exposé à la fusillade la plus violente. C'était un miracle qu'il n'eût pas laissé là sa vie. Parmi les hommes de troupe, une trentaine de soldats, appartenant la plupart au 68ᵉ, étaient tombés victime de l'erreur de leurs camarades. Le reste du régiment put enfin repasser la rivière et rentrer au camp, sans autres pertes que quelques traînards ou quelques ivrognes retardataires enlevés par les uhlans.

1. *Idem.*

L'alerte avait été vive : on avait lieu d'espérer que ce serait la dernière. On reprit donc les travaux interrompus de l'installation, et, comme aussitôt après l'abandon de Quiévrain par le 68e, les Autrichiens avaient réoccupé le village, Biron jugea à propos de les en débusquer à nouveau. A vrai dire, deux rivières nous séparaient de l'ennemi, mais la zone entre ces deux cours d'eau n'est guère que de 7 à 800 mètres, et un rassemblement de troupes hostiles à distance si rapprochée constituait évidemment un danger. Ce fut, cette fois, un bataillon du 49e qui eut la mission précédemment dévolue au 68e : il se porta sans hésitation en avant, franchit l'Aunelle, puis l'Hongneau et entra dans Quiévrain, sans coup férir. A la vue des troupes françaises, la cavalerie autrichienne se replia sans combattre.

A ce moment, c'est-à-dire à l'heure même de la reprise de Quiévrain, de nouveaux cris : « A la trahison ! Sauve qui peut ! » partirent pour la seconde fois de la partie du camp qui confinait à Crespin. Presque aussitôt une débandade partielle se produisit à l'aile gauche[1] ; mais la panique s'étant communiquée comme une traînée de poudre sur tout le front, ce fut en un instant une fuite générale sur la chaussée de Valenciennes, un exode vertigineux de gens éperdus qu'aucune voix n'était capable de rassurer ni d'arrêter. En un clin d'œil, « les chemins et la plaine furent couverts de fusils, de sabres, de sacs, de trains de canons brisés, de chariots versés dans les fossés, d'hommes mourants que la vitesse de la course, la peur, la chaleur de la journée et les marais d'eau fétide où ils cherchaient un remède à leur soif ardente, faisaient expirer[2] ». Bientôt, à part quelques éclopés

1. Relation de Beauharnais.
2. Relation de Foissac.

maintenus à leur poste par une entorse ou autre blessure de ce genre, il ne demeura plus personne au camp. Nous parlons ici de l'infanterie, car, par un heureux contraste avec la conduite tenue la veille par les dragons, le 5ᵉ régiment de hussards et le 3ᵉ régiment de cavalerie — campés l'un et l'autre à la droite — étaient demeurés tranquilles à leur bivouac. Mais, en fait de troupes à pied, infanterie, artillerie, génie, il ne demeurait plus à Biron que le seul bataillon du 49ᵉ envoyé à Quiévrain quelques instants avant la dernière panique. Ce bataillon, grâce aux deux rivières et à l'intervalle qui le séparaient du camp, avait été soustrait à la contagion et continuait de tirailler avec les Autrichiens, sans se douter que ceux dont il était chargé d'assurer la sécurité avaient pourvu eux-mêmes à leur salut par la plus rapide des fuites. Quant à l'ennemi, il n'eut connaissance que beaucoup plus tard de la retraite désordonnée des troupes du camp, et ce fut heureux, car une poursuite active et exécutée à temps eût abouti à des massacres sans nombre.

Le général Biron était, comme on pense, accablé par ces événements. La triste issue de sa tentative, de ces projets dont il sentait la responsabilité peser — et de quel poids — sur lui seul, était un coup terrible pour son début dans la carrière de général en chef. Ce dernier et suprême déboire à ses rêves d'ambition était bien fait pour le corriger de son immense vanité. Mais, en dehors de ces préoccupations déjà bien amères, d'autres dangers immédiats se dressaient devant lui. Déjà la veille, les dragons des 5ᵉ et 6ᵉ régiments l'avaient accusé à haute voix de trahison et avaient voulu l'entraîner à Valenciennes avec l'intention hautement proclamée de « faire justice de lui ». Encore que la conduite de Biron ne relevât pas d'un

tel tribunal et qu'il fût trop brave pour se préoccuper
outre mesure de telles menaces, il n'avait pu n'être
pas frappé des symptômes qu'elles révélaient. Après
les excès et les crimes commis dans nombre de régiments depuis le début de la Révolution [1], il n'y avait
point pusillanimité à penser qu'elles présageaient un
péril réel. Et, si ce péril existait déjà la veille, il avait
grandi dans des proportions singulières depuis la divulgation, à Quiévrechain, du massacre de Berthois
et de Dillon. La folie du meurtre, du sang est une des
plus contagieuses : elle pouvait subitement gagner les
troupes de Valenciennes comme elle avait gagné celles
de Lille. Dans l'état d'esprit où se trouvaient les
fuyards, il était logique de s'y attendre. Biron, audacieux, téméraire, avec cela désabusé, écœuré comme
il l'était, ne tenait plus que médiocrement à la vie.
Mais la pensée de périr misérablement comme un
traître sous la balle ou la baïonnette d'un forcené, de
se voir hissé, pantelant, mutilé peut-être, à quelque
lanterne de Valenciennes, était une perspective à faire
reculer le plus vaillant. Il renonça donc à courir
après les fuyards et prit le seul parti qui fût en réalité
digne de lui : se mettre à la tête des deux régiments
de cavalerie et du bataillon qui lui demeuraient fi-
dèles, battre lentement en retraite, rentrer à Valenciennes comme un général malheureux, mais qui tout
au moins a essayé de sauver l'honneur.

Pendant que les divers événements de cette journée
du 30 s'étaient passés au delà de la frontière, à
Valenciennes le maréchal de Rochambeau avait été

1. Notamment la révolte du régiment de Châteauvieux et de nombreux
excès du même genre. Relativement à l'affaire de Châteauvieux, on a rappelé
plus haut que les 40 soldats condamnés aux galères pour révolte et
meurtre avaient été amnistiés par la loi du 12 février 1792, et que leur
retour à Paris avait été l'objet de réjouissances populaires et d'une ovation
nationale. On comprend l'effet que ne pouvaient manquer d'avoir sur la
discipline des exemples de ce genre.

tenu au courant des diverses péripéties de la lutte, c'est-
à-dire de la retraite entamée dès le matin. Mais éloigné
du terrain où se passait l'action, renseigné par des mes-
sages trop laconiques ou inexacts, il avait passé par les
émotions les plus rudes, d'autant qu'elles s'ajoutaient
à la poignante surprise causée par la mort de Dillon.

Nous avons vu que, le 29, à quatre heures de
l'après-midi, le général Biron avait envoyé au maréchal le colonel Berthier avec mission de le prévenir
de la nécessité où il était de rétrograder sur Valenciennes[1]. Dans la soirée, Lauzun avait confirmé cette
nouvelle par un second aide de camp[2]. Rochambeau
savait donc, dès le 29, que les événements lui
donnaient lamentablement raison, qu'ils réalisaient,
et au delà, les craintes jadis exprimées par lui au
Conseil du roi et à Dumouriez. Mais Rochambeau
était trop honnête homme et trop patriote pour ne
pas déplorer ce triste triomphe.

Il venait de rédiger sa lettre de démission du 29[3]
et avait chargé Berthier de la porter au roi,
quand, vers deux ou trois heures du matin, il
fut averti qu'une troupe en désordre se présentait aux
avancées de la place. On parlemente, on s'informe :
c'est le 6e dragons et quelques cavaliers du 5e qui ren-
trent un peu moins affolés que nous les avons vus à Saint-
Ghislain, mais criant toujours, suant encore la peur et
présentant l'aspect du désordre le plus inextricable.

Pendant qu'on met à l'abri ces énergumènes qui

---

1. Voir p. 167.

2. « Valenciennes, minuit. 29 avril... P. S. : M. de Biron, par un second
aide de camp, me fait dire verbalement, qu'après avoir bien reconnu la
position, il y passera la nuit et ne se retirera que demain, si l'ennemi per-
siste à porter sa force sur les hauteurs en avant de Mons. » (Rochambeau
au roi. Archives historiques du Ministère de la Guerre. Armée du Nord,
1792, 29 avril.)

3. Celle où il rendait compte de l'échec de Baisieux, de la mort de Dillon,
de la retraite probable de Biron et qu'il terminait en donnant sa démission.
(Archives historiques du Ministère de la Guerre. Armée du Nord, 1792,
29 avril.)

ne parlent que de trahison et de massacre, qui assurent que l'ennemi est à leurs trousses, Rochambeau interroge les moins égarés. Déjà quelques instants auparavant, c'est-à-dire immédiatement après avoir reçu Berthier, il avait donné au maréchal de camp de Fleury l'ordre — que nous avons vu exécuté déjà — de se porter sur Quièvrechain et d'occuper solidement la ligne de l'Aunelle. Mais l'arrivée inopinée des fuyards qu'il vient de questionner lui fait entrevoir la possibilité d'un autre désastre et il prend le parti de payer de sa personne. Réunissant lui-même à la hâte ce qui lui reste de troupes, c'est-à-dire un régiment d'infanterie, 8 pièces de canon et 3 régiments de cavalerie arrivés la veille de l'intérieur, il s'apprête à s'avancer sur la route de Mons, à « couronner toutes les hauteurs de Saint-Saulve jusqu'à Sebourg et à porter des échelons jusqu'à Onnaing[1] ». Ces dispositions étaient en cours d'exécution quand un troisième aide de camp de Biron vint apprendre à Rochambeau toute la vérité sur la panique de la nuit et confirmer l'annonce de la retraite irrémédiable, immédiate.

Depuis l'aube le canon retentissait du côté de l'Est et si, un moment, il s'était tu, depuis quelques instants, on recommençait à l'entendre. De plus, l'intensité des détonations, croissant de moment en moment, indiquait bien que les troupes se rapprochaient de la frontière et que l'ennemi poursuivait. Rochambeau s'installa solidement sur l'excellente position qu'il avait reconnue de longue main. Des hauteurs de Saint-Saulve, d'où il dominait de plus de 30 mètres la route de Mons[2], il était à même de surveiller tous

---

1. Mémoire donné par le maréchal de Rochambeau sur l'ouverture de la campagne de 1792. (Archives historiques du Ministère de la Guerre. Armée du Nord. Registre A.b.)
2. Le plateau de Saint-Saulve constitue un triangle, dont la hauteur géométrique de Saint-Saulve à Sebourg ou Sebourguiaux mesure environ

les mouvements de Beaulieu. Sans doute un bataillon d'infanterie et quelques escadrons étaient un faible appoint pour arrêter un ennemi qui venait de contraindre à la retraite les 8.000 hommes de Biron. Le maréchal ne désespéra cependant pas d'y parvenir. Et, certes, le spectacle qu'il avait sous les yeux n'était guère fait pour lui donner espoir. En effet, il avait achevé à peine ses dernières dispositions, que déjà les premiers fuyards pénétraient dans Valenciennes, y semant l'épouvante et le trouble.

Toute la journée, la population assista au défilé d'une cohue d'hommes éperdus, égarés, dans la tenue la plus lamentable, et bientôt, la ville, « engorgée d'un chaos de troupes dans le plus grand désordre, de voitures de toute espèce, dételées et brisées sur les ponts », présenta la plus désolante confusion [1].

Dans cette situation, les plus grands excès, des excès qui peut-être allaient égaler ceux de Lille, étaient à craindre. Heureusement, l'apparition des quelques troupes en ordre que ramenait Biron, la présence du général et des officiers en tête de la colonne vinrent rassurer les esprits et raffermir le courage des bons citoyens. Rochambeau, qui vit de loin rentrer ce détachement, put se rendre compte qu'aucun danger n'était immédiat, qu'à la vérité « 300 uhlans s'étaient familiarisés jusque sur notre territoire jusqu'à une demi-lieue de Valenciennes[2] », mais ils suivaient notre colonne sans la harceler, et une simple démonstration de notre 1ᵉʳ chasseurs commandé par le vicomte de Noailles suffit à leur faire reprendre la direction de la frontière.

A son passage à Saint-Saulve, Biron n'avait pu voir

6 kilomètres. L'altitude s'élève à 56 mètres, à Saint-Saulve, à 81 mètres, au-dessus de Sebourg. La batterie actuelle de Croix-de-Druan est cotée 81.

1. Mémoire donné par le maréchal de Rochambeau, etc.
2 Mémoire donné par le maréchal de Rochambeau, etc.

le maréchal, occupé à donner des ordres au haut du village. Il continua son chemin vers Valenciennes et pénétra dans la place avec la conviction qu'il allait y être assassiné. Il s'en fut à l'hôtel de ville « ouvertement, sans essayer de se dérober à la justice du peuple ou du soldat[1] »; mais, comme nous l'avons dit déjà, le seul spectacle d'une troupe en ordre avait contribué à rasséréner les esprits; les soldats eux-mêmes étaient « plus disposés à écouter les conseils de citoyens prudents ou de chefs éclairés qui jouissaient de la confiance[2] »; finalement Biron put espérer qu'il n'aurait point le triste sort du général Dillon.

Toutefois, il était urgent de prendre des mesures au sujet des troupes qui erraient en ville dans le plus dangereux désordre, et ce fut pour provoquer à ce sujet les instructions du maréchal, que Biron se rendit immédiatement à Saint-Saulve.

On peut se figurer, sans grande imagination, les pénibles sentiments qui devaient animer Lauzun, en cette circonstance, on devine avec quelle mine piteuse il se présenta devant son chef après la conduite louche et dissimulée qu'il avait tenue à son égard. Il n'existe aucun document qui permette de rien avancer de positif à ce sujet ; mais les hypothèses les plus hardies demeurent très probablement au-dessous de la réalité. Cependant, il n'y avait plus rien à faire qu'à essayer de réparer le mal. Dès que l'ennemi n'était pas aux portes, c'est-à-dire dès qu'on n'était point contraint à enfermer les troupes dans la place, il convenait de les faire sortir le plus tôt possible d'une enceinte où leur agglomération tumultueuse constituait un danger. Rochambeau donna donc des ordres immédiats pour que tous les

1. Biron à de Grave. De Valenciennes, 2 mai.
2. Relation de Foissac.

régiments ayant pris part à l'expédition de Mons fussent dirigés sur le camp de Famars, où les officiers les auraient sous la main et pourraient les réorganiser.

L'exécution de cette prescription n'alla pas sans difficulté. « Jusqu'au lendemain, écrit à cet égard Foissac, il fut très malaisé de disperser quelques corps dans les cantonnements, où ils ne voyaient point de sécurité parce qu'ils n'y voyaient point de fortifications[1] » ; on parvint cependant à faire entendre raison aux récalcitrants, et encore qu'il fallut six jours pour les réunir sur les points désignés par le maréchal, on finit néanmoins par aboutir[2]. Le camp s'élevait derrière la Rhonelle, à 5 kilomètres au Sud de Valenciennes et à 6 ou 7 au Nord du Quesnoy ; il était donc bien couvert, et par la rivière et par ces deux places : de plus, Rochambeau détacha en avant de la Rhonelle un régiment d'infanterie, le 18e, et trois de cavalerie qui constituèrent un cordon difficile à franchir. Le général d'Harville eut le commandement du camp, Noailles celui de troupes de couverture[3].

Dès le premier jour nos cavaliers prirent le contact avec l'ennemi qui, alléché par son succès du 30, venait voir s'il pourrait le répéter. Cette fois, nos soldats firent bonne contenance et l'on rejeta régulièrement au delà de l'Aunelle les uhlans qui s'aventuraient à la franchir. Le 8 mai, le colonel du 18e, de Tourville, ramena même très vigoureusement un détachement ennemi qui avait tenté de faire un « hourra » sur Maubeuge[4]. Cependant, en dépit de ces légers succès, tout le monde sentait la nécessité de ne rien

---

1. Relation de Foissac.
2. *Journal de l'armée du Nord*, rédigé par Beauharnais. Armée du Nord, 2 mai.
3. *Ibidem.*
4. *Ibidem.*

hasarder de sérieux avant d'avoir remis en main des troupes qui avaient témoigné manquer en même temps de confiance en leur chef et de foi en elles-mêmes.

C'était une tâche épineuse, qui demandait beaucoup de soins et surtout beaucoup de temps.

CHAPITRE X

A L'ARMÉE DU CENTRE. — LES OPÉRATIONS DE LA FAYETTE. — A L'ARMÉE DU NORD, ROCHAMBEAU SE RETIRE ET EST REMPLACÉ PAR LUCKNER.

Pendant que les événements que nous venons de raconter se déroulaient au Nord et au Sud de Valenciennes, Luckner était demeuré à peu près inactif à Strasbourg — sauf la pointe sur Porrentruy dont nous parlerons ultérieurement. Quant à Lafayette, il avait pu, grâce aux prodiges d'activité que l'on a vus, remplir le programme dont il parlait à de Grave dans sa lettre du 25 avril, c'est-à-dire être à Givet, le 30, à la tête d'une dizaine de mille hommes et inquiéter assez les Autrichiens pour les empêcher de se porter à l'encontre de Biron. La faiblesse du général chargé d'enlever Mons avait abouti à un échec, mais l'armée du Centre n'en avait pas moins rempli sa tâche et, le 2 mai, Lafayette écrivait à nouveau à Paris pour rendre compte comme il suit de ses opérations :

« Depuis le 2 may, Monsieur, vous avez reçu mes demandes ; je vous dois un compte général de mes opérations.

« Les nouvelles instructions du Conseil m'arrivèrent par l'aide de camp de M. Du Mouriez, le 24 au soir.

Ce changement de lieu et d'époque nécessitait des efforts d'autant plus difficiles que nous manquions de beaucoup de moyens et qu'il fallait transporter à 56 lieues ceux que nous avions.

« Le 25 fut employé à tenir prêtes 38 pièces de canon, qui, grâce à l'activité de M de Rissan, le furent en vingt-quatre heures. Pendant ce temps, on réunit les chevaux indispensables, pour lesquels il fallut que le zèle des corps administratifs, de la municipalité et des citoyens de la ville et des environs suppléât à nos besoins. Nous nous procurâmes également des souliers et autres objets nécessaires.

« Le 26, je fis partir sous les ordres de M. de Narbonne, maréchal de camp, l'artillerie avec 3 compagnies et demie du régiment d'Auxonne, 2 compagnies et demie de volontaires de la Moselle, le 9ᵉ bataillon d'infanterie légère, les 2 compagnies de grenadiers des 17ᵉ et 71ᵉ régiments, auxquelles se joignirent à Damvillers, celle du 99ᵉ et celle du 2ᵉ bataillon des Ardennes. Le 3ᵉ régiment de chasseurs partit aussi par une plus longue route. Le 2ᵉ régiment de hussards à Mouzon, le 2ᵉ de dragons à Verdun et le 12ᵉ à Stenay, le 55ᵉ d'infanterie à Montmédy et successivement toutes les troupes les moins éloignées de Givet, reçurent l'ordre de s'y rendre avec célérité.

« Vous m'aviez mandé, Monsieur, d'être le 30 à Givet, et la crainte de manquer à ce rendez-vous, sur lequel M. le maréchal de Rochambeau avait calculé ses mouvements, m'y fit porter par des marches forcées. Il paraîtra extraordinaire que le convoi d'artillerie et les troupes aux ordres de M. de Narbonne ayent fait une route de 56 lieues, souvent mauvaise, sur laquelle on n'avait pas eu le temps de prévoir le passage, et par une chaleur excessive, dans le court espace de cinq jours. Il fallait la réunion de tous les moyens de cet officier général, du zèle de sa coopération et de l'ardeur des troupes pour avoir pu arriver le 30. Le reste des troupes a été également exact au rendez-vous et leurs fatigues et leurs privations n'ont paru affliger que moi.

« Il en est de même, Monsieur, de notre situation au camp de Rancennes, où nous manquons de beaucoup d'objets nécessaires et où personne ne se plaint. Le 29, nos patrouilles ont poussé celles des ennemis. Le 30, M. Lallemand, colonel, avec le 11ᵉ régiment de chasseurs, s'est porté à Bouvigne[1], à moitié chemin de Namur, où deux ou trois trainards autrichiens ont été tués et quatre pris. Le 1ᵉʳ mai, M. de Gouvion, maréchal de camp, prit poste à Bouvigne avec une avant-garde de 3.000 hommes.

« La veille au soir, j'avais appris par M. le maréchal de Rochambeau que M. Dillon et M. de Biron se repliaient. J'ai reçu depuis une lettre de M. de Biron m'annonçant sa rentrée à Valenciennes et celle où vous m'apprenez l'atrocité commise à Lille. L'infâme conduite qu'on a tenue envers les prisonniers de guerre[2] exige, Monsieur, une vengeance exemplaire. Ce n'est pas l'ennemi qui la demande, c'est l'armée française. L'indignation que nous avons tous éprouvée m'autorise à dire que de braves soldats répugneraient trop à combattre si le sort de leurs ennemis vaincus devait être livré à de lâches cannibales... Mon avant-garde est toujours à Bouvigne[3]..... »

---

1. Lafayette écrit *Bouvines*, mais c'est bien Bouvigne qu'il veut dire, à 20 kilomètres au Nord de Givet, sur la rive gauche de la Meuse, en face de Dinant. *Bouvines*, célèbre par la victoire remportée en 1214 par Philippe-Auguste, se trouve beaucoup plus au Nord, à quelques kilomètres au Sud-Est de Lille.

2. Les 4 chasseurs tyroliens égorgés par la population de Lille en même temps que Dillon et Berthois.

3. Archives historiques de la Guerre, 1792. Armée du Centre. Lafayette à de Grave, 2 mai.

On voit par cette dépêche qu'à la date du 2 mai Lafayette était informé de l'échec des deux colonnes principales tirées de l'armée du Nord. En dehors même des lettres mentionnées tout à l'heure, à lui écrites par Rochambeau et Biron, il en avait reçu deux du ministre, la première datée du 30 avril, la seconde du 2 mai, confirmant les nouvelles directement arrivées de Valenciennes. Dans la lettre du 30, se rencontraient cependant nombre de renseignements erronés, comme celui, par exemple, aux termes duquel de Grave écrivait que Biron avait trouvé *six mille hommes retranchés* sur les hauteurs de Mons, et cet autre disant que M. Dupont-Chaumont avait été pendu; néanmoins le fonds, la nouvelle des deux désastres, était exact.

Dans la dépêche du 2 mai, de Grave terminait ainsi : « Maintenant qu'il me parait prouvé que le Brabant n'est rien moins que disposé à l'insurrection, je suis d'avis que nous n'attaquions qu'avec la presque certitude du succès.... Peut-être serez-vous mieux informé, que ne l'a été le ministre des Affaires étrangères, des affaires du Brabant ; peut-être votre nom réveillera-t-il mieux dans le cœur des peuples l'amour de la liberté ; mais, à moins de preuves certaines de la disposition des Belges à secouer le joug autrichien, je ne vous demande plus de rien hasarder, car un second échec serait tout ce qu'il y a de pire. Ainsi, mon cher général, ne suivez l'instruction que je vous ai envoyée, qu'avec la plus grande espérance du succès [1]. »

L'impossibilité de rien tenter au lendemain d'échecs comme ceux de Baisieux et de Mons était trop évidente pour que Lafayette ne l'eût pas sentie dès la

---

1. Archives historiques de la Guerre, 1792. Armée du Centre. De Grave à Lafayette. De Paris, 2 mai.

première heure. Ce qu'on eût pu essayer avec une armée valide, aguerrie, disposant de tous ses moyens d'action, il eût été fort périlleux de l'entreprendre avec des troupes manquant à peu près de tout, comme celle du Centre.

Aussi, le jour même où de Grave lui écrivait, de Paris, de ne rien risquer, Lafayette faisait connaitre au ministre qu'il prenait le parti de l'expectative. Après avoir annoncé que M. de Gouvion était toujours à Bouvigne avec 3.000 hommes et qu'il avait d'abord décidé de s'y rendre, lui, Lafayette, avec toutes ses forces, il ajoutait qu'après réflexion et en considération du dénuement de toutes choses, surtout de chevaux de peloton et de chariots où se trouvaient ses troupes, il renonçait à son premier projet.

« J'irais bien bivouaquer (à Bouvigne), si quelque entreprise utile en était la suite, mais, M. de Rochambeau m'ayant fait part de la retraite de M. de Biron sur Quiévrain et de l'échec qu'a reçu M. Dillon, j'ai pensé que je n'étais plus aussi immédiatement nécessaire à ces deux officiers généraux, pour achever d'écraser les troupes par des fatigues sans objet. C'est déjà beaucoup d'y laisser dans une position fort aride les régiments que j'ai tirés d'ici. Nos troupes manquent des objets les plus essentiels, leur patience est plus grande que je ne puis l'exprimer, mais vous savez combien leur santé doit être ménagée au début d'une campagne, et votre aide de camp vous rendra compte de l'état de pénurie où il nous a vus[1]. »

Il y avait d'autant plus lieu de ne point exposer inutilement l'armée de Lafayette, que c'était la seule masse un peu compacte capable d'opposer, au besoin,

---

1. Archives historiques de la Guerre. Armée du Centre, 1792. Lafayette à de Grave. De Givet, 2 mai.

quelque résistance à une marche en avant des Autrichiens, marche très possible après Baisieux et Mons.

A la date où nous sommes arrivés, cette armée du
Centre atteignait le chiffre d'environ 20.000 hommes,
dont 3.000 au camp du Tiercelet[1] près Longwy, 4 à
5.000 à Dun[2] et environs, le reste à Givet ou Rancennes détachant à Bouvigne l'avant-garde que nous
avons dite et une autre avancée sur la Lesse, du côté
de Luxembourg. Sans doute, c'étaient là des cantonnements fort étendus ; mais on a vu que Lafayette et
de Grave avaient pour le moment renoncé à l'offensive ; dès lors, et dans les nouvelles circonstances où
se trouvaient nos armées, une concentration resserrée
ne s'imposait plus.

Cependant, si Lafayette renonçait à attaquer, il ne
croyait pas à la nécessité de battre en retraite. Ce
fut ainsi qu'aussitôt la dépêche du ministre reçue,
celle du 2 mai, il lui répondit par une lettre datée de
Givet 6 mai dans laquelle il affirmait sa volonté de

1. Dans les Observations sur le camp du Tiercelet, datées de « Le Tiercelet, 5 may » et adressées par le lieutenant général de Crillon à de Grave,
on voit que « ce camp est réduit à 3.000 hommes, qu'il est à portée du canon
ennemi », et que les Autrichiens pourraient facilement l'enlever, parce qu'il
manque de grosse artillerie. » Crillon conclut à l'abandon de ce poste défectueux à tous les points de vue. *Observations signées* : Crillon, lieutenant
général, commandant en chef ; Félix Wimpffen et Riccé, maréchaux de
camp ; d'Ogré, colonel directeur du génie, de La Cour, capitaine du génie ;
et Arcambal, commissaire ordinaire des guerres, faisant fonction de commissaire général.
  Ce camp fut levé le 8 mai, s'il en faut croire une lettre datée de Luxembourg, 9 mai : « L'armée française vient de lever subitement le camp de
Tiercelet » ; et le même correspondant ajoute : « Le camp de Tiercelet qui lui
présentait une position avantageuse (à l'armée française), mais que 10.000
hommes seulement auraient pu conserver..... », ce qui fait voir que tout le
monde n'appréciait pas ce camp d'une façon aussi défavorable que Crillon.
Un acte grave d'indiscipline et de révolte qui s'était passé à Tiercelet et la
désertion de 80 hommes du régiment de Bercheny durent influer sur la décision prise par Crillon. (Archives historiques de la Guerre. Armée du
Centre, 1792. Crillon à de Grave.)
  2. Sous les ordres du lieutenant général de Paignat. Paignat écrivait
le 7 mai, à Lafayette, « que l'insuffisance des moyens de campement et les
froids excessifs survenus depuis quelques jours » l'avaient empêché de
mettre encore la troupe « sous la toile », c'est-à-dire de les tirer de leurs
cantonnements pour les faire camper. Il ajoutait qu'il semblait n'exister
aucun inconvénient à ce retard, tous les renseignements s'accordant à dire
que l'ennemi ne faisait aucun mouvement. (Archives historiques de la
Guerre. Armée du Centre, 1792. M. de Paignat à Lafayette, de Dun, 7 mai.)

demeurer sur ses positions : «... Votre lettre, reçue aujourd'hui, me mande que je puis retourner à Dun ; mais je n'y vois pas clairement si c'est de ma personne ou avec le corps rassemblé à Givet. Les marches rétrogrades sont en général fâcheuses, il en est de la guerre comme des échecs, où un faux mouvement dérange toute la partie. Ceux que nous venons de faire sont de ce genre. Il faut que notre conduite future soit calculée d'après un système général des trois armées, et dans ce sytème, vous devez faire une grande attention aux moyens de subsistance qui paraissent avoir été fort négligés. Je crois que, puisque heureusement les ennemis ne sont pas encore prêts, l'on peut se former un bon plan de campagne qui soit calculé sur les principes de la guerre méthodique. On m'avait mandé de les abandonner, mais l'expérience ayant manqué, nous ferons bien d'en revenir à des mouvements plus combinés. Je vous répète encore que je ne vois rien dans les dispositions des Belges qui annonce une puissante coopération de leur part; il n'y a point parmi eux ces empressements à avertir des mouvements des ennemis, cet esprit de soulèvement contre les garnisons que nous avions le droit d'attendre. Je sais bien qu'ils se déclareraient si nous étions les plus forts, mais ce préalable me paraît nécessaire à nos succès politiques. Je suis ici dans une bonne position et je laisse mon avant-garde sur le territoire autrichien[1]... »

Cette lettre écrite, Lafayette se contenta d'apporter à l'emplacement de ses troupes quelques modifications sans importance, les établissant sur la rive gauche de la Meuse, entre Florennes et Dinant, à « Omezée, Marville, Authée, Gérin, et dans un petit camp à

---

1. Archives historiques de la Guerre. Armée du Centre, 1792. Lafayette à de Grave, de Givet, 6 mai.

Onhaye[1] ». L'exécution de ces mouvements l'occupa un certain temps, et ils étaient terminés à peine, quand il fut convoqué à Valenciennes pour prendre part à un conseil de guerre, dont nous parlerons plus loin et dans lequel un nouveau plan de campagne devait être élaboré en commun, par les trois généraux en chef.

Au retour de cette mission, Lafayette reprit sa position expectative et n'eut à livrer que quelques engagements d'avant-garde, notamment à Rumegies, le 20 mai, et le 24 mai à Hamptinnes près Florennes, combat dans lequel, malgré l'échec subi par Gouvion, le commandant en chef de l'armée du Centre put constater « avec joie que pendant cinq heures, pas un homme n'avait quitté son rang et que les troupes avaient conservé le silence comme le courage de vieux soldats[2] ».

Pour en terminer avec les opérations de Lafayette, nous dirons sur-le-champ ici, que, le 7 juin, l'armée du Centre — tout au moins les troupes campées à Rancennes — et l'avant-garde établie près de Philippeville vinrent occuper le camp de Maubeuge abandonné le même jour par M. de La Noüe qui rejoignait l'armée active du Nord[3]. Le surlendemain 9, eut lieu une re-

---

1. *Journal des Feldzuges von 1792*, par l'archiduc Charles, p. 26. Voir aussi les *Mittheilungen des Kund Kriegs-Archivs: Oesterreich im Kriege gegen die französiche Revolution*. 1792, du capitaine Hausenblass, dans la *Revue militaire* rédigée à l'État-major de l'armée, septembre 1900, p. 673.

2. Archives historiques de la Guerre. Armée du Centre, 1792. Lafayette à Servan, 25 mai.

3. « M. le maréchal de Luckner, vous ayant écrit, Monsieur, sur les mouvements convenus entre nous (à Valenciennes, le 19 mai), je me borne à vous rendre compte que le corps d'armée campé à Rancennes s'est réuni, le 4, à l'avant-garde près de Philippeville et y a été joint, dans la nuit, par la réserve de grenadiers et de dragons, aux ordres de M. de Maubourg, qui, la veille, s'était porté en avant dans la direction de Namur... Le 5, l'armée a pris position près de Beaumont ; le 6, l'avant-garde s'est portée en avant de Maubeuge, sur la route de Mons, et l'armée a campé à Cerfontaine pour laisser à M. de La Noüe le temps d'évacuer le camp retranché que nous occupons aujourd'hui... » (Archives historiques de la Guerre. Armée du Centre, 1792. Lafayette à Servan, du camp retranché de Maubeuge, 7 juin.)

connaissance sur la route de Mons ; enfin, le 11, à Glisuelles, se livra un combat plus sérieux où fut tué le
maréchal de camp Gouvion[1]. Dix jours après, le
20 juin, nous échangions encore une fois quelques
coups de fusil avec les Autrichiens à Tenières, et
nous recommencions le 27 à Bétignies (ou Mérieux);
toutes ces rencontres cependant, le plus souvent in-
décises, n'avaient d'autre valeur que celle d'aguerrir
nos soldats, de les tenir en haleine, mais elles avaient
cependant celle-là, qui n'était point sans importance
avec les troupes la plupart novices qui constituaient
alors nos armées[2].

Quant à avoir une influence sur l'issue réelle des
opérations, l'ambition de Lafayette ne s'élevait point
jusque-là; son rôle dans la nouvelle campagne qui
allait s'ouvrir (conformément au nouveau plan élaboré
le 19 mai à Valenciennes) se bornant à appuyer le
mouvement principal exécuté par l'armée du Nord.

Cette armée du Nord, nous l'avons laissée au lende-

1. « Ce matin, les ennemis ont attaqué mon avant-garde, qu'ils espéraient
sans doute prendre ou couper; mais, averti à temps, M. de Gouvion a
renvoyé ses équipages sur Maubeuge et a commencé, en se repliant, un
combat où son infanterie était continuellement couverte par des haies et où
les colonnes ennemies ont beaucoup souffert du feu du canon et particulièrement de 4 pièces d'artillerie à cheval sous le capitaine Barrois... J'ai
fait remarcher les troupes en avant, et les ennemis nous abandonnant le
terrain, une partie de leurs morts et quelques blessés, se sont retirés sur
leur ancien camp. Nous avons dépassé d'une lieue celui de l'avant-garde,
qui a repris tous ses postes. Je n'aurais donc, Monsieur, qu'à me féliciter
du peu de succès de cette attaque, si, par la plus cruelle fatalité, elle
n'avait pas enlevé à la Patrie un de ses meilleurs citoyens, à l'armée un
de ses plus utiles officiers, et à moi un ami de quinze ans : M. de Gouvion.
Un coup de canon a terminé une vie aussi vertueuse qu'utile... » (Archives
historiques de la Guerre. Armée du Centre. 1792. Lafayette à Servan, du
camp retranché de Maubeuge, 11 juin.)

On lit sur le même sujet dans une lettre particulière écrite par un officier
de l'avant-garde, à la même date : « ... Le lieutenant-colonel Cazotte, des
volontaires du département de la Côte-d'Or, a été tué. M. de Gouvion,
inquiet d'un caisson qui ne revenait pas, s'est porté avec un hussard vers
une maison que l'ennemi ne découvrait point, et là, par l'accident le plus
fatal, il a été atteint d'un boulet à ricochet qui l'a tué raide. » (*Ibidem.*)

2. « J'ai fait un mouvement dans mon armée pour occuper l'ennemi, afin
de l'empêcher de se porter sur l'armée du maréchal Luckner: nos
patrouilles se rencontrent et se fusillent de temps en temps... » (Archives
historiques de la Guerre. Armée du Centre, 1792. Lafayette à Servan, du
camp de Ténières, 20 juin.)

main des déroutes de Mons et de Baisieux et il est temps que nous revenions à elle pour dire la conduite qu'avait résolu de tenir Rochambeau, après le double échec subi par ses troupes.

Cet échec, nous l'avons dit, demeurait une confirmation à la fois lamentable et concluante de la justesse des vues du maréchal, de la réalité des craintes jadis émises par lui, du peu de fonds qu'il était permis de faire sur le concours des Belges, enfin du danger de tenter une opération délicate, avec des troupes inexpérimentées, manquant d'ailleurs de tout le matériel qui pouvait suppléer à leur infériorité morale. Toutefois, ces événements déplorables ne constituaient pas une satisfaction que pût accepter un soldat comme Rochambeau, et dès le premier jour, dès le 25, à l'heure même où il avait reçu la fameuse instruction du 22, il avait résolu de se retirer.

« Sire, avait-il écrit à Louis XVI, le 29 au soir, si nos ministres et celui des Affaires étrangères particulièrement veulent jouer toutes les pièces de l'échiquier et que je ne doive rester qu'un être passif, contrarié, et obligé de jouer tous les coups... d'après des courriers réitérés et contradictoires..., je supplie Votre Majesté d'accepter ma démission[1]... »

Cette décision — nous venons de le dire — était arrêtée dans l'esprit du maréchal dès le 25 avril : elle avait été confirmée par les événements de Baisieux et de Quiévrechain, elle fut prise irrévocablement quand il vit qu'à Paris on essayait de rejeter sur lui une partie de la responsabilité encourue par ses seuls lieutenants. Certains journaux à la solde d'un parti où Biron comptait beaucoup d'amis, n'hésitèrent pas à charger Rochambeau de torts tout à fait imaginaires.

---

1. Rochambeau au roi, 29 avril 1792.

On lui reprocha d'avoir accordé à Dillon un supplément d'artillerie non autorisé par le ministre, de ne s'être point porté à Quiévrechain pour soutenir la retraite de Biron, d'avoir laissé ce corps d'armée sans vivres, sans viande sur pied, sans tentes et sans ambulances. On alla jusqu'à incriminer la démarche dont nous avons parlé en tête d'un de ces chapitres, la lettre au duc de Saxe-Teschen demandant de différer les opérations actives jusqu'au moment « où l'un et l'autre parti serait en état de faire une guerre franche ».

Rochambeau n'eut pas de peine à réfuter les allégations de ces « folliculaires infâmes » comme il les appelle lui-même. Il rédigea à cette occasion un mémoire dont l'original existe aux Archives de la Guerre, y releva une à une les imputations formulées contre lui et les mit successivement à néant. Mais encore que Dumouriez eût rendu justice en pleine Assemblée[1] à la bonne volonté dont il avait fait preuve dans l'organisation du détachement de Biron, le maréchal ne pardonnait point au ministre des Affaires étrangères l'intrigue menée de pair avec Lauzun pour aboutir au désastre de Mons.

Au 29 avril, Rochambeau connaissait cette intrigue, et, sans en posséder tous les détours, tous les détails, il n'ignorait plus qu'une correspondance latérale avait été entretenue en dehors de lui entre son lieutenant et le ministre. Ce grief s'ajoutant à tant d'autres, n'était pas fait pour le calmer.

L'histoire de cette divulgation, ou plutôt la divulgation d'un secret que ses deux seuls possesseurs devaient tant tenir à ne pas voir révéler, est assez singulière pour que nous en disions quelques mots ici.

Le 28 avril au matin, c'est-à-dire le jour même où

---

1. Voir le discours de Dumouriez à la Législative. (*Moniteur* du 6 mai 1792, n° 127, séance du 4 mai.)

Biron avait entamé sa marche sur Quiévrechain, le
maréchal l'avait accompagné jusqu'à la frontière.
Jusqu'à ce que le détachement eût franchi l'Aunelle,
Rochambeau se considérait sans doute comme responsable de sa conduite et de sa sûreté. Il tenait donc à
surveiller par lui-même les débuts d'une opération
dont l'issue le préoccupait vivement, et à ne livrer
Biron à lui-même que le plus tard possible. Il avait
malheureusement trop raison. Que se passa-t-il, pendant cette dernière entrevue, entre le maréchal et
son lieutenant? Il n'est pas aisé de le dire complètement ; cependant, ce que l'on sait, car Biron nous
le raconte dans une de ses lettres[1], c'est que le
maréchal se plaignit du procédé dont Dumouriez usait
à son égard et fit allusion à des projets tramés à son
insu entre Biron et le ministre des Affaires étrangères. Et Biron essayant de se disculper vis-à-vis de
son chef direct, tentant une fois encore de le tromper
sur l'intrigue ourdie, montra au maréchal une lettre
de Dumouriez, choisissant sans doute la moins compromettante, la moins explicite. Mais tel qu'il était, ce
document suffisait à démontrer à Rochambeau qu'une
correspondance officieuse avait existé entre son lieutenant et le ministre ; il suffisait à prouver que le président
du Conseil du Roi n'avait pas craint d'échanger une
série de lettres où la direction de la guerre avait
été étudiée en dehors du général en chef, et cette
lettre, si indifférente qu'elle fût, en laissait supposer
d'autres. Au 2 mai, Dumouriez ignorait encore tout ce
qui s'était passé à cet égard entre Rochambeau et
Biron, et, quand il l'apprit, son amour-propre fut
extrèmement froissé du procédé de Lauzun. Les
échecs de Baisieux et de Mons le touchaient très

____

1. Registre de Correspondance de Biron. Biron à Dumouriez, 11 mai.

particulièrement, et en si bons termes qu'il fût, qu'il pouvait être avec Biron, il ne put s'empêcher d'écrire à celui qu'il avait appelé « un des plus forts arcs-boutants de sa machine politique et militaire » pour se plaindre d'avoir été si pleinement trompé. Il lui reprocha, notamment, d'avoir conduit l'affaire de Mons sans préparation : « d'avoir marché comme un fou et d'être revenu de même[1], d'avoir rétrogradé d'une traite, de Wasmes à Quiévrain, sans arrêt, sans position intermédiaire. A propos des déserteurs, qui, suivant une expression antérieure de Biron, allaient arriver en masse aussitôt notre entrée en Belgique, Dumouriez était encore plus piqué, plus contrarié. On a vu combien le ministre des Affaires étrangères tenait à cette partie du programme, combien il avait été séduit par elle. La déception qu'il éprouvait à cet égard dépassait peut-être l'humeur causée par l'échec militaire. Lauzun répondit au ministre une longue lettre pour se disculper, et il est assez curieux de constater qu'il attaque pour se défendre, qu'il va au-devant des objections et les rejette avec audace sur son interlocuteur. Il disait à Dumouriez : « Je n'ai pas dû vous cacher que *vous avez été indignement trompé sur les dispositions des Brabançons, qui nous sont manifestement contraires*[2]. » Enfin il s'excusait d'avoir montré à Rochambeau les pièces intimes de la fameuse correspondance secrète. Et, essayant encore d'égarer l'opinion publique, qui devait fatalement être mise un jour ou l'autre au courant de la vérité, tentant encore d'abuser Dumouriez, essayant de se tromper lui-même, il s'efforçait de croire et de dire que sa conduite avec le ministre ne constituait pas une œuvre de dissimulation et que ni l'un ni l'autre n'avaient à s'en

1. Idem, *ibidem*.
2. Registre de Correspondance de Biron. Biron à Dumouriez, 11 mai.

cacher. « Quant aux reproches que vous me faites, à moi, lieutenant général, d'avoir montré vos lettres au maréchal, j'y répondrai sans peine. Le grade ne fait rien à cela. Il est soupçonneux, il croyait, *il persuadait à l'armée que j'intriguais contre lui pour le remplacer*. Il était d'une importance majeure et pour vous et pour moi que l'on ne jetât pas un tel voile sur ma pureté et sur votre loyauté. Il m'a accusé presque publiquement d'une correspondance secrète d'intrigue, m'a dit qu'il ne m'avait rien caché, qu'il m'avait communiqué toutes vos lettres et que les vôtres à moi étaient telles que je n'oserais assurément pas lui en montrer une seule. Tout cela s'est passé à Quiévrain, au moment de tirer des coups de fusil. J'ai dit au maréchal que vous approuveriez l'infidélité que je commettais en lui prouvant combien vous étiez loyal. Je ne commettais pas d'indiscrétion politique, puisque votre plan de campagne lui était communiqué. On m'a appelé pour quelques désordres occasionnés par des uhlans. Il m'a dit qu'il allait me rendre la lettre et ne me l'a rendue que quelques heures après. J'ai su qu'il en avait pris copie ; j'ai cru devoir vous en prévenir et lui représenter combien il serait vilain d'abuser de ma confiance, il m'a répondu qu'il en était incapable. Son fils, qui est un bon officier et un bon sujet, a dissipé toutes mes inquiétudes à cet égard[1]. »

Rochambeau était effectivement trop loyal pour se servir d'un secret appris dans de telles conjonctures ; ce qu'il ne pouvait pas ne pas faire, c'est de n'être pas édifié une fois de plus sur la conduite qu'avait tenue à son égard son lieutenant.

Cependant Dumouriez, tout désappointé qu'il eût été

---

1. Idem, *ibidem*.

par un premier échec, tout piqué qu'il demeurât
d'avoir été trompé par Lauzun, n'était pas homme à
s'incliner devant une défaite. Il chercha donc dès ce
moment à reprendre l'œuvre avortée et estima comme
première condition du succès la retraite de Rochambeau. En vain Lauzun, qui craignait que le départ du
maréchal désorganisât entièrement une armée déjà
bien malade, écrivit-il au ministre pour faire maintenir le *statu quo* [1]. Dumouriez, plus judicieux, ne
se faisait pas d'illusion sur la possibilité de garder
Rochambeau si lui-même restait au Ministère. Le
véritable général en chef devait être lui, Dumouriez.
Et il était décidé à reprendre immédiatement le plan
d'invasion en Belgique ou dans le pays de Liège,
plan dont l'exécution avait échoué par suite de circonstances imprévues et majeures, mais qui, tenté
avec de meilleurs moyens, devait — pensait-il —
nécessairement réussir. Seulement, pour exécuter le
plan, il lui fallait une créature à lui, un homme
auquel il pût imposer sa volonté, tout au moins, un
général qu'il eût chance d'amener à sa combinaison,
et non point une personnalité comme le vainqueur
d'York-Town, qui avait des idées très personnelles et
prétendait les faire triompher.

Dumouriez jeta d'abord ses vues sur Biron, dont l'incapacité militaire venait de se révéler d'une façon à la
fois tellement inattendue et notoire que le ministre ne
pouvait espérer un *ad latus* moins gênant. Mais Biron,
revenu à peine de ses émotions récentes, était guéri,
pour le moment du moins, de ses velléités ambitieuses.
« J'aime mieux, écrivait-il le 8 mai, me faire tuer

---

1. Lauzun jugeait le maréchal indispensable à cette œuvre de reconstitu-
tion. Toutefois, comme, au fond, il ne l'aimait point, comme il ne pouvait
manquer de le voir partir avec plaisir, la réorganisation achevée, il disait
à Dumouriez, le 11 mai : « Je voudrais M. de Rochambeau six semaines.
J'en voudrais un autre après. » (Registre de Correspondance de Biron.)

comme soldat que me faire pendre comme général [1] », et il ajoutait qu' « il refusait positivement de se charger du commandement ».

Dumouriez songea alors à Luckner. Luckner, à vrai dire, passait à cette époque pour une personnalité égale à Rochambeau, et s'était vanté, on s'en souvient, d'aller faire signer la Constitution à Vienne, quand on voudrait. A un tel homme, Dumouriez pouvait bien laisser la direction des opérations : on écrivit donc à Luckner pour lui offrir la succession de Rochambeau ne doutant point qu'on ne possédât là l'homme qu'il fallait pour réussir.

Nous avons dit déjà que, depuis la déclaration de guerre, Luckner était demeuré à Strasbourg dans la défensive la plus passive, tout en se plaignant de l'inaction qu'on lui imposait et qui ne convenait, disait-il, ni à son grade ni à son tempérament [2]. Le maréchal, qui naguère avait protesté de son dévouement au roi et à la Constitution, s'était affilié à la société des Jacobins de Strasbourg, en était devenu un membre assidu et y prenait souvent la parole. Un jour, un de ses collègues, député de Belfort, entame une diatribe sur la façon dont sont conduites les opérations militaires en Alsace et insiste sur la nécessité d'occuper les gorges de Porrentruy. Le maréchal se lève aussitôt, et « parle avec feu du désir qu'il aurait d'occuper les gorges de ce pays, *s'il pouvait en obtenir l'ordre* ». — « Nous savons, lui répliqua le député, que vous ne pouvez marcher sans les ordres du *roi*. » — «..... et de l'Assemblée nationale, » ajoute le maréchal [3]. Aussitôt les membres du

---

1. Biron à Dumouriez, 7 mai. Registre de Correspondance de Biron.
2. Archives historiques de la Guerre. Armée du Rhin, mai 1792. Luckner à de Grave, 3 mai.
3. Voyez Hertz, *les Sociétés politiques de Strasbourg pendant la Révolution*. Strasbourg, 1853.

club, transportés par cette allusion à la souveraineté prépondérante de l'Assemblée populaire, éclatent en bravos frénétiques ; un des membres saisit une couronne civique qui coiffait un buste de Mirabeau et la place sur la tête de Luckner, aux applaudissements de la salle. Immédiatement après, on décide que ladite couronne sera portée solennellement le lendemain au maréchal, avec une adresse où l'on célébrera ses sentiments jacobins[1].

Cette popularité de Luckner dans un club qui ne cessait d'attaquer la Constitution peut paraître étrange ; ce qu'on peut dire pour la défense du maréchal, c'est qu'il ne comprenait ni la valeur ni le danger de ces attaques. Entre temps, il était allé à Paris remercier l'Assemblée du décret qui avait permis de l'élever au maréchalat, s'était présenté à la barre, muni d'un discours écrit, vraisemblablement rédigé par Victor de Broglie, son chef d'état-major, et, avant de lire cette adresse, avait essayé de dire quelques mots de son cru.

Malheureusement, ces quelques paroles, prononcées dans le jargon inintelligible dont parle Westpha-

1. La cérémonie eut lieu effectivement le lendemain, 4 avril. Le cortège, qui se réunit sur le Broglie, comprenait : en tête, les musiques de tous les régiments de la garnison ; derrière les musiques, 2 pièces de canon, puis « les dames entourées de quatre respectables vétérans de la garde nationale, dont le plus ancien portait la couronne au bout d'une pique surmontée d'un bonnet rouge », 2 pièces de canon venaient ensuite, puis les « jeunes amis de la liberté » portant aussi leur couronne, enfin les membres du club et les délégués du département du Rhin. Au moment où le « vétéran respectable » remit à Luckner la couronne et le bonnet rouge, une jeune fille lui récita les vers suivants :

> Le vœu des Jacobins t'appela parmi nous,
> Et ton patriotisme a rempli notre attente.
> Bientôt, tu puniras, en dirigeant nos coups,
> Des tyrans conjurés la menace insolente.
>
> Ajoute à ta couronne un bonnet jacobin,
> Ce signe est l'heureux gage et le prix du civisme,
> Tes lauriers sont celui (*sic*) d'un triomphe certain,
> Sur tous les vils suppôts du lâche despotisme.

(Dans Hertz, *les Sociétés politiques*, p. 197.)

len, commençaient à soulever l'hilarité, lorsque Narbonne, le ministre de la Guerre, sauva la situation par un mot heureux : « Monsieur le maréchal, dit-il, en interrompant Luckner, vous explique qu'il a le cœur plus français que l'accent. (*Applaudissements.*) J'ajoute qu'il lui est plus facile de gagner une bataille que de faire un discours. (*Nouveaux applaudissements.*) Je vais vous lire son discours [1]. »

Et prenant des mains de Luckner le papier rédigé par Broglie, Narbonne en donna lecture, au milieu des marques réitérées de la faveur de l'Assemblée.

Depuis le début de la guerre et en dépit de son inaction, l'ancien reitre n'avait rien perdu de la bienveillance de nos représentants, et quand Dumouriez monta à la tribune pour donner son nom comme celui du successeur de Rochambeau, la communication fut couverte par les applaudissements.

« Bientôt, ajouta le ministre des Affaires étrangères, on jugera de tous les avantages que doivent nous donner l'activité et les talents supérieurs du maréchal de Luckner. L'avis de ce général est pour la guerre offensive.

« Voici ce qu'il m'écrivait le 24 avril : « Je ne doute « pas, Monsieur, que M. de Grave (le ministre de la « Guerre) ne concoure ainsi que vous à la justice de mes « demandes, à la nécessité d'y satisfaire, et de quitter « ce rôle défensif aussi ruineux que peu assorti au « caractère du Français et aux vrais intérêts natio- « naux [2]. »

En annonçant aux représentants du peuple que Luckner allait prendre le commandement de l'armée du Nord, le ministre des Affaires étrangères s'avan-

---

1. *Moniteur* du 28 février 1792, n° 59.
2. *Moniteur* du 6 mai 1792. Séance du 4 mai, n° 127.

çait un peu. Effectivement, c'était le même jour seulement que Dumouriez avait fait offrir par de Grave à Luckner la succession de Rochambeau [1], et la réponse n'était naturellement pas arrivée. Mais Dumouriez connaissait trop bien l'ardeur juvénile du vieux maréchal pour concevoir le moindre doute sur le sens de sa réponse. Et il était, en somme, fort logique que Dumouriez pensât ainsi.

Nous avons vu tout à l'heure que le maréchal avait témoigné à diverses reprises combien lui pesait l'inaction forcée dans laquelle on le contraignait de demeurer à Strasbourg. On savait d'ailleurs qu'il avait d'autres raisons pour désirer quitter cette armée, notamment ses relations avec Custines, son principal lieutenant, relations qui étaient depuis quelque temps extrêmement tendues. Et précisément, cette froideur venait d'arriver à un point extrême, aigu, à propos de l'occupation des gorges de Porrentruy, qu'on pouvait croire une des préoccupations les plus anciennes de Luckner, opération dont il avait parlé tout récemment — on vient de le voir — comme urgente, et qui semblait lui tenir au cœur. Ces gorges de Porrentruy constituaient effectivement une position militaire importante, et divers arrangements avec l'évêque de Bâle, notamment le traité de 1780, nous donnaient la faculté de les occuper aussitôt que nous serions en état d'hos-

---

1. De Grave à Luckner, 4 mai 1792. « Monsieur le maréchal de Rochambeau ayant demandé plusieurs fois au Roy quelque temps de repos pour soigner sa santé, qui depuis six semaines est fort mauvaise, le Roy m'a ordonné de vous proposer de prendre le commandement de l'armée de Valenciennes. Je vous prie, Monsieur le maréchal, de me répondre à ce sujet, par le retour du courrier que j'ai l'honneur de vous envoyer. Je sens qu'il y a bien des points où vous seriez utile, et nous serions heureux que le maréchal Luckner fût partout. *Signé* : De Grave.

« *P.-S.* Si vous acceptez, Monsieur le maréchal, il est nécessaire que vous fassiez connaître le temps où vous serez rendu à Valenciennes, et le général à qui, dans votre absence, vous aurez laissé le commandement de l'armée du Rhin. » (Archives historiques de la Guerre. Armée du Nord, mai 1792. De Grave à Luckner, 4 mai.)

tilité déclarée avec l'Empire. Il était donc advenu que le lendemain de la déclaration de guerre Custines s'était dirigé sur ces fameuses gorges, et y avait installé ses troupes, non seulement sans effusion de sang, mais favorisé par la population, qui nous avait fait le meilleur accueil. Custines avait mené cette opération avec une vigueur, une célérité, une intelligence dignes d'éloges, obtenant de ses troupes, sans à-coups et sans accidents, une marche ininterrompue de soixante-douze heures ; il pouvait donc raisonnablement espérer recevoir l'approbation de son chef. Cependant, contre toute attente, Luckner lui envoya une semonce. Le maréchal n'eut pas plus tôt appris le succès de son lieutenant, qu'il lui écrivit « que les dispositions favorables des habitants pour les Français ne lui paraissaient point un motif suffisant pour établir des cantonnements dans le pays de Porrentruy, et que ce parti ne pouvait être approuvé par lui, Luckner [1] ». Il ajoutait que nos troupes ne pourraient demeurer dans leurs positions actuelles qu'autant « qu'une démarche officielle du gouvernement de Porrentruy et du prince-évêque de Bâle auraient invité Custines à y demeurer, cet acte authentique devant *réfuter d'avance toute idée ultérieure d'invasion ou d'hostilités contre l'Empire[2]* ». En conséquence, le maréchal « prescrivait positivement à M. de Custines de suivre cette conduite et de retirer ses troupes dans des cantonnements aux environs des gorges, mais sur le territoire français [3] ».

Cette conduite véritablement extraordinaire avait irrité au dernier point Custines, qui était las, depuis quatre mois, des réticences, des ordres et des contre-

1. Archives historiques de la Guerre. Registre n° 1, 1 *bis*, 2 à 1, 2° subdivision Est. Armée du Rhin, 15 mai. Victor de Broglie à Dumouriez.
2. *Ibid.*
3. *Ibid.*

ordres, des tergiversations du quartier général. Sans formuler ici les suppositions sévères qu'on pourrait déduire de la crainte exprimée par le maréchal de ne rien faire qui pût être pris « pour un acte d'invasion ou d'hostilité contre l'Empire », alors que la guerre était déclarée depuis le 20 avril, on peut admettre — et c'est bien une hypothèse permise — qu'il aimait l'offensive de loin beaucoup plus que de près et qu'il la désirait surtout quand il savait qu'on lui imposait la défensive. Il est donc probable que l'inaction où il demeurait en Alsace ne lui pesait point autant qu'il le publiait partout, et ce qui donne encore une base à une telle hypothèse, c'est que le maréchal, non seulement n'accepta point avec la hâte qu'on eût pu croire la proposition de Dumouriez, mais trouva toute une série de motifs spécieux pour la rejeter complètement. Cependant, sur de nouvelles instances du ministre, Luckner consentit à se rendre à Paris, et s'aboucha avec Dumouriez auquel il fit part de ses hésitations [1]. Évidemment, cet homme jadis audacieux était devenu un timide [2] ; la responsabilité qu'il allait encourir l'effrayait et, « comme son penchant et ses habitudes le ramenaient à jouer un rôle subalterne [3] », il finit par offrir au ministre de servir en second à l'armée de Rochambeau, et d'aider son collègue à rétablir la discipline dans l'armée du Nord.

Cette proposition bizarre, dont le ministre de la Guerre crut devoir faire part à la représentation nationale, et qui valut à Luckner de nouvelles félici-

1. Il quitta Strasbourg, le 9 mai. (Voyez *Pajol, général en chef*, t. I, p. 20.)
2. « Man braucht noch nicht einnal anzunehmen, dass, der alte, frühere, so tollkühne Haudegen etwass von seiner Kühneit eingebusst hatte. » (Pfeiffer, p. 50.)
3. Dumouriez, *Mémoires*, p. 354.
4. Archives historiques de la Guerre. Armée du Nord, mai 1792. Luckner à Rochambeau, 12 mai.

tations de l'Assemblée[1], fut rejetée par Rochambeau, qui, absolument décidé à quitter son commandement, réclamait avec instance, avec entêtement un successeur[2]. A la lettre que Luckner lui avait écrite à ce sujet, Rochambeau répondit que sa santé lui imposait irrémédiablement la retraite, et comme il avait cru voir dans les hésitations du nouveau général en chef un manque de confiance dans la valeur de l'armée du Nord, Rochambeau ajoutait : « Ne croyez point aux bruits exagérés sur les démissions continues ; il m'en est venu plusieurs, je les ai refusées, et j'ai réussi à en faire retirer la plus grande partie[3]. »

Ainsi acculé dans ses derniers retranchements, Luckner fut obligé d'accepter ce qu'il eût préféré qu'on ne lui offrît pas. Il quitta donc Paris pour Valenciennes le 14 mai[4], après avoir écrit au président de l'Assemblée qu' « il disposait tout pour accélérer son départ, qu'il pressait l'expédition des vivres, les remontes des recrues, l'équipage des officiers[5] ».

Le 15 mai, à six heures du soir, il fit son entrée dans Valenciennes, accompagné de Biron, et fut reçu par Rochambeau, qui avait donné des ordres pour qu'on lui rendît les honneurs militaires réservés au général en chef[6]. Le nouveau généralissime reçut, le soir même, des députations de toute la garnison[7], notamment celle des officiers généraux qui s'étaient rendus à Valenciennes pour son arrivée, et qui l'assurèrent la plupart qu'ils étaient décidés à servir sous

---

1. *Moniteur* du 12 mai, n° 163.
2. Du 1er au 15 mai, il n'existe pas moins de sept lettres, où Rochambeau revient avec insistance sur la question de son remplacement.
3. Archives historiques de la Guerre. Armée du Nord, mai 1792. Rochambeau à Luckner, 13 mai.
4. Archives historiques de la Guerre. Registre 1 à 1 *bis*. Armée du Rhin. Victor de Broglie aux généraux Custines, La Morlière, etc., 15 mai.
5. *Moniteur* du 15 mai, n° 136. Lettre lue à la séance du lundi 14.
6. *Mémoires de Rochambeau*, t. I, p. 418.
7. Archives historiques de la Guerre. Armée du Nord, mai 1792. Rochambeau au ministre de la Guerre, 16 mai.

ses ordres[1]. Il demanda alors à Rochambeau d'appeler à eux Lafayette pour discuter ensemble le plan d'opérations qu'il se proposait de suivre, expédia tout aussitôt au commandant de l'armée du Centre un courrier pour le mander à Valenciennes[2], et rendit compte en ces termes de son arrivée au ministre :

Valenciennes, 16 may 1792. — L'An IVe de la Liberté.

« Je suis arrivé icy, Monsieur, hier au soir, 15 may. J'ai vu M. le maréchal de Rochambeau. J'ai envoyé un courrier à M. de Lafayette pour que nous nous concertions avec lui. Il ne me parait pas possible d'espérer conserver M. de Rochambeau ; sa santé lui parait un obstacle qu'il trouve insurmontable. Je désirerais au moins qu'il restât à Valenciennes pour y commander *une partie des troupes*, si nous trouvons utile de faire un mouvement par notre droite...

« Si M. le maréchal de Rochambeau ne se décide pas à rester, il est nécessaire qu'il y ait à Valenciennes un officier général consommé dans son métier et en état de tenir les ennemis en échec dans le cas où j'entreprendrais sur un autre point. J'ai en conséquence l'honneur de vous proposer que le même courrier... ordonne à M. de La Morlière de se rendre à Valenciennes le plus promptement et le plus directement possible[3]. »

Si l'offre qu'avait faite Luckner à Rochambeau[4] de servir sous ses ordres à l'armée du Nord était bizarre, le fait de demander maintenant à l'ancien généralis-

---

1. Id., *ibid.*
2. Archives historiques de la Guerre. Armée du Nord, mai 1792 : Luckner à Servan, 16 mai, n° 95.
3. Id., *ibid.*
4. Archives historiques de la Guerre. Armée du Nord, mai 1792. Rochambeau à Servan, n° 95.

sime de commander *une partie des troupes*, c'est-à-dire
de servir à Valenciennes sous son commandement à
lui, Luckner, n'était pas moins singulier, et Rochambeau trouva d'excellentes raisons pour décliner cette
seconde proposition. Il avait remis, sur l'heure, à son
remplaçant, une situation de l'armée, de ses emplacements, et les renseignements qu'il pouvait avoir sur
les positions de l'ennemi ; il l'assura que la discipline
allait peu à peu se rétablissant, lui promit de demeurer
jusqu'à l'arrivée de Lafayette pour l'aider, si Luckner
le jugeait à propos, relativement à la conduite des
opérations ultérieures ; finalement lui offrit de l'accompagner s'il désirait voir les troupes cantonnées dans
les environs. Les deux maréchaux tombèrent d'accord
pour aller visiter le jour même le camp de Famars,
à 5 kilomètres au Sud de Valenciennes, et ils s'y rendirent dans la matinée, après qu'on eût envoyé une
estafette prévenir de leur visite, pour laquelle rien
n'était préparé. En dépit de la surprise de cette inspection inopinée, Luckner trouva les divers régiments
sous les armes, parut satisfait de leur aspect, et avait
commencé, suivant son habitude, à questionner fami-
lièrement quelques soldats, quand un courrier, dépêché de Condé par le général O'Moran, lui apprit que
les Autrichiens venaient de s'emparer de Bavay[1], et
qu'ils semblaient manifester l'intention de pousser
leur succès plus avant. Les troupes de Famars étaient
sous les armes, on les avait par conséquent sous la
main ; les ordres furent donnés et exécutés instantanément. Pendant qu'à la tête d'une avant-garde forte
de 8 escadrons, de 2 compagnies de grenadiers,
2 piquets[2] et 2 pièces, Luckner et Noailles se portaient

---

1. A 15 ou 16 kilomètres Est de Valenciennes.
2. Les piquets sont des troupes qui doivent toujours être prêtes à marcher. D'après l'ordonnance de 1753 (17 février), le service du piquet durait
quarante-huit heures. C'était aux piquets à porter secours aux grand'gardes

immédiatement sur Bavay, Rochambeau réunissait un corps principal de 3 bataillons d'infanterie, 2 escadrons de dragons, 4 pièces de 8, 4 obusiers, et se mettait à son tour en mouvement dans la même direction. Mais ce n'était là qu'une alerte sans conséquence. Les Autrichiens, au nombre de 2.500 hommes, étaient entrés dans Bavay, dans le seul but d'y réquisitionner des vivres ; ils avaient eu peu de peine à bousculer la garnison de 115 hommes[1] du 49ᵉ d'infanterie et du 10ᵉ chasseurs qui occupait la ville et, leur opération terminée, ils s'en étaient allés comme ils étaient venus, c'est-à-dire sans aucune intention de pousser plus loin leur effort.

Quand Luckner arriva en vue de Bavay, il y avait plusieurs heures déjà que l'ennemi avait disparu, et ce détachement de 2 à 3.000 hommes, conduits par deux maréchaux de France, n'eut plus qu'à rentrer à Famars, d'où on l'avait bien inutilement fait sortir.

Le lendemain 17 et le surlendemain 18 furent passés à visiter d'autres postes, différents cantonnements, à inspecter les magasins et les approvisionnements. Enfin, Lafayette arriva le 19 au matin, et une conférence fut immédiatement ouverte entre les trois généraux, conférence dans laquelle Luckner devait exposer son plan et entendre les objections qui pourraient lui être présentées. Le procès-verbal de cet entretien n'est pas connu, et le plan qui s'ensuivit, adressé plus tard au roi pour obtenir son approbation, n'existe plus dans les cartons de la Guerre. Il est probable que cette lacune date même de longtemps, car déjà

menacées. La force du piquet, qui, aux termes des ordonnances de 1778 (28 avril) et 1788 (12 août), était de 2 escouades par compagnie, était fournie par tout le régiment, depuis l'apparition de l'ordonnance du 5 avril 1792.

1. La relation du *Moniteur* dit 80. Le chiffre de 115 nous est fourni par le rapport de la municipalité de Bavay, rédigé immédiatement après le départ des Autrichiens. (Archives historiques de la Guerre. Armée du Nord, mai 1792).

Lajard, qui entra au Ministère de la Guerre le 16 juin, écrivait à Luckner, le 25 suivant, « qu'il ne trouvait aucune trace, ni des instructions qu'on lui avait adressées, ni du plan qu'il avait soumis à l'approbation du Conseil[1] ». Toutefois, on sait que Dumouriez avait donné carte blanche au maréchal pour l'élaboration de son plan d'opérations[2], et, d'autre part, le fond des desseins arrêtés dans la conférence du 19 nous a été conservé par Bureaux de Puzy, dans le discours qu'il prononça à la Législative, dans la séance du 29 juillet, quand, englobé dans l'accusation dirigée contre Lafayette d'avoir conspiré à main armée contre la Constitution, il présenta lui-même sa défense devant l'Assemblée[3]. Ce plan, dont la paternité appartenait tout entière à Luckner, consistait, nous dit Bureaux, à porter toutes les forces françaises dans la partie occidentale des Pays-Bas, c'est-à-dire entre la Lys et la mer, à tomber ainsi sur la droite autrichienne et à rejeter l'ennemi sur le Rhin en prenant successivement pour objectif les places de guerre qu'on rencontrerait devant soi : Courtrai, Bruxelles, Gand, etc. Ce mouvement devait être appuyé par Lafayette, qui menacerait l'aile gauche des Autrichiens, de manière à les empêcher de se masser sur leur droite et de s'opposer à l'offensive du maréchal. Si les Autrichiens commettaient la faute de dégarnir leur gauche, Lafayette aurait alors le rôle principal, et s'avancerait résolument sur Mons. Le plan de Luckner était donc d'opérer par sa gauche et d'attaquer les Autrichiens par leur droite, du Nord-Ouest au Sud-Est, ayant lui-même le dos à la mer, et

1. Archives historiques de la Guerre. Armée du Nord, juin 1792. Lajard à Luckner, 25 juin.
2. Bei der Ausarbeitung des neuen Kriegsplanes hatte Dumouriez Luckner Wilkommen freie Hand gelassen. (Pfeiffer, p. 31, d'après Jomini.)
3. *Moniteur* du 30 juillet et jours suivants.

cherchant à rejeter les Autrichiens sur leurs propres communications. C'était, il faut l'avouer, une singulière manière de comprendre la guerre, une façon toute nouvelle d'appliquer les principes immuables de la stratégie, une conduite qui donnait à penser que M. de Montmorin avait entièrement raison quand il écrivait, le 19 avril, à La Marck : « Luckner radote complètement[1]. » « Ce mouvement par la gauche, a écrit à cet égard Jomini, était une monstruosité en stratégie ; il prouve évidemment que son auteur n'avait pas les premières notions de la guerre, car c'était le mouvement inverse qu'il fallait faire[2]... »

Si l'on trouvait étrange que Rochambeau et Lafayette aient donné les mains à cette conception étrange, on pourrait dire pour leur défense que vraisemblablement ils durent s'incliner devant les prétentions du maréchal. Au surplus, Rochambeau, qui s'en allait, qui n'assistait qu'en amateur à ce conseil de guerre, n'essaya très probablement pas de discuter les idées de son collègue ; quant à Lafayette, son âge et son grade subalterne lui imposaient plus de retenue encore. Le vrai coupable, c'était la France entière, engouée sans raison d'un général ignorant et incapable ; le vrai responsable, c'était Dumouriez, c'était Mathieu Dumas, c'était le gouvernement tout entier qui, suivant une autre parole de Jomini, « n'avait pas d'idées assez justes des talents nécessaires à un général en chef pour juger la différence qui existe entre un hussard hanovrien et un maréchal chargé du destin de la France[3] ».

1. *Correspondance de Mirabeau.* III, 298. Montmorin à La Mark.
2. Jomini, *Histoire des guerres de la Révolution.* Bruxelles, 1841, I, 119.
3. *Id.*, p. 118.

CHAPITRE XI

L'ARMÉE DU NORD SOUS LES ORDRES DE LUCKNER. —
UNE LETTRE DE BERTHIER. — REPRISE DES OPÉ-
RATIONS ACTIVES.

L'armée dont le maréchal de Luckner prenait le
commandement avait subi d'assez sérieuses modifications depuis l'organisation que lui avait donnée
Narbonne en décembre 1791. D'après un état daté
« du quartier-général de Saint-Saulve, le 1ᵉʳ mai (1792),
à une heure du matin », et signé : « *l'adjudant général en chef de l'armée du Nord :* JARRY », cette
armée comprenait à la date précitée les troupes actives suivantes (non compris les bataillons et escadrons formant la garnison sédentaire des places) :

INFANTERIE DE LIGNE

22ᵉ régiment de ligne (1 bataillon)	à Famars.
45ᵉ — —	....	à Sepmeries.
56ᵉ — —	....	(non arrivé encore).
68ᵉ — —	....	à Villers-Pol.
74ᵉ — —	....	à Artres.
1ᵉʳ — —	....	à Condé.
18ᵉ — —	....	à Maubeuge.
49ᵉ — —	....	à Le Quesnoy.
88ᵉ — —	....	à Valenciennes.
3 compagnies de grenadiers....	à Aulnoy.

VOLONTAIRES NATIONAUX

1er et 2e bataillons de Paris...	à Saint-Amand et Marchiennes.
1er et 2e — du Nord...	à Querenaing et Ruesnes.
1er et 2e — de l'Orne..	à Montchaux-s-l'Ecaillon et Sommaing.
2e bataillon de l'Oise........	à Vendegies-s-l'Ecaillon.
1er — de l'Yonne.......	à Maing.
1er — de l'Aisne........	à Beaudignies.

CAVALERIE

14e régiment de dragons...	à St-Léger et Trith-St-Léger.
1er — de chasseurs..	à Marly.
2e — de hussards..	à Saint-Waast-lès-Bavay.
3e. — de cavalerie..	à Maubeuge.

ARTILLERIE

A Valenciennes [1].

Cette armée fut renforcée au cours du mois de mai, par un certain nombre d'unités de ligne ; elle reçut également quelques bataillons de volontaires de nouvelle formation qu'on substitua à d'autres renvoyés dans les places ; finalement, si nous nous en rapportons à un autre tableau postérieur vraisemblablement dressé par Berthier quand il eut rejoint Valenciennes, l'armée de Luckner comptait au moment de l'ouverture des hostilités : 14 régiments d'infanterie à 2 bataillons, dont 1 de dépôt ou dans les places, 12 bataillons de volontaires, 4 régiments de dragons, 4 régiments de cavalerie et 273 bouches à feu. Cette armée était répartie tactiquement en une avant-garde, une réserve et trois divisions à deux brigades formant corps de bataille ; ce corps de bataille était scindé lui-même en deux lignes. Le tableau suivant fera mieux comprendre cette division :

1. Extrait des Archives de Valenciennes. Voir la *Revue militaire* rédigée à l'Etat-major de l'armée, juin 1900, p. 428.

AVANT-GARDE

GÉNÉRAL **Jarry**, MARÉCHAL DE CAMP

1 bataillon belge, 1 bataillon de grenadiers, 3 escadrons du 1ᵉʳ chasseurs. 3 escadrons du 6ᵉ chasseurs, 3 escadrons du 3ᵉ hussards.

Flanqueurs de gauche
90ᵉ d'infanterie

Alexandre de Lameth, maréchal de camp.

Demi-brigade de cavalerie
17ᵉ dragons
24ᵉ —

— Général *Beurnonville*. — 2ᵉ Division.

	AILE GAUCHE	CENTRE	AILE DROITE	
	3ᵉ *brigade*	2ᵉ *brigade*	1ʳᵉ *brigade*	*Demi-brigade de cavalerie*
	1ᵉʳ bᵒⁿ de Paris	5ᵉ régiment d'infanterie	1ᵉʳ régiment d'infanterie	10ᵉ de cavalerie
	1ᵉʳ — de Seine-Infér. 74ᵉ	—	24ᵉ —	13ᵉ —
	2ᵉ — de Paris 89ᵉ	—	81ᵉ —	
	1ᵉʳ — de l'Aisne 40ᵉ	—	22ᵉ —	

1ʳᵉ Division : Général *Lynch*.

Lieutenant-général **Biron**, commandant la première ligne

Demi-brigade de cavalerie
6ᵉ dragons
3ᵉ —

6ᵉ *brigade*	5ᵉ *brigade*	4ᵉ *brigade*	*Demi-brigade de cavalerie*
3ᵉ bᵒⁿ du Nord	1ᵉʳ bᵒⁿ du Pas-de-Calais	12ᵉ régiment d'infanterie	3ᵉ de cavalerie
1ᵉʳ — d'Ille-et-Vilaine	1ᵉʳ — de l'Eure	56ᵉ —	8ᵉ —
1ᵉʳ — de la Somme	2ᵉ — de l'Eure	78ᵉ —	
4ᵉ — de la Somme	1ᵉʳ — de la Manche	19ᵉ —	

3ᵉ Division : Général *du Chastelet*.

Charles de Lameth : maréchal de camp, commandant la brigade de cavalerie

Flanqueurs de droite
45ᵉ d'infanterie

Lieutenant-général **de Carle**, commandant la deuxième ligne

RÉSERVE

GÉNÉRAL **Valence**, MARÉCHAL DE CAMP

6 escadrons de carabiniers. 5 bataillons de grenadiers, 1 bataillon de chasseurs à pied

ARTILLERIE
Général *d'Aboville*, maréchal de camp.

4 bataillons, 273 pièces

TOTAL. 36.000 hommes
Au camp de Maulde 7.000 —

Total général : 43.000 hommes

Il résultait de la disposition précédente que Beurnonville, le chef de la 2ᵉ division, avait à prendre les ordres du général Biron, commandant la 1ʳᵉ ligne, pour les troupes de sa première brigade, et ceux du général de Carle, commandant la 2ᵉ ligne, pour celles de sa seconde brigade. Il en était de même des commandants des brigades de cavalerie. De plus, les flanqueurs de gauche étant attribués à Biron, ceux de droite à de Carle, c'était tant pis pour de Carle si son flanc gauche restait découvert et c'était tant pis pour Biron si son aile droite était menacée.

La valeur de ces troupes était sans doute très diminuée par suite de l'émigration d'un grand nombre d'officiers, de leur remplacement par certains titulaires peu capables, de l'esprit d'indépendance, d'indiscipline qui était entretenu dans l'intérieur des corps par les excitations de toute sorte provenant des clubs et des journaux révolutionnaires. Cependant, l'armée de Luckner, composée pour les deux tiers de corps de l'ancienne armée royale, pour le dernier tiers de volontaires de 1791, présentait une force combattante d'une valeur très appréciable. A cette époque encore les régiments royaux, habitués de longue main à tous les détails de la vie militaire, dans lesquels un noyau de vieux soldats entretenaient la tradition, chez lesquels l'instruction militaire continuait à être donnée sinon avec la régularité primitive tout au moins avec une certaine exactitude, dans lesquels enfin des sous-officiers anciens de grade, rompus au métier[1], avaient été investis des fonctions d'officiers, n'étaient pas encore les unités désorganisées qu'on put voir dans l'armée après le 21 janvier et pendant la Terreur. De même pour les volontaires, il faut se rappeler que les enrô-

---

1. Hoche, Jourdan, Lecourbe, Oudinot et cent autres étaient dans ce cas.

lements de 1791 avaient envoyé dans les bataillons
de nouvelle formation une quantité considérable de
recrues d'élite, de jeunes gens appartenant aux
classes les plus élevées de la bourgeoisie[1], ayant reçu
souvent, presque toujours, une instruction solide[2],
remplis d'ardeur et de bonne volonté. Il est certain,
par exemple, qu'à l'armée de Luckner, le 1er bataillon
de la Manche commandé par Valhubert, le 1er de Paris
aux ordres de Gouvion Saint-Cyr, le 1er d'Ille-et-Vi-
laine, sous Moreau, le futur vainqueur de Hohenlinden,
le 1er de l'Yonne commandé par Davout[3], étaient des
unités dans lesquelles la valeur du chef devait influer
notablement sur celle des subordonnés, des bataillons
qui devaient laisser peu à désirer comme vigueur et
comme discipline.

Une immense différence séparait ces volontaires de
1791 de leurs cadets les volontaires de 1792, parmi
lesquels se glissa en grand nombre ce que la France
avait de pire dans son sein, qui demeuraient pour la
plupart des pillards, des bandits, et quelquefois pis
encore[4].

Ce qui constituait la faiblesse de cette armée, un
mois après la déclaration de guerre, était, comme
un mois auparavant, le manque de moyens matériels.
Les plaintes adressées au ministre de la Guerre, le
25 avril, par Lafayette, celles-là mêmes que nous
citions plus haut, Rochambeau les avait formulées
pour son armée depuis le 14 décembre, et le nouveau
général en chef ne se fit pas faute de les répéter à
satiété dès qu'il eut pris possession de son commandement.

1. Voyez ce que Thiébaut dit de sa compagnie.
2. Tel Saint-Cyr-Nugues par exemple, le futur lieutenant général.
3. Le 1er de l'Yonne ne figure pas dans le tableau précédent; il fut sans
doute laissé à Maing, en garnison.
4. Voyez Rousset, Thiébault, tous les mémorialistes du temps, les rapports de tous les généraux qui avaient des volontaires sous leurs ordres.

Cependant, dans les innombrables plaintes qui remplissent la correspondance du maréchal pendant les mois de mai et juin, deux reviennent à chaque instant sous sa plume avec une insistance particulière : 1° il n a pas de tentes pour abriter ses troupes; 2° il n'a pas le chiffre d'officiers généraux ni d'officiers d'état-major qu'il déclare indispensable. Ces griefs évidemment étaient fondés; on les voit signalés en dehors de la correspondance signée Luckner, par deux personnalités dont on ne peut nier la compétence, le général Valence et le général Berthier, Valence, attaché particulièrement à la personne du maréchal et son premier aide de camp, Berthier, — le futur prince de Neuchatel, — son chef d'état-major.

A la date du 21 mai 1792, Valence, à cette époque simple maréchal de camp, écrivait personnellement et directement la lettre suivante au ministre de la Guerre :

« Pour qu'il soit possible, Monsieur, de se conformer aux vœux du Conseil du Roi, il faut avoir des moyens, et ces moyens sont des officiers et des soldats. Je ne sais pas bien encore ce que compte faire M. le maréchal (Luckner), mais ce que je sais bien, c'est que l'état de cette armée fait frémir. Elle manque de tout, et spécialement d'ordre, de méthode dans les détails du service d'état-major.

« Il est désirable par-dessus tout que les officiers généraux soient attachés aux troupes, et pour cela, il faut en avoir. Nous attendons MM. Marcé, Marassé, Lamorlière, Duchastelet, Berruyer et quelques autres, enfin Berthier[1]. Je vous prie, Monsieur, avec insistance, de ne pas souffrir, sous aucune espèce de prétexte, que MM. Berthier et La Jarre se destinent à une autre armée. Ce sont des hommes indispensables dans celle

---

1. Berthier arriva peu de jours après que cette lettre avait été écrite.

de M. de Luckner et qui ne peuvent être suppléés. L'un d'eux ou tous deux veulent aller à l'armée de Lafayette, mais il est de la plus haute importance de nous les conserver l'un et l'autre, et je vous prie de n'entendre à rien qui change cet arrangement. Il serait nécessaire que M. de Jarry, chef de l'état-major, soit appliqué à la partie qui lui convient : l'avant-garde, et pour cela fait maréchal de camp. Nous vous organiserons ensuite l'état-major, de manière à le faire enfin marcher ; Berthier, maréchal de camp, pourra être chef et La Jarre adjoint. Jamais je n'ai vu telle confusion dont il faut enfin sortir. Adieu, Monsieur, pardonnez ce griffonnage[1] ; je n'ai pas eu un moment et je me mettrai à une correspondance plus exacte à l'avenir. Recevez mes hommages. et que mes lettres, je vous prie, soient pour M. Dumouriez seul et pour vous[2]. »

Sans doute, ces plaintes sont catégoriques et peignent un état de choses qui ne pouvait manquer d'être tel qu'on le présentait. Cette situation avait-elle la gravité que lui supposaient ces correspondants de bonne foi ? C'est une autre question. Il faut effectivement se rappeler que ces généraux du commencement de la Révolution, habitués à faire la guerre dans certaines conditions de matériel, de régularité, nous dirions volontiers de bien-être pour le soldat, ne comprenaient point encore qu'une époque militaire nouvelle était née, qu'une ère très différente s'ouvrait en tactique et en stratégie, une ère où les hommes allaient parcourir l'Europe sans autre bagage que leur fusil et leurs cartouches, que l'on était arrivé à une époque où les

---

1. Cette lettre est effectivement *griffonnée* et à peine lisible.
2. Archives historiques de la Guerre. Armée du Nord, mai 1792. Valence à Servan, 21 mai.

impedimenta énormes des anciennes armées allaient être impitoyablement sacrifiés. Relativement à ce manque de tentes dont parle à chaque instant Luckner comme d'un obstacle qui le cloue inévitablement à Valenciennes, on ne voit pas bien comment le maréchal, s'il ne voulait point loger ses soldats chez l'habitant, ne songeait à les mettre dans les bâtiments publics qui pullulaient dans les villes de son commandement. On était d'ailleurs au mois de mai, c'est-à-dire dans une saison où la température eût rendu le bivouac facile et la vie au grand air sans inconvénient. Mais, sans doute, cette façon de faire lui eût paru une innovation dangereuse, et Luckner n'était pas un novateur. Quelle différence de façon de penser et d'agir avec Lafayette, qui terminait sa lettre du 25 avril, dont nous parlions un peu plus haut, en assurant le ministre qu'en dépit de toutes les misères qu'il lui signalait, il était prêt à marcher, deux choses étant seulement indispensables au soldat pour se porter en avant : « des souliers et du canon ! ». Il eût fallu à Luckner un peu de cette activité et de cette vigueur : malheureusement l'énergie, l'initiative, dont il avait donné jadis d'irrécusables preuves, étaient à jamais éteintes dans son âme.

En ce qui concerne le manque d'officiers généraux, nous croyons que là encore ses récriminations étaient exagérées, qu'elles devaient être attribuées à cette pensée erronée qu'il faut aux troupes, pour les conduire, une proportion considérable de cadres de tout grade. Sans doute les événements de la fin d'avril avaient jeté le trouble dans les hautes sphères de l'armée du Nord ; sans doute la mort de Théobald Dillon, les désordres de Baisieux et de Quiévrain

----

1. Voyez notamment la lettre du lieutenant général d'Harville. (Archives historiques, 4 juin.)

avaient découragé nombre de généraux[1], mais un homme d'initiative n'eût pas hésité — comme le lui conseillait d'ailleurs le ministre[2] — à donner le commandement de ses brigades à de simples colonels, celui de ses divisions à des maréchaux de camp. A la guerre, de telles substitutions sont monnaie courante, « sans que les choses en aillent plus mal. » Cependant, en agissant ainsi, Luckner eût perdu une raison précieuse de se plaindre, d'atténuer sa responsabilité, et c'est à sauvegarder cette responsabilité, à la diminuer de toute façon, qu'il songeait surtout.

« Donnez-nous, écrivait-il à Dumouriez, des moyens de faire la guerre avec succès. Comment peut-on comprendre un excès de négligence si coupable à cet égard ? J'espère que vous voudrez bien le faire cesser. J'attends de M. Servan qu'il nous fasse venir promptement tout ce qui nous manque[2]. »

Le jour même où Valence avait écrit, au nom du maréchal, la lettre que nous avons citée plus haut, Servan avait répondu à Luckner en lui adressant la liste des lieutenants généraux et des maréchaux de camp destinés à l'armée du Nord. Le maréchal, pour cette armée qui, en fait de troupes actives, n'atteignait pas 40.000 hommes en comptant les garnisons des places, n'avait pas demandé moins de 9 généraux de division et 20 brigadiers[3], c'est-à-dire 1 divisionnaire et 2 brigadiers pour 4.000 hommes. On n'avait pu lui donner ce chiffre, que le gouvernement trouvait sans doute exagéré, pour la bonne raison qu'on n'avait pas ce nombre de généraux disponibles ; toutefois, Servan lui indiquait, comme nous le disions tout à l'heure,

1. Archives historiques de la Guerre. Armée du Nord, mai 1792. Servan à Luckner, 26 mai.

2. Archives historiques de la Guerre. Armée du Nord, mai 1792. Luckner à Dumouriez, 26 mai.

3. Archives historiques de la Guerre. Armée du Nord, mai 1792. Luckner à Servan, 28 mai. Lettre citée plus loin.

une méthode très rationnelle de tourner la difficulté :
celle de confier le commandement des divisions à des
maréchaux de camp dont il allait « être pourvu en
grand nombre ». Au cas où Luckner n'eût point con-
senti à ce pis-aller, le ministre conseillait au maréchal, de «solliciter de l'Assemblée une augmentation
du chiffre organique des lieutenants généraux[1] ».

Dans cette même lettre, Servan annonçait encore à
Luckner qu'il venait de donner l'ordre au colonel
Berthier de rejoindre l'armée du Nord. « Vous pouvez
l'employer comme maréchal de camp, ajoutait-il. Il
sera le premier nommé, et cela ne tardera pas,
puisqu'il y a une place vacante[2]. »

Luckner ne se témoigna pas satisfait de la lettre de
Servan, et il adressa immédiatement au ministre la
réponse suivante :

« J'ai reçu, Monsieur, la lettre que vous m'avez
fait l'honneur de m'écrire le 26, et je vais faire re-
partir le courrier qui me l'a apportée. J'ai trouvé
jointe la liste des lieutenants généraux, qui ne sont
que 5, puisque M. de Marcé n'est pas arrivé. M. de
La Morlière n'est pas arrivé non plus. Je l'attendais
et j'avais projeté mes dispositions, comptant sur lui.
Je n'ai ni l'un ni l'autre de ces lieutenants généraux
sur l'arrivée desquels je n'avais dû concevoir aucun
doute. La liste des maréchaux de camp ne m'offre
pas de moyens de suppléer les lieutenants généraux.
Il en faut, dans les places comme Valenciennes,
Maubeuge, Lille et Douai. Condé aussi est un poste
très important et j'y laisse M. O'Moran ; je laisse à
Douai M. de Marassé, que vous avez désigné vous-
même, dont vous m'avez répondu, et qui, par consé-

1. Archives historiques de la Guerre. Armée du Nord, mai 1792. Servan à
Luckner, 26 mai.
2. Idem, *ibid*.

quent, sera propre à déjouer toute intrigue pour livrer cette place.

« Je ne connais point M. de Romé, pas davantage M. de Menou; aucun d'eux n'est arrivé. Vous avez donné un congé à M. de Fleury; M. de Lameth (Alexandre) n'est point à Valenciennes; M. de Berruyer n'y est point non plus. S'il est retourné à Versailles comme je le crois, je vous prie de lui donner l'ordre de se rendre ici sur-le-champ.

« M. Alexandre Berthier n'est pas à Valenciennes, et cependant j'avais demandé avec les plus vives instances qu'il fût ici le 27 au plus tard. M. de Rochambeau fils [1] n'est pas ici, et, je crois, ne doit point revenir. Je n'ai point de lettres de service pour M. de Beurnonville; j'ai celles de M. du Chastelet, mais aucune nouvelle de lui.

« M. Jarry étant maréchal de camp, j'ai un seul adjudant général [2] colonel; M. César Berthier [3] a quitté; il n'en reste que trois lieutenants-colonels : M. Duvigneau n'a pas de brevet et M. Berneron n'est pas arrivé.

« Convenez, Monsieur, que le dénuement est au delà de tout ce qu'on peut croire; vous verrez par la lettre que je joins ici, que cependant il n'arrête ni mes projets ni ma bonne volonté, mais comment se peut-il que vous ne le fassiez pas cesser? Je vous prie d'observer qu'ayant été obligé d'envoyer M. de Foissac [4] à Maubeuge, je n'ai que M. de Beauharnais [5] pour état-major.

1. Le fils du maréchal, comme il a été dit plus haut; il devint général de division sous l'Empire et fut tué à Leipzig.
2. Nous rappelons que les adjudants généraux étaient des colonels ou des lieutenants-colonels d'état-major.
3. Le frère du prince de Neuchatel devint divisionnaire sous l'Empire.
4. C'est celui dont nous avons cité le rapport à propos de l'expédition de Mons. Il existe aux Archives une curieuse lettre où il demande l'impression, aux frais de l'Etat, de son livre sur *la Guerre de retranchements*. Ce fut lui qui défendit si malheureusement Mantoue en 1796.
5. Le mari de l'impératrice Joséphine.

« Il n'est pas douteux, Monsieur, que je n'aie besoin d'un plus grand nombre d'officiers généraux, puisqu'il faut en laisser dans toutes les places importantes. Il me serait nécessaire d'avoir 9 lieutenants généraux et 20 maréchaux de camp [1]... »

Revenant le lendemain même sur cette question des officiers généraux qui lui tenait spécialement au cœur, Luckner écrivait encore au ministre, à la date du 31 mai :

« ... J'ai M. de Beauharnais pour tout état-major [2], je voudrais envoyer à M. de Carle [3] 1 adjudant général et au moins 2 maréchaux de camp, 1 pour servir avec lui avec M. de Morton (de Moreton-Chabrillan), l'autre pour rester à Dunkerque ; 1 adjudant général, 3 maréchaux de camp à M. de La Bourdonnaye, l'un pour rester avec lui à Lille, l'autre pour camper aux ordres de M. de Marcé [4] sous les murs de la ville. Je ne puis remplir aucun de mes projets, faute d'officiers d'état-major et d'officiers généraux, et les soldats sans habits, sans vestes et surtout absolument sans culottes. Que dois-je penser du retard de l'arrivée de M. Berthier, si positivement annoncée pour le 27 ?...

« Dans une de mes dernières lettres, je vous disais, Monsieur, qu'il m'est nécessaire d'avoir 9 lieu-

1. Archives historiques de la Guerre. Armée du Nord, mai 1792. Luckner à Servan, 28 mai.
2. En marge, de la main du ministre : « M. Berthier est parti avec les arrangements nécessaires pour cet objet. »
3. Le général de Carle, qui avait signé depuis le commencement de la guerre : « Decarle, le plus ancien maréchal de camp de l'armée française », venait d'être nommé lieutenant général et commandait à Dunkerque. C'est lui qui avait commandé l'expédition du 30 avril contre Furnes. On lui attribua le commandement du groupe de gauche, et après la jonction, celui de la deuxième ligne. Il commanda à Courtrai le groupe réserve et avant-garde réunis.
4. On voit par ce renseignement que M. de Marcé avait rejoint depuis la lettre du 28 mai.

tenants généraux et 20 maréchaux de camp dans cette armée. Il serait peut-être indispensable d'obtenir un décret pour l'augmentation des lieutenants généraux [1]. J'ai cherché, en faisant mes dispositions, de n'en placer que 8, même 7, s'il est absolument impossible d'en avoir 8 ; c'est le nombre qui jusqu'à présent avait été attaché à cette armée. Je les attends avec impatience, ainsi que 20 maréchaux de camp. Que puis-je faire, Monsieur, sans secours [2] ?... »

Si pressantes que fussent ces instances, Luckner croyait utile de les renouveler deux fois par jour, et, après avoir écrit la lettre qu'on vient de lire, il en adressait une autre à la même date, pour dire encore : « Si je ne suis pas aidé, que puis-je faire [3] ? » et pour se plaindre de la non-arrivée de La Morlière, — qui avait formellement refusé de quitter Strasbourg, — de Berthier et de La Jarre.

Il résulte d'une façon certaine de ces diverses dépêches — celle de Valence comprise — que l'armée du Nord était encore incomplète au 1er juin, et que la réputation de Berthier comme officier d'état-major était déjà telle à cette époque que les généraux en chef s'efforçaient par tous les moyens possibles de l'attacher à leur personne [4].

Berthier arriva enfin à Valenciennes le 28 ou 29 mai, et comme il était, lui aussi, homme d'ordre,

1. En marge de la main du ministre : « On va proposer à l'Assemblée l'augmentation des officiers généraux. »
2. Archives historiques de la Guerre. Armée du Nord, mai 1792. Luckner à Servan, 31 mai.
3. Id., *ibid.*, 31 mai (deuxième lettre du 31).
4. Voir la note d'Audoin sur une dépêche de Dumouriez, p. 342. — « Il n'y avait pas au monde de meilleur chef d'état-major que Berthier, a dit Napoléon ; mais il n'était pas en état de commander cinq cents hommes. » — O'Meara (*Napoléon dans l'exil*, I, p. 380). — Sur Berthier voir encore : *Général Lejeune* (éd. Didot), II, 163-168 ; — Marmont, *Mémoires*, I, 150 ; — Général de Fezensac, *Souvenirs militaires*, 227-229 ; — Général Mathieu-Dumas, *Précis*, etc., IV, 344 ; — Général Thiébault, *Mémoires*, III, 322 et II, 227 ; — Las Cases, *Mémorial de Sainte-Hélène*, I, 412 à 414, etc., etc.

minutieux, sans aucune largeur de vues, habitué à n'agir que dans certaines conditions bien arrêtées d'avance, il poussa à son tour les hauts cris en constatant qu'il n'avait point tous les adjoints jugés indispensables au fonctionnement régulier et normal de son service. En exprimant ses plaintes à Luckner, il parlait à un converti ; aussi obtint-il immédiatement l'autorisation d'adresser directement au ministre la lettre suivante, qui, tout en étant la répétition des précédentes, doit être citée ici comme un document particulièrement intéressant :

Valenciennes, le 4 juin.

« MONSIEUR,

« Conformément aux ordres du Roi, je me suis rendu ici, et d'après ceux que m'a donnés M. le maréchal Luckner je me trouve chargé en chef des détails de l'état-major de l'armée qu'il commande. . .

« Je ne suis pas découragé, Monsieur, parce que les difficultés redoublent mon énergie, mais je suis véritablement effrayé de l'état où j'ai trouvé l'armée de M. le maréchal de Luckner. J'ai trouvé un état-major nul, et quand vous vous rappellerez, Monsieur, les détails attribués par le règlement du service en campagne au chef de l'état-major, vous douterez que je puisse, avec tout le zèle possible, monter sans moyens un service qui réunit tous les détails de l'armée, et je dois l'avouer, mes talents sont au-dessous des devoirs d'une place qui rassemble les plus grandes difficultés même dans les armées les plus instruites et les plus disciplinées.

« Vous verrez par les dispositions que je joins ici, dispositions de nécessité absolue, combien je dois être embarrassé à la veille d'un mouvement *que nous ne sommes pas en état de faire*, tant pour le désordre affligeant qui règne ici, que par le peu d'instruction de l'armée. Vous verrez qu'il me faut 8 adjudants généraux et 14 adjoints. J'ai MM. Beauharnais, Chancel qui a des ordres pour l'armée du Rhin et qui d'ailleurs n'est propre qu'à un genre de fonctions peu utile en ce moment, d'Hédouville, Foissac qui est à Maubeuge, Duvigneau qui est malade; pour adjoint, M. de Pont à Vice (du Pontavice).

« Il résulte, Monsieur, que je dois monter le service le plus difficile avec 2 adjudants généraux et 1 adjoint, service dont la plus grande rigueur exige 8 adjudants généraux et 14 adjoints. Je n'ai pas entendu parler de MM. Beaurevoir et Berneron, non plus que de MM. Pillerie et Coulange, que je vous avais demandés pour adjoints.

« Je vous envoie, Monsieur, l'état de ce qui m'est nécessaire pour monter l'état-major de cette armée ; M. le Maréchal m'autorise à vous le demander en son nom, et, jusqu'au moment où j'aurai ce nombre d'officiers, je ne peux me charger de la responsabilité de chef de l'état-major, fonctions qui réunissent celles du ci-devant maréchal général des logis, du major-général de la cavalerie, de celui des dragons et de l'infanterie.

« Rappelez-vous, Monsieur, que, si nous marchons le 9, il n'existe pas d'état-major, et qu'indépendamment de l'armée il y a des corps campés ou détachés à Maubeuge, à Lille, à Dunkerque, et que je suis chargé de tous les détails, ordres de service, marches, campements et distributions.

« Jamais, Monsieur, je n'ai été dans une position aussi affligeante, et jamais, je vous le promets, je n'aurai plus de courage.

« Je pourrais entrer dans beaucoup d'autres détails

à vous affliger; quant à moi, en vous parlant le langage de la vérité, je remplis un devoir d'obligation.

« Vous avez, Monsieur, dans l'intérieur, de bons adjudants généraux que des considérations retiennent et qui devraient être ici : M. Amobere, qui vient d'être fait colonel; M. de Saint-Fief; M. de Vieussieux; 2 adjudants qui sont employés à Paris. Voilà, Monsieur, 5 officiers, dont au moins 3 devraient être en fonctions dans un moment d'une telle importance. C'est ici, Monsieur, qu'il faut de bons officiers et non des adjoints qui ne savent pas leur métier. Ordonnez qu'ils aillent à l'intérieur et envoyez sur les frontières tous les adjudants généraux. Plus que personne je connais les considérations qui influencent les ministres, parce que j'ai été auprès d'eux et que je les en ai sans cesse prévenus.

« Je vous écris à la hâte, et je dois encore vous rappeler que la position de cette armée, sous tous les rapports, mérite la plus sérieuse attention. S'il ne s'agissait que de se faire tuer, je ne vous parlerais pas ainsi, mais, je vous le répète, il y va du salut de la patrie et de la perte de notre liberté.

« *Le maréchal de camp,*

« *Chef de l'état-major de l'armée du Nord,*

« Alex. Berthier. »

Cette situation fâcheuse de notre armée du Nord, Luckner l'ignorait-il quand il avait accepté le commandement? il est permis d'en douter, car elle était générale sur nos frontières et trop connue au Ministère pour que le principal intéressé n'en fût point informé. Le maréchal avait cependant quitté Dumouriez le 14 mai, l'assurant qu'il allait entamer sans délai les opérations. Or, on était au 1ᵉʳ juin, et non seulement il n'avait pas ouvert les hostilités, mais il ne paraissait disposé nullement à les commencer. Il avait bien annoncé, le 28 mai[1], qu'il enverrait le lendemain son plan définitif d'offensive, toutefois, à cette date, il était encore si peu fixé sur la conduite qu'il tiendrait en Belgique, qu'il faisait au ministre cet aveu singulier : « Je ne puis dire encore si j'agirai par ma droite ou par ma gauche. » Servan lui avait écrit que, dans l'impossibilité où l'on était, à Paris, de lui envoyer des renforts en hommes, il eût à laisser les places fortes sous la protection de leurs gardes nationales sédentaires et à retirer de ces places les 15.000 hommes, ou tout au moins grande partie des 15.000 qui y demeuraient inactifs[3]. On avait même demandé à cet égard son avis au Comité des Fortifications, qui avait acquiescé à la proposition du ministre[4]. Cependant, le maréchal persistait dans ses doléances, dans son inaction, trouvait maintenant une autre raison pour ne pas franchir la frontière. Il mettait aujourd'hui en avant, comme une condition *sine qua non* de son offensive, la réalisation du soulèvement révolutionnaire qu'on lui avait promis en Belgique, et, après avoir fait parler par Berthier *du mouvement que son armée n'était pas en état de faire*[5], il écrivait directement au ministre des phrases comme celles-ci, qui étaient bien significatives sur son peu de désir de marcher : « Il est évident, Monsieur, que, si l'avenir ne doit rien changer à l'état de nos ennemis, vous penserez qu'il n'est qu'une mesure sage, c'est d'at-

1. Archives historiques de la Guerre. Armée du Nord, mai 1792. Luckner à Servan, 28 mai, à dix heures du matin.
2. Id., *ibid*.
3. Archives historiques de la Guerre. Armée du Nord, mai 1792. Servan à Luckner, 23 mai. Lajard revint plus tard sur cette question, et la soumit en termes plus précis encore à l'appréciation du maréchal, dans sa lettre du 27 juin.
4. Servan lui adressa le rapport du Comité des Fortifications, le 29 mai. Voir à la même date la lettre d'envoi.
5. Voir la lettre de Berthier précédemment citée *in extenso*.

tendre dans les camps que tout ce qui peut assurer le succès de nos troupes soit réuni[1]. »

Au Ministère et à Paris, où l'on s'obstinait encore à considérer Luckner comme un foudre de guerre, comme un partisan acharné de l'offensive, ces lettres du maréchal jetaient un trouble, une démoralisation faciles à comprendre : si Luckner parlait en ces termes, à quel point la partie n'était-elle pas compromise! On était étonné, d'autre part, de voir le maréchal, qui était parti de Paris emportant l'ordre formel de commencer les opérations le plus tôt possible, demander maintenant s'il fallait prendre l'offensive ou se terrer derrière la frontière[2] — comme si la question n'eût été tranchée déjà — et exiger de nouveaux ordres *écrits* pour entrer en campagne. Le ministre, tout ministre qu'il fût, était un simple maréchal de camp[3], c'est-à-dire une personnalité que son grade militaire mettait très au-dessous de Luckner; il était donc fort embarrassé pour donner des conseils à un subalterne, qui, par tant de côtés, lui apparaissait comme un supérieur. Servan ne devait pas tarder à juger Luckner à sa juste valeur, et on le vit, au mois d'août, prendre à cet égard sa revanche. Mais, pour l'heure, il ne parlait encore au maréchal qu'avec les plus grands ménagements, et il ne se hasarda alors qu'une seule fois à lui insinuer qu'on pourrait peut-être mieux faire. C'est dans une lettre du 7 juin qu'on trouve cette petite leçon. « Lisez, disait Servan à Luckner, les lettres de nos généraux en 1742, 1743, 1744, et vous les verrez partout se plaindre amère-

----

1. Archives historiques de la Guerre. Armée du Nord, juin 1792. Luckner à Servan, 7 juin.

2. Archives historiques de la Guerre. Armée du Nord, juin 1792. Luckner à Servan, 7 juin.

3. Joseph Servan de Gerbey, né à Romans, le 12 février 1741, s'était engagé au régiment de Guyenne en 1760. Capitaine en 1770. major en 1779, il avait été fait maréchal de camp seulement le 8 mai 1792.

ment de l'indiscipline de leurs soldats, de leurs actes
de cruauté, de la négligence des officiers, du dénuement excessif de tous les objets nécessaires, enfin de
tout ce qui fait aujourd'hui la base des plaintes que je
reçois journellement et qu'on met en entier sur le
compte de la Révolution. Toutefois, le maréchal de
Saxe sut, avec ces troupes dont il avait tant à se
plaindre, battre les Anglais, les Autrichiens, les
Hollandais, les Bavarois, les Hessois et les Hanovriens
réunis à Fontenoy, à Rocoux et à Lawfeld, prendre
toutes leurs places fortes et soumettre le même pays
qui devient aujourd'hui le théâtre de la guerre[1]. »
Cependant Luckner, tout piqué qu'il fût de la leçon[2],
n'en persistait pas moins dans son idée de ne pas
marcher sans de nouvelles instructions, et, à la date
du 7 juin encore, il exigeait à nouveau « l'ordre de
commencer l'offensive », prétendant que « les généraux
étaient sans force comme les colonels sans fermeté »,
insinuant que chacun, et le ministre le premier, voulait
« éluder sa responsabilité[3] ». Fidèle à son système
de condescendance, Servan n'hésita pas à se plier à
cette exigence nouvelle, et il adressa immédiatement
à Luckner le document suivant qui fut signé en Conseil, le vendredi 8 juin : « On a présenté au Roi une
lettre[4] de M. le maréchal Luckner, s'en référant à
un plan d'expédition offensive donné au ministre de la
Guerre, dans une dépêche précédente de ce général.
Sa Majesté a recueilli l'avis de ses ministres, et,
après une mûre délibération, leur avis unanime a été
que, conformément au vœu du maréchal, au lieu

1. Archives historiques de la Guerre. Armée du Nord, juin 1792, Servan à
Luckner, 7 juin.
2. Voyez sa réponse datée du camp de la Magdelaine, 15 juin. Archives
historiques de la Guerre. Armée du Nord.
3. Archives historiques de la Guerre. Armée du Nord, juin 1792. Luckner
à Servan, 7 juin.
4. C'était la lettre du 7 juin, citée plus haut.

d'une simple approbation de son plan, il lui fût donné
l'ordre positif d'exécuter le plan de guerre offensive,
s'en rapportant sur les moyens, à sa sagesse et à son
expérience. En conséquence, le Roi approuvant l'avis
de son Conseil, charge le ministre de la Guerre de
transmettre ses ordres à M. le maréchal Luckner.

« *Signé :* LA COSTE, DURANTHON, ROLAND, CLAVIÈRE,
DUMOURIEZ, JOSEPH SERVAN et plus bas, *approuvé :*
LOUIS [1]. »

La décision du Conseil du roi fut envoyée à Luckner
le 9 juin ; il est donc juste de reconnaitre que le
maréchal n'avait pas attendu de la recevoir pour se
mettre enfin en mouvement et que, précisément ce
même jour 9, il avait quitté Valenciennes. L'armée,
renforcée de 6.000 hommes que lui envoyait Lafayette,
sortit du camp de Famars au point du jour et prit la
route de Lille en passant par Aulnoy, Valenciennes,
Raismes, entre les forêts de Vicoigne et de Raismes.
On gagna Saint-Amand, puis, tournant à gauche, on
se dirigea sur Orchies, et l'on vint camper à l'Alène
d'Or, un peu en avant de Rozières. L'étape parcourue
était d'environ 25 kilomètres. Il y eat séjour à l'Alène
d'Or par suite de la nécessité de rallier les chevaux de
peloton, dont la majeure partie n'avait pu suivre, et
Luckner profita de ce temps d'arrèt pour aller visiter
le camp de Maulde, qu'il ne connaissait pas. Maulde,
situé sur un mamelon de 34 mètres d'altitude absolue,
au confluent de la Scarpe et de l'Escaut, domine de
15 mètres la rive droite de l'Escaut, la chaussée
de Brunehaut et la route de Tournai. C'était une
position à la fois tactique et stratégique importante,
étant donné que les hauteurs avaient à cette époque
une valeur qn'elles ne conservent plus aujourd'hui et

1. Archives historiques de la Guerre. Armée du Nord, juin 1792. Servan
à Luckner, 9 juin.

que, dans la plaine belge, une altitude de 15 mètres constitue un relief relativement considérable. On couvrait de là Condé et Valenciennes, on surveillait Courtrai, Bruges et Tournai. Le maréchal, sur l'avis des généraux qui l'entouraient, notamment de La Noüe, Valence, Lameth et Berthier, résolut d'organiser à Maulde, non pas un camp temporaire comme celui qui y était installé, mais un établissement permanent pour 6.000 hommes. On devait en même temps recouper les parapets de la vieille redoute qui constituait alors toute la défense de Maulde, et ce fut Charles de Lameth qui fut préposé à la direction de ces travaux.

Cette visite terminée, le maréchal rejoignit ses troupes à l'Alène d'Or, et le lendemain, l'armée se remit en marche, s'arrêtant, après une petite étape de 10 kilomètres seulement, entre Orchies et Auchy, sur la route de Lille par Capelle.

Le 13, on se remit en route de bon matin ; on atteignit à Pont-à-Marcq la route de Lille à Douai, et pendant qu'un détachement sous les ordres du général des Houx se dirigeait de là sur Cysoing, où il allait prendre une position de flanc qui protégerait les colonnes contre une entreprise de Tournai, le reste des troupes continuait sur Lille. On passa à l'Ouest d'Ennevelin, au moulin de Faches, à hauteur de Lezennes. En ce dernier point une fraction de la colonne fut détachée entre Anappes et Arcq pour garder, elle aussi, la route de Tournai tandis que la réserve et l'avant-garde poussaient jusqu'à la Marquette, entre Lille et Waimbrechies, et que le reste des troupes avec le quartier général s'installaient dans le faubourg de la Magdelaine, au Nord de la place.

Ce fut à Lille, le 13 au soir, que de Grave, l'ancien ministre de la Guerre, qui venait de Paris avec mission d'inspecter les troupes de la frontière, rencontra l'armée du Nord. Cette mission du général de Grave, Luckner l'avait provoquée à diverses reprises[1], quand il avait demandé l'envoi de commissaires spéciaux chargés de constater le dénuement des troupes, de préciser les responsabilités et de châtier les prévaricateurs[2]. De Grave était porteur d'une lettre qui l'accréditait auprès du maréchal[3], des généraux Lafayette et La Morlière, commandants des armées du Centre et du Rhin, comme inspecteur général ayant pleins pouvoirs : il fut reçu en cette qualité[4].

Fût-ce la présence du général de Grave et les nécessités de son inspection qui arrêtèrent la marche de l'armée, fût-ce le besoin de se recueillir avant d'entrer en pays ennemi, fût-ce le mauvais temps ; il est certain que Luckner perdit à Lille trois jours précieux, puisqu'il s'agissait de surprendre l'ennemi. On profita cependant de ce séjour pour apporter à l'organisation du train quelques améliorations indispensables ; également on entra en pourparlers avec les agences d'émigrés belges pour savoir la coopération qu'on pouvait attendre d'elles dans l'invasion. Deux de ces agences étaient alors en pleine activité, l'une à Valenciennes, rue de Mons, n° 8, sous la direction d'un réfugié, Van Miert-Duquesne, qui portait le titre de « commandant des volontaires à cheval de la ville de

1. Notamment dans les lettres des 26 mai. à Dumouriez : 28 mai. 31 mai, 7 juin à Servan, etc.

2. Archives historiques de la Guerre. Armée du Nord, mai 1792. Luckner à Servan, 28 mai.

3. Archives historiques de la Guerre. Armée du Nord, armées du Centre et du Rhin, juin 1792. Servan à Luckner. Servan à Lafayette, Servan à La Morlière. 11 juin.

4. Il n'est donc pas exact de dire, comme le fait Pfeiffer (p. 56), que de Grave « n'eût à l'armée de Luckner que la situation d'un simple maréchal de camp » (De Grave nahm im Luckners Heer die Stellung eines marechal de camp ein). Il est erroné également de prétendre qu' « *il fut envoyé à Paris porter les dépêches de l'armée* ». De Grave, en rentrant à Paris, sa mission terminée, *consentit à se charger* des dépêches du maréchal, ce qui est bien différent. « M. de Grave, écrit Luckner, le 17 juin, à Dumouriez, *qui veut bien se charger de ma lettre*, était présent, etc.) Il ne peut demeurer aucun doute.

Mons » ; l'autre à Lille, rue de la Vieille-Comédie, dans la maison de la veuve Rigaud. On trouva dans ces agences une quantité de proclamations tout imprimées appelant les Belges à la révolte, et l'on s'occupa de les faire distribuer dans les villages de la frontière [1].

Cependant, le 16, dans la nuit, l'armée reçut l'ordre de se tenir prête à marcher à l'aube du 17, et effectivement elle reprit son mouvement en avant au point du jour, précédée à distance par son avant-garde.

1. Notamment celle qui porte en titre : « Avis du comité belge séant à Lille » et qui commence par ces mots : « Patriotes belges ! mettez vos armes en état : procurez-vous bien vite des munitions de guerre de toute espèce... etc. ».

CHAPITRE XII

LA PRISE DE COUTRAI. — ENCORE JARRY. — L'INCENDIE
DE COURTRAI. — LUCKNER SE REPLIE SUR VALEN-
CIENNES.

Cette avant-garde, à la fois troupe d'élite et troupe
légère, chargée d'ouvrir sa voie à l'armée et de recevoir les premiers chocs, comptait une légion de 7 à
800 réfugiés belges, 1 bataillon de grenadiers français [1]
et 9 escadrons de cavalerie.

Le 16, au point du jour, Jarry dirigea sa légion
de réfugiés belges vers Comines, avec mission de
descendre la Lys jusqu'à Menin et de nettoyer la
frontière des patrouilles ou embuscades que les Autrichiens auraient pu y entretenir. Rosières, le commandant de cette légion, devait s'arrêter au hameau
du Noirtrou, à hauteur et à l'Ouest d'Halluin, et pousser des éclaireurs sur la route de Menin à Ypres, en
côtoyant la rive gauche de la rivière. Il devait chercher par ce moyen à obtenir des nouvelles du détachement de 5.000 hommes que de Carle amenait de
Dunkerque, et qui devait faire sa jonction avec les
troupes venues de Famars, dans les environs de Menin.

Tous ces préliminaires réussirent à souhait; le bataillon belge reconnut, comme il lui avait été prescrit,
Comines, Werwick, Bousbecque, et déboucha, le 17

---

1. Ces bataillons spéciaux étaient formés au moment de la guerre, en
réunissant les compagnies de grenadiers, de 4, 5, 6 bataillons ordinaires.

au matin, devant Menin, sans avoir eu à tirer un coup
de fusil. En ce point et à cette date les éclaireurs
envoyés sur la rive gauche signalèrent à Gheluwe —
3 kilomètres Nord-Ouest de Menin — l'arrivée de
l'avant-garde du général de Carle, dont la colonne
principale se trouvait entre Gheluweld et Ypres.

Jarry, qui avait quitté Lille le 17, à trois heures
du matin, arriva devant Menin, vers huit heures. Mis
aussitôt au courant des renseignements que lui apportait Rosières, il résolut d'attaquer la ville sans attendre personne, avec ses seules forces, soit environ
1.500 fantassins et un millier de chevaux. Menin,
place forte construite par Vauban, pouvait défier un
siège. Mais il fallait pour cela que ses parapets pos-
sédassent quelque artillerie et que la garnison fût en
état de lutter. Or, il y avait bien un certain nombre
de vieux affûts sur les remparts, mais point de canons,
et la garnison, forte de *quarante-trois hommes*, ne
pouvait raisonnablement songer à occuper les huit ou
dix bastions, à garnir les 4 kilomètres de chemin
couvert que comprenait la place. Cette garnison fit
cependant mine de vouloir résister ; elle leva les ponts et
ferma les portes, mais, au premier coup de canon tiré
sur la porte de Lille, le portier-consigne rétablit la
circulation, et les troupes françaises pénétrèrent dans
la ville. Dans l'intérieur, le pont de pierre sur la Lys,
qui donne passage à la grande rue menant à l'église,
avait été barricadé et mis rapidement en état de défense ; avec quelques hommes de plus, les Autrichiens
auraient pu nous infliger là des pertes sérieuses ;
malheureusement pour eux, leur nombre infime s'opposait à ce qu'ils obtinssent un succès. D'ailleurs, les
soldats de la légion belge s'étant jetés résolument à
l'eau, à droite et à gauche du pont, franchirent la
rivière, et tout aussitôt, les Autrichiens, menacés

d'être coupés de leur retraite, durent lâcher définitivement pied.

Ce combat fut l'affaire de quelques instants, et tout l'honneur, — fort modeste à la vérité — en revint à Jarry. Quand, une heure après, Luckner déboucha en tête de sa première colonne, par la route de Lille, et de Carle par la route d'Ypres, Menin était complètement à nous.

C'était le premier succès d'une guerre qui devait durer vingt années, d'une lutte qui devait passer par des alternatives sans nombre, et qui, finalement, nous donnant beaucoup de gloire et nous coûtant plus de 2 millions d'hommes, devait laisser la France moins étendue qu'au premier jour de la Révolution.

L'entrée de notre avant-garde dans Menin, particulièrement celle de la légion belge, eût donné lieu à certains désordres, si la main vigoureuse de Jarry ne se fût fait immédiatement sentir, si le général n'eût menacé les fauteurs de troubles de s'opposer à leurs tentatives par la force.

Ce fut ainsi, par exemple, qu'à peine nos troupes avaient-elles pénétré dans la ville, certains personnages, se disant membres du comité révolutionnaire belge, voulurent se livrer, sur les édifices, à différentes mutilations, notamment au bris des aigles à deux têtes sculptées sur divers monuments de la ville. Ces actes de vandalisme ineptes n'étaient au fond que de ridicules enfantillages, mais ils pouvaient être le prélude de brutalités d'un autre genre, et Jarry savait par expérience qu'on n'arrête point facilement le soldat qui s'est mis à piller ou à détruire. D'ailleurs, nous nous étions engagés à respecter les propriétés, aussi bien que les individus, et il convenait d'empêcher tout acte qui pût ressembler à la violence. Le commandant de l'avant-garde signifia donc à ces icono-

clastes qu'il ne tolérerait aucune décollation d'aucun
genre, et que les aigles autrichiennes conserveraient
leurs têtes et leurs couronnes jusqu'à ce que le
Gouvernement français, ou tout au moins le maréchal
de Luckner, en eût décidé autrement. Cette conduite
eut pour Jarry des suites dont nous aurons à parler
plus tard [1].

Cependant Luckner avait définitivement pris possession de Menin ; il fit camper le gros de son armée un
peu en arrière, près de Werwick, établit la réserve
et l'avant-garde dans Menin même, et prit ses dispositions pour exécuter, le 19, une grande reconnaissance offensive — ce qu'il appelait une « grande
manœuvre » — sur Courtrai.

Courtrai n'est pas aujourd'hui et n'était pas, en 1792,
place de guerre, mais le fossé naturel que forme la
Lys sur son pourtour en fait néanmoins, ou plutôt en
faisait à cette époque une position militaire d'une certaine valeur. D'autre part, on savait que le colonel
autrichien Mylius, qui y commandait, avait pris en
avant de la ville des dispositions défensives qui indi-
quaient l'intention arrêtée de ne point se retirer sans
combattre. Donc, le lendemain 18, l'avant-garde de
Jarry, soutenue par la réserve aux ordres de Valence,
se mit en mouvement sur Courtrai pour tâter le terrain
et reconnaître la force qu'on avait devant soi. La
marche s'effectua d'abord sans incidents. Il y a environ
dix kilomètres de Menin à Courtrai, soit deux heures
et demie de chemin. La route court en droite ligne,
à niveau, à travers une plaine rase, semée, à cette
époque, de fermes et de censes où émergeait çà et là
une saulaie, un petit boqueteau. Au Sud-Est, c'est-à-
dire, ici, sur la droite, la Lys la côtoie sur tout

1. *Moniteur* du 27 juillet 1792. Discours à la barre de l'Assemblée nationale de l'orateur de ce Comité révolutionnaire belge (voir p. 254).

son parcours et lui forme une bordure infranchissable car on n'y rencontre ni gué ni pont. Nos troupes dépassèrent sans difficulté les maisons de Wevelghem, le seul village que traverse la route, mais, à trois kilomètres plus loin, à peu près à hauteur de Bisseghem, la pointe d'avant-garde fut saluée d'un coup de canon.

Suivant les errements du temps, Jarry arrêta aussitôt sa colonne. Il fit alors demander à Valence, qui était demeuré en arrière, de venir se concerter avec lui, et les deux généraux, s'étant avancés à l'abri d'un petit bois d'où ils pouvaient examiner l'ennemi à leur aise, reconnurent : 1° que le colonel Mylius avait établi sa troupe dans une série de trois retranchements qui commandaient toute la plaine ; 2° qu'il paraissait disposer seulement de quelques canons de bataillon[1] ; 3° qu'il ne semblait avoir à ses ordres que de l'infanterie[2].

Comme les deux généraux français avaient terminé leur reconnaissance, le maréchal de Luckner, qui avait quitté Menin bien après eux, les rejoignit. Valence et Jarry lui firent part de ce qu'ils avaient vu, de l'opportunité qu'il y aurait à ne pas différer l'attaque, des dispositions qu'on pourrait prendre pour l'exécuter. Luckner approuva l'offensive immédiate, mais, pour paraître faire quelque chose par lui-même, il tint à régler le dispositif du combat.

Les deux lieutenants du maréchal prirent seulement le temps de disposer les troupes sur les emplacements d'où elles devaient partir, de leur faire prendre des formations conformes à l'idée tactique, et aussitôt le feu commença. Le maréchal, qui avait toujours possédé la bravoure du soldat, qui gardait encore, à soixante-dix ans, l'activité et la verdeur

---

1. Il y avait alors, à peu près dans toutes les armées d'Europe, de l'artillerie attachée à l'infanterie, généralement 2 pièces de 3 livres [c'est-à-dire lançant un boulet pesant 3 livres de balles] par bataillon.
2. Archives historiques de la Guerre. Luckner à Servan, 18 juin.

physiques de la jeunesse, s'exposa comme un grenadier.
Jarry et Valence donnèrent également l'exemple, et
nos soldats, entraînés par cette conduite de leurs généraux, se montraient disposés à agir avec vigueur.
Mais, soit que cette ardeur ne fût qu'apparente, soit
que les officiers ne sussent pas l'utiliser, on ne la
mit point à profit. Le combat dégénéra en une fusillade aussi bruyante qu'inoffensive.

Les Autrichiens restant tapis derrière leurs obstacles, et nos lignes d'attaque s'obstinant à demeurer
à une distance plus que respectueuse des tranchées
à enlever, le combat, ou plutôt la fusillade, eût pu
durer toute la journée, si, sur la proposition de Jarry,
Luckner, finissant par où il eût dû commencer, n'avait
donné l'ordre aux troupes de l'avant-garde de s'élever
progressivement sur le flanc gauche des Autrichiens.
C'était la manœuvre à exécuter dès le commencement
de l'action. Effectivement, le colonel Mylius n'eût
pas plus tôt connaissance de ce mouvement qu'il en
saisit la portée et le danger ; quelques instants après
il ordonnait la retraite.

La lutte, qui avait duré trois heures, nous coûtait
un tué et environ une douzaine de blessés ; quant à
l'ennemi, ses pertes étaient également insignifiantes ;
elles se bornaient à un très petit nombre d'hommes hors
de combat, à 1 pièce de canon perdue, à 5 chevaux
pris ou tués. « M. de Jarry et M. de Valence, écrivait le
soir même le maréchal de Luckner au général Dumouriez, ont secondé mes vues d'une manière distinguée,
et méritent les éloges les plus complets[1]... Ils ont réellement, indépendamment du courage, déployé de
l'énergie et des connaissances vraiment militaires[1].

« Si l'entrée de nos troupes dans Menin avait été

____

1. Archives historiques de la Guerre. Luckner à Servan, 18 juin.

accueillie pas les Belges avec joie, celle dans Courtrai fut pour nos soldats un véritable triomphe[1]. Les habitants dépouillèrent, en notre faveur, leur flegme habituel, les démonstrations d'allégresse furent bruyantes et significatives. « Ils nous ont reçus, écrivait le lendemain un témoin oculaire, comme des amis qu'on attendait avec impatience; ils protestent qu'ils mourront avant qu'on nous chasse d'ici[2]. »

La ville en notre possession, Luckner y laissa l'avant-garde de Jarry et établit à proximité, un peu en arrière, en retrait, la réserve, dont Valence passa quelques jours après le commandement au maréchal de camp Achille du Châtelet. Le lieutenant général de Carle eut nominalement l'autorité sur ces deux généraux de brigade, mais il continua de séjourner à Menin, où campait le gros de sa division, de sorte que, d'une façon réelle, le commandement de Courtrai fut exercé par Jarry.

Cependant l'entrée en Belgique de l'armée française, la prise de Menin le 17, l'enlèvement de Courtrai le 18, avaient surpris les Autrichiens. N'ayant dans les Pays-Bas qu'une trentaine de mille hommes, obligés de garder avec ce mince effectif une population inquiète et malveillante, contraints à faire face, du côté de Courtrai, à l'armée de Luckner, vers Maubeuge au corps de Lafayette, ils attendaient non sans anxiété la poursuite d'une offensive qui ne manquerait pas d'être énergique, si on la jugeait par ses débuts.

Cependant, contrairement à toutes les prévisions, le 19 juin se passa sans que l'armée française continuât son mouvement en avant; même immobilité le

1. « Lorsque la troupe est entrée en ville, elle a été reçue avec toutes les démonstrations de joie et d'allégresse imaginables. » (Luckner à Servan. 18 juin. Archives de la Guerre.)
2. Lettre de Courtrai, en date du 18 juin. *Moniteur* du 20.

lendemain, le surlendemain, le troisième jour. Les Autrichiens respirèrent. De la cause qui arrêtait l'impétuosité proverbiale de Luckner, nos ennemis se souciaient peu ; ils ne voyaient qu'un fait, les suites de cet arrêt imprévu, absolu, cadavérique. Et à la manière des poltrons qui deviennent subitement provocateurs quand ils aperçoivent chez leur adversaire une timidité qu'ils n'avaient pas tout d'abord soupçonnée, ils passèrent instantanément de la pusillanimité à l'audace, conjecturant justement que, si nous n'attaquions plus, c'est que nous ne nous croyions plus en état de le faire. Ils abandonnèrent donc à leur tour la réserve dans laquelle ils étaient demeurés jusque-là, et commencèrent à pousser vers Courtrai des pointes d'abord hésitantes, mais qui n'en témoignaient pas moins d'un changement radical dans le moral de notre adversaire. Nous laissâmes approcher ces indiscrets sans leur donner sur les doigts. Ils recommencèrent. Le lendemain, ils agirent avec plus d'audace, ils s'installèrent à notre barbe, rejetèrent dans la ville les quelques postes avancés que nous avions envoyés — à trop courte distance — aux extrémités des faubourgs, finirent, en un mot, par nous bloquer à leur tour dans notre conquête.

Ce fut le 24 juin, c'est-à-dire six jours après que nous avions enlevé Courtrai, que les Autrichiens exécutèrent leur première reconnaissance offensive.

Ce jour-là, ils se présentèrent sur la route de Gand, en débouchant d'Haarlebecke, et attaquèrent, comme nous l'avons dit, nos postes avancés. M. Achille du Châtelet, maréchal de camp, le successeur de Valence au commandement de la réserve, se porta à leur rencontre à la tête de plusieurs bataillons et parvint à les contenir. Blessé grièvement à la jambe gauche[1], le général dut rentrer dans Menin ; cependant, sa présence avait été salutaire et avait assuré le succès de notre contre-attaque. Le lendemain 25 et le surlendemain 26, les Autrichiens renouvelèrent leurs efforts sans aboutir, mais, le 27, ils repoussèrent une tentative effectuée par nos troupes pour les chasser de leurs positions, et nous ramenèrent vers la place assez vivement. Ce succès exalta la confiance de l'ennemi. Encouragé d'ailleurs par l'inertie de Luckner, qui laissait sommeiller à Wervick le gros de ses forces, le général Beaulieu pouvait mettre en ligne contre notre seule avant-garde un effectif double ou triple de celui dont disposait Jarry. Il était donc dans des conditions très favorables pour témoigner de la hardiesse, et il n'hésita pas à en montrer. Cédant à une inspiration de ce genre, Beaulieu dirigea le 28, entre huit et neuf heures du soir, c'est-à-dire à l'entrée de la nuit, une attaque générale contre la périphérie Nord et Nord-Est de la ville, avec des effectifs considérables. Toutefois, cette offensive n'aboutit qu'à un insuccès. Les rapports officiels sur ce combat n'existent plus, mais, s'il faut en croire une lettre privée écrite le lendemain par un de nos officiers, les Autrichiens eussent été contraints de se retirer après avoir subi des pertes sensibles. C'était donc bien un échec. Néanmoins, le moral avait repris le dessus chez nos adversaires et ils tenaient absolument à nous faire sentir ce changement. « D'après le mauvais succès que l'ennemi avait eu, écrit le témoin oculaire que nous citions tout à l'heure, on ne pouvait pas croire qu'il aurait la témérité de faire une nouvelle et prompte tentative. » Ce fut pourtant ce à quoi il se décida. Effectivement, le 29, à la

---

1. Journal de l'armée du Nord, tenu par le sous-chef d'état-major Beauharnais. *Moniteur* du 29 juin.

pointe du jour, c'est-à-dire, dans cette saison, à trois heures du matin, les troupes autrichiennes ouvrirent à nouveau le feu.

Nous ripostâmes avec énergie, et le combat, entremêlé comme la veille d'alternatives de succès et de mouvements rétrogades, finit de la même façon que la veille encore, par la retraite des Autrichiens. Il avait duré cinq heures.

D'après la version à laquelle nous nous référions un peu plus haut, l'ennemi « avait très mal manœuvré et avait si mal conduit son canon » que la plupart des projectiles d'artillerie avaient porté dans la ville. « Tout sert à nous convaincre, continuait notre correspondant, que l'ennemi a perdu plus de 300 hommes, car on a vu suivre 8 caissons de morts entassés les uns sur les autres, ainsi que plusieurs voitures, et on sait qu'il en a encore enfoui dans différents endroits sur son passage[1]. »

Cependant, le général Jarry avait pu constater, dès la cessation du feu, que les Autrichiens ne s'étaient pas retirés aussi loin qu'aurait pu le faire supposer la lettre précédente; ils avaient, au contraire, laissé des postes en des points si proches de nos positions que d'un moment à l'autre ils pouvaient nous contraindre à évacuer entièrement le faubourg. Installés derrière des maisons à l'abri desquelles ils avaient pu cheminer et même amener du canon complètement à couvert, il leur demeurait loisible, en occupant les toits ou seulement les étages supérieurs de ces habitations, non seulement d'obtenir des feux plongeants qui commanderaient tous les ouvrages que nous avions élevés pour abriter nos batteries, mais même d'avoir des

---

1. Extrait d'une lettre du « camp de la Magdelaine (sous Lille) contenant le détail authentique de l'affaire qui a eu lieu à Courtray, le 28 et le 29 juin 1792 ». Cette lettre, qui est aux Archives de la Guerre (29 juin), a été publiée par fragments dans le *Moniteur*.

vues dans la ville et d'y suivre tous nos mouvements.

Déjà, pendant l'action qui venait de prendre fin, nos canonniers avaient eu à souffrir du feu des chasseurs tyroliens armés de carabines à plus longue portée que les nôtres. Qu'adviendrait-il quand une organisation réfléchie et complète aurait fait de ces maisons avancées des réduits solides et bien abrités?

Jarry sentit la nécessité de faire disparaitre immédiatement ce danger, qui compromettait non seulement la sûreté de nos avant-postes, mais celle du gros de l'avant-garde cantonné dans la ville; seule une vigoureuse offensive, l'enlèvement de haute lutte de ces maisons menaçantes pouvait le débarrasser de cette épée de Damoclès. Mais, pour tenter cette entreprise contre des troupes supérieures en nombre et déjà retranchées, il était de toute nécessité qu'il fût soutenu par la réserve; il était même urgent que le gros de l'armée fit au moins mine de se porter en avant. Malheureusement, Jarry savait déjà que ce n'était point à une marche de ce genre que songeait Luckner; il était informé que la retraite sur Lille et Valenciennes était une mesure décidée au quartier général[1], et cette nouvelle, encore ignorée de l'armée, augmentait son embarras. Effectivement, si nous laissions les Autrichiens s'installer dans les maisons dont nous avons parlé, maisons qui dominaient, comme on l'a dit, non seulement nos retranchements, mais la plus grande partie de la ville, comment l'avant-garde pourrait-elle entamer la retraite sans être poursuivie l'épée dans les reins par un ennemi qui verrait tous nos mouvements et discernerait le moment précis où nous commencerions notre marche rétrograde?

1. Voir la lettre de Jarry (de Préseau, 9 juillet) citée plus loin. p. 255.

Il fallait donc, à quelque prix que ce fût, refouler les avant-postes de l'ennemi, agrandir la zone de manœuvre qui nous séparait d'eux, et, de plus, détruire un observatoire d'où le général Beaulieu eût pu faire tuer nos canonniers derrière leurs pièces, avoir des vues sur la ville, compter nos hommes, distinguer nos mouvements, prendre enfin ses mesures pour inquiéter notre retraite de la façon la plus compromettante, la plus dangereuse.

Le péril était notoire, imminent, si évident que ses propres soldats le signalèrent à Jarry. Et, comme pour donner une démonstration palpable de sa réalité, une balle, partie de la maison la plus prochaine, vint atteindre légèrement le général et se perdit dans les basques de son habit[1].

La situation devenait donc de moment en moment plus grave, plus urgente : comment résoudrait-on le problème qu'elle posait ? Evidemment, nous nous trouvions, à Courtrai, entre deux alternatives qui primaient toutes les autres : ou bien il fallait se résigner à évacuer le jour même la place, ou bien nous devions chasser l'ennemi de sa position. Mais, en admettant qu'on s'emparât du pâté de constructions dans lequel les Autrichiens étaient en train de s'établir, il était hors de doute qu'ils le réoccuperaient, avec le même danger pour nous, aussitôt que nous battrions en retraite — ce qui ne pouvait tarder. Il fallait donc, non pas seulement expulser l'ennemi de ces constructions, mais l'empêcher d'y revenir, et, pour atteindre ce but, il n'existait qu'un moyen, c'était de les détruire, de niveler ces maisons au sol, d'en faire table rase, et pour cela, la méthode la plus prompte, la plus sûre, c'était l'incendie.

____

1. Archives historiques de la Guerre. Luckner à Lajard, 30 juin.

Sans doute, la mesure avait quelque chose de barbare, qui cadrait mal avec nos principes et nos promesses récentes ; mais le salut de l'armée obligeait à passer sur toute considération de sentiment. Néanmoins, en prenant, sous la pression d'une inéluctable nécessité, la résolution à laquelle il s'arrêtait, Jarry voulut constater solennellement qu'il n'agissait que contraint par les procédés militaires inusités, en dehors du droit de la guerre, employés par les Autrichiens, et il fit porter immédiatement au général Beaulieu une lettre dans laquelle il essayait de rejeter sur l'ennemi la responsabilité de cette exécution.

Cette communication, adressée à « MM. les généraux autrichiens », un parlementaire la remit aux avant-postes ; elle était conçue dans les termes suivants :

« MESSIEURS,

« Depuis plusieurs jours vos chasseurs et vos avant-postes ne font d'autre métier que d'avancer la nuit, de s'embusquer dans les haies et les maisons les plus voisines du contour de la place, *pour assassiner quelques individus à la pointe du jour*. Ce matin, vous avez amené du canon à leur suite, qui a profité des maisons voisines pour tirer sur nos batteries... Vous aurez donc à vous reprocher, Messieurs, l'incendie et la dévastation occasionnés aujourd'hui dans les faubourgs de Courtrai... Pour éviter d'en venir à ces extrémités, j'avais défendu toute incursion, toute reconnaissance au delà des faubourgs. Nos postes ne vous ont point inquiétés, vous êtes donc sans excuse ; vous faites le mal dans votre pays sans un but que vous puissiez justifier par des raisons de guerre. Il ne tient qu'à vous, Messieurs, de rendre la guerre plus douce et plus utile aux vues de votre souverain. *Défendez-vous si on vous attaque*, mais ne harcelez pas sans objet ni succès mes avant-postes, à moins que vous ne veuilliez me forcer à tout incendier[1]. »

Les théories de Jarry paraissent aujourd'hui extraordinaires. Reprocher au général autrichien de profiter de l'obscurité de la nuit pour approcher ses tirailleurs de Courtrai, trouver mauvais qu'il abritât ses canons derrière des maisons pour tirer sur nos batteries, exiger de lui « qu'il se défendit si on l'attaquait », et lui interdire tout droit à l'offensive étaient des prétentions qui sembleraient de nos jours exorbitantes. Elles l'étaient beaucoup moins à la fin du XVIIIe siècle, comme nous le dirons plus loin ; toutefois, Beaulieu ne voulut point les admettre, et il répondit immédiatement à Jarry par la lettre suivante :

« Monsieur,

« Vous dites dans le courant de votre lettre que votre devoir vous ordonne d'être un incendiaire..... Dans la guerre que vous ou votre nation *avez eu le plaisir de déclarer*, non seulement à S. M. le roi de Bohème et de Hongrie, mais aussi à tous ses sujets, qui cependant ne prennent point les armes contre vous et ne savent ce que vous voulez, vous vous emparez d'une place sans défenses et sans remparts, qui ne vous appartient pas, que vous fortifiez et dont vous brûlez les maisons sous de faux prétextes pour pallier votre crime. Mais, quelque mauvaises que

---

1. Archives historiques de la Guerre. 29 juin. *Moniteur* du 9 juillet.

puissent être les lois en France, elles ne le seront jamais assez pour négliger la punition que vous méritez en commettant un forfait atroce, qui pourrait conduire à des représailles, mais que l'honnête homme désapprouve et a en horreur. Je peux me persuader que nous n'userons jamais de semblables moyens, et votre lettre inutilement trop longue n'en imposera à personne [1]. »

Il était difficile de prétendre que Beaulieu eût complètement tort, mais déjà il était trop tard pour se rendre à ses raisons, et une immense colonne de fumée annonçait au loin que Jarry avait mis à exécution sa menace. Alimenté par quelques barils de poudre disposés dans les premières maisons par l'ennemi [2], soit pour le service des batteries, soit pour des travaux de mine, l'incendie prit en quelques instants des proportions considérables, et les Autrichiens durent reculer devant cet auxiliaire inattendu de la défense, qu'ils n'avaient aucun moyen de combattre. Une vigoureuse offensive de la part de nos troupes accentua d'ailleurs cette opération. Bientôt l'ennemi, entièrement déposté des positions qu'il avait conquises la veille, se retira hors de portée non seulement du canon, mais même en dehors de nos vues.

L'incendie durait toujours.

A ce moment — dix ou onze heures du matin — la ruine des maisons les plus voisines, l'effondrement de l'observatoire dont la destruction avait paru tout d'abord indispensable, était un fait accompli : il n'en restait plus que quelques pans de mur calcinés qu'un coup de pioche nivellerait facilement au ras du sol. Jarry eût pu prendre des mesures pour arrêter le feu qui

1. Id.. *ibid.*
2. Archives historiques de la Guerre. Luckner à Lajard, 30 juin.

s'était communiqué de proche en proche à d'autres habitations dont la destruction ne paraissait pas aussi nécessaire. Il ne le fit point. Etant donné qu'il avait pris la responsabilité de la mesure, il estima qu'on ne le chicanerait pas pour quelques maisons de plus ou de moins, et il laissa le fléau faire son œuvre, c'est-à-dire agrandir la zone libre qu'il jugeait important de créer entre les Autrichiens et lui. Donc, lorsque les officiers municipaux de Courtrai vinrent le trouver pour le supplier d'arrêter la propagation du feu, tout au moins de permettre aux habitants de circonscrire l'incendie, il les renvoya à Luckner, auquel il avait rendu compte, dès la première heure[1], de la mesure qu'il jugeait à propos de prendre et qui paraissait avoir été approuvée, puisque le maréchal ne s'y était point opposé.

Il était environ deux heures de l'après-midi, et le commandant en chef de l'armée du Nord sortait de table, quand les magistrats de la ville de Courtrai arrivèrent à Menin[2] et annoncèrent au maréchal, que, dans quelques heures, leur ville ne serait plus qu'un monceau de cendres.

Luckner — nous venons de le dire — avait été informé par Jarry lui-même de la nécessité où se trouvait le commandant de l'avant-garde de brûler un certain nombre de maisons. Cependant, soit que le maréchal s'imaginât qu'il s'agissait seulement là de quelques masures sans importance, soit qu'il estimât que la mesure ne pouvait donner lieu à réclamation, il n'en avait pas pris souci. Actuellement, l'arrivée inopinée des membres de la municipalité de Courtrai modifiait très sensiblement la situation. Dès que la conduite de Jarry provoquait des plaintes, dès

1. Id., *ibid.*
2 Id., *ibid.*

qu'on pouvait penser qu'elle engagerait des responsabilités, le général en chef n'était pas homme à couvrir en quoi que ce fût son subordonné. Il fit chorus avec les députés de la cité brabançonne, déplora avec eux l'événement, jura qu'il allait immédiatement en arrêter le cours, promit d'ouvrir une enquête. Finalement, il fit seller ses chevaux, et d'un temps de trot s'en fut à Courtrai, où l'incendie sévissait encore dans toute sa violence [1].

Jarry, ayant rendu compte exactement à huit heures du matin de l'incendie du faubourg et n'ayant point reçu de réponse à trois heures et demie de l'après-midi, alors que la distance du quartier général à Courtrai est de 10 kilomètres, pensait avec raison que sa conduite avait été approuvée. Il fut donc très supris de voir, entre trois heures et demie et quatre heures, le maréchal déboucher au grand trot par la porte de Menin et s'enquérir, en termes courroucés, des motifs qui avaient pu faire ordonner « cette mesure regrettable ». Jarry répliqua de la façon la plus correcte et la plus calme exposant les raisons que nous avons examinées plus haut. Il dit notamment : qu'il avait reçu du maréchal la mission de défendre Courtrai, qu'il avait estimé la disparition de ses maisons inséparable de la sûreté de l'armée ; que, dans ces conditions, la destruction était non seulement une affaire de droit, mais de devoir [2].

Le maréchal se souciait vraisemblablement fort peu des doléances des Courtraisiens ; il accepta donc ces raisons, d'ailleurs plausibles, et félicita peut-être en sous-main Jarry de son énergie. Il lui annonça secrètement que la retraite commencerait le lendemain 30,

---

1. Lettre de Courtrai en date du 30 juin. Archives historiques de la Guerre, 30 juin 1792.
2. Archives historiques de la Guerre. Luckner à Lajard, 30 juin.

au point du jour, par les troupes du gros, cantonnées
à Menin ; que l'avant-garde, devenue arrière-garde,
aurait à suivre immédiatement le mouvement, que,
toutefois, elle devait tenir dans sa position actuelle
assez de temps pour permettre aux 20.000 hommes
du corps principal de défiler, sans être inquiétés, par
l'unique pont de Menin.

Le maréchal parcourut la ville, visita la municipalité, s'engagea à faire indemniser les habitants et,
plus perplexe que jamais, regagna son quartier général.

Le lendemain 30 juin, les troupes campées ou cantonnées à Wervick et à Menin repassaient sur la rive
droite de la Lys, Jarry évacuait Courtrai sans être
inquiété, et, le soir, l'armée française tout entière
avait repris, sous le canon de Lille, les emplacements
qu'elle y avait occupés du 13 au 17.

Nous reviendrons, au chapitre suivant, sur cette
inexplicable retraite, nous en rechercherons les véritables causes, nous rappellerons l'impression qu'elle
causa en France. Toutefois, avant d'entamer cette
discussion, il est bon de dire que l'incendie de Courtrai eut, dans notre pays et à l'étranger, un retentissement profond, immense, en dehors de toute proportion avec l'événement lui-même, qu'on lui attribua
une genèse mystérieuse, qu'il donna lieu à des débats
passionnés. On dit, et l'on raconta un peu partout dans
les clubs, notamment aux Jacobins, que Jarry n'avait
été dans cette œuvre funeste que l'instrument de la
Cour, qu'il avait mis le feu à Courtrai pour éloigner
de nous un peuple sympathique, « pour inspirer aux
Brabançons de l'horreur pour les Français à qui ils
avoient tendu des mains généreuses[1] ».

« Quelle trahison, s'écriait Camille Desmoulins, vous

---

1. Discours de Merlin, dans Borgnet, *Histoire des Belges*, II, p. 35, 36.

fera tomber les écailles des yeux, si ce n'est l'infâme action du général Jarry, incendiant Courtrai pour rendre la nation exécrable à ses alliés les Belges[1]? »

Quelques jours plus tard, dans l'enceinte même de la représentation nationale, des accusations du même genre étaient portées contre le commandant de l'avant-garde de Luckner, par les membres du Comité révolutionnaire belge. L'orateur de la députation, rappelant la défense faite « par un officier général françois » de briser les aigles autrichiennes et autres « insignes du despotisme », le jour de l'entrée à Menin, citait également à l'actif de ce même général l'incendie de Courtrai, perpétré uniquement pour semer la zizanie entre deux peuples frères. Et il ajoutait : « Cet officier général, nous le nommerons avec répugnance, car son nom seul fait horreur aux amis de l'humanité, de la liberté et des lois, cet officier général est le maréchal de camp Jarry ! (*Il s'élève dans toute l'Assemblée des murmures d'indignation.*)·»

Sur cet exposé, un certain nombre de députés, parmi lesquels Duhem et Rouyer, montèrent à la tribune et formulèrent contre le général les accusations les plus exagérées, les plus erronées[2].

Sans doute, l'incendie de Courtrai avait été un acte qui ne pouvait nous attirer la sympathie des Belges, mais la question n'était point là : il s'agissait de savoir si, en mettant cette mesure violente à exécution, Jarry avait agi avec raison ou non, s'il pouvait faire autrement que de l'exécuter.

Rien ne saurait nous éclairer mieux à cet égard que le rapport autographe adressé par Jarry, le 9 juillet 1792, au ministre de la Guerre Lajard, rap-

---

1. Borgnet, II, p. 35, 36.
2. Notamment qu'à la suite de l'incendie de Courtrai, Jarry venait d'être nommé lieutenant général. (*Moniteur* du 29 juillet.)

port qui existe intact aux Archives de la Guerre et
qui mérite bien qu'on l'exhume du carton poudreux
où il dort depuis cent ans[1]. En dehors des détails
sur l'incendie de Courtrai, il fournit des données utiles
pour apprécier l'intelligence et le caractère de son
auteur : on le lira sans doute avec intérêt.

Préseau, sous Valenciennes, le 9 juillet 1792.

« Monsieur,

« Trouvez bon que je réponde à la demande que
vous venez de faire à M. le maréchal de Luckner
relativement aux raisons qui ont occasionné l'incendie
d'un certain nombre de maisons dans les faubourgs
de Courtray.

« Depuis huit jours, les chasseurs tyroliens, connus
par leur adresse à se servir de l'arquebuse, soutenus
par les troupes campées à Haarlebecke[2] et par celles
qui s'étoient avancées de Tournay au delà de Dotti-
gnies, étoient parvenus à resserrer tellement nos
postes avancés que, du côté de Gand et de Tournay,
nous ne pouvions tenir en dehors aucune troupe à
cheval, ni reconnoître ce qui se passoit à portée de
fusil. Les patriotes belges avoient peine à se soutenir
au-devant des portes, nos désavantages augmentoient
à chaque instant ; les ennemis, embusqués derrière les
maisons des faubourgs, nous tuoient tous les jours du
monde dans nos retranchements. Une tentative que je
fis pour regagner du terrain avoit échoué ; enhardis par
la bonhomie qui nous faisoit épargner les faubourgs,
les ennemis, le jour de la Saint-Pierre, avancèrent du

---

1. Archives historiques de la Guerre. Armée du Nord, juillet 1792. Jarry
à Lajard, 9 juillet.

2. Haarlebecke est un village à quelques centaines de mètres au nord de
Courtray.

canon jusqu'auprès des maisons qui nous avoisinoient le plus, et essayèrent de s'y retrancher ; après une attaque longue et vive, ils ont été repoussés, mais les canonniers et les grenadiers qui avoient souffert de la proximité de ces maisons demandèrent à les détruire, puisqu'on ne pouvoit les défendre et qu'elles servoient à l'ennemi pour nous tuer du monde avec avantage. Dans tout poste que l'on entreprend de défendre de pied ferme, il devient nécessaire de découvrir la campagne au moins à la portée du fusil et de se débarrasser de la plongée des maisons dans cette distance. La défense de Courtray m'étant confiée, plus les ouvrages étoient faibles, plus cette précaution devenoit nécessaire. Ce fut dans ces instants que j'examinai notre position plus particulièrement et sous le rapport du danger dont nous étions menacés. Je vis clairement que si, dans une nouvelle attaque, les chasseurs tyroliens gagnoient les maisons qui nous approchoient à 60, 100 et 200 pas, nos canonniers seroient tués en peu de minutes, et qu'il faudroit y laisser nos canons, ne pouvant pas espérer de les retirer sous un feu plongeant fixe et meurtrier auquel il deviendroit impossible de répondre. Je savois que nous devions nous retirer plus ou moins prochainement, mais le moment ne m'étoit pas connu, l'incertitude existoit encore à cet égard. D'ailleurs la nécessité de la retraite devenoit un motif de plus et même le plus impérieux de tous, pour ôter à l'ennemi les maisons d'où il auroit observé l'évacuation de nos postes, de manière que nous l'aurions eu sur nos talons au même instant et tout en commençant notre retraite. En se saisissant de la première porte évacuée, il pouvoit m'empêcher de rappeler à moi les postes les plus éloignés, qui n'avoient qu'un seul pont pour se retirer. Il est permis, à ceux qui ne savent rien, de ne rien prévoir et de méconnoitre la nécessité de certaines mesures. Il s'agissoit à la fois d'épargner la vie à nos troupes pendant la défense et d'assurer leur salut pendant la retraite. Pourquoi, nos ennemis, pour cette fois, nous sont-ils devenus plus chers que nous-mêmes? C'étoit au général Beaulieu à ménager son pays et à ne pas abuser de la patience qui m'avoit fait supporter ses agressions continuelles; étant du métier, il devoit reconnaitre qu'il ne tenoit qu'à nous de nous en débarrasser, et il ne falloit pas m'y forcer en me donnant lieu de penser qu'il ne nous serroit de si près que pour nous attaquer au moment de notre retraite et la rendre aussi funeste que celle de Mons et de Tournay. J'aurois été rudement tancé en Prusse, par Frédéric II, si je me fusse soumis à perdre inutilement du monde pendant huit jours pour épargner les maisons de l'ennemi. Je n'entends rien en politique ni en philosophie, il falloit m'employer ailleurs, je sais seulement que la guerre est un état contre nature qui ne peut produire que des malheurs. C'est très certainement à la vigueur de ces mesures que nous devons le bonheur et la tranquillité de notre retraite. Par les précautions que j'avois prises, les bourgeois mêmes ont ignoré si nous étions entièrement sortis de la ville ou seulement retranchés dans la partie sur la gauche de la Lys, et l'ennemi, crainte d'augmenter les désastres de la veille, n'a osé y mettre le pied que huit à neuf heures après que nous l'eûmes entièrement évacuée, ce que je fis sans aucune perte d'hommes ni d'effets.

« L'armée de M. le maréchal Luckner n'avoit qu'un pont pour repasser la Lys à Menin, et il nous fallut attendre le grand jour pour pouvoir y défiler à notre tour. Si, dans cette attitude, l'ennemi eût été à nos trousses, je ne sais ce qui seroit arrivé. Notre gauche,

étendue vers un pays couvert, auroit pu être fort
maltraitée par les Tyroliens ; on nous auroit tenus en
échec jusqu'à la nuit. Les gens du métier savent
qu'une retraite par un seul pont est un moment de
crise, et surtout quand aucune batterie sur la rive opposée ne peut être placée pour la soutenir et la favoriser.

« Je vous supplie, Monsieur, de mettre ces détails
sous les yeux de Sa Majesté et de lui exprimer mes
regrets du chagrin qu'elle peut avoir conçu d'après
les faux récits des historiens qui suivent l'armée du
Nord. La vie des François et l'honneur de nos armées
sont sans doute chers au Roi et ne seront pas mis en
balance avec cinquante ou soixante maisons exposées
au sort de la guerre sur ce territoire ennemi [1]. »

En transmettant, le 13 juillet, copie de cette lettre
au président de l'Assemblée nationale, le ministre de
la Guerre faisait observer « que les lois générales de
la guerre, rappelées dans celle du 10 juillet 1791,
autorisaient tout commandant militaire à détruire,
autour d'une place attaquée, les maisons qui peuvent
servir d'abri à l'ennemi, sauf indemnité aux dépens
de l'État envers les particuliers lésés [2] ».

La commission exécutive militaire de l'Assemblée,
qui eut à examiner l'affaire, fut sans doute de l'avis
du ministre, car, à part les diatribes dont nous avons
parlé un peu plus haut, aucune mesure disciplinaire
ou répressive ne fut prise contre Jarry. L'Assemblée
nationale avait voté plusieurs millions pour indemniser les Courtraisiens de leurs pertes : en droit, nous
étions quitte à leur égard.

---

1. La lettre du ministre porte en marge, de la main de Vincent et signée
de lui, l'annotation suivante : « Renvoyé au Comité et à la Commission
exécutive, l'an IV de la liberté. »

2. La perte de ces deux cents maisons fut estimée à 3.000.000 de francs.
(Voyez *Gazette des Pays-Bas*, du 3 juillet, dans Borgnet, *Histoire des Belges*,
II, p. 35.) — L'Assemblée législative vota un crédit destiné à indemniser
les habitants de Courtrai.

CHAPITRE XIII

L'ABANDON DE LA BELGIQUE. — LES CAUSES DE LA
RETRAITE. — MOTIFS POLITIQUES OU RAISONS MILI-
TAIRES. — LAFAYETTE ET LE 20 JUIN.

L'abandon de Courtrai et celui de la Belgique eurent
en France un retentissement douloureux. Si mince
qu'eût été le succès remporté par nos troupes en
s'emparant de la petite cité brabançonne, l'effet moral
avait été considérable. Après les désastres de Baisieux et de Mons, c'était la victoire ramenée sous nos
drapeaux, c'était le premier succès du nouveau régime,
la consécration glorieuse d'une ère politique que la
majorité de la nation estimait durable, qu'elle croyait
définitive. Nous avions été reçus à Courtrai, écrivait
Luckner, « avec toutes les démonstrations de joie et
d'allégresse imaginables[1] ». Toutes les rues, au moment de l'entrée des troupes, avaient retenti du cri
de : « Vive la nation française ! » — « Les habitants
sont au comble de la joie, mandait, à la date du
18 juin, un officier de l'armée du Nord. Ils nous ont
reçus comme des amis qu'on attendait avec impatience. Ils protestent qu'ils mourront avant qu'on nous
chasse d'ici[2]. »

En admettant, — et il faut l'admettre — qu'il y

1. Archives historiques de la Guerre. Armée du Nord, juin 1792. Luckner
à Dumouriez, 18 juin, à onze heures et demie du soir.
2. Lettre particulière de Courtray, 18 juin, dix heures du matin. Archives
de la Guerre et *Moniteur*.

eût quelque exagération dans cette dernière affirmation, on ne peut douter que les Français n'aient été bien accueillis à Courtrai, et Luckner lui-même assurait « bien augurer de la disposition des esprits de cette ville [1] ». Il eût donc été de bonne politique, de bonne tactique « de battre le fer pendant qu'il était chaud », comme l'avait dit le maréchal dans une précédente lettre [2], et de marcher sans perdre haleine sur Gand. Il est certain que les Autrichiens avaient été surpris par la marche sur Courtrai et qu'ils n'avaient pris, à cette date, aucune mesure pour s'opposer à notre offensive. Lafayette, qui était en avant de Maubeuge, maintenait Klerfayt, avec lequel il avait eu, le 11, une affaire assez chaude à Glisuelles ; Luckner n'avait donc devant lui que des forces non pas insignifiantes, mais certainement inférieures aux siennes ; une marche hardie vers l'intérieur de la Belgique eût donc amené très probablement, en même temps qu'un soulèvement du pays en notre faveur, la retraite des Autrichiens, spécialement de ceux qui occupaient Tournai. « Le Gouvernement autrichien, écrivait à cette époque à la *Gazette de Leyde* un de ses correspondants de Bruxelles, ne paraît pas sans inquiétude sur les rassemblements *prodigieux* qui se font à Valenciennes. L'on craint un coup décisif avant l'arrivée des troupes qui sont en marche. L'on prévoit qu'il s'écoulera au moins un mois avant que tous les renforts soient arrivés. A cette inquiétude bien fondée se joint celle du germe séditieux qui commence à se produire. A Wavres, à Nivelles, à Tirlemont, il y a eu des insurrections, et l'on est obligé d'y faire marcher une force militaire. Si les Français profitaient du moment...,

1. Archives historiques de la Guerre. Armée du Nord, juin 1792. Luckner à Dumouriez, 18 juin, à onze heures et demie du soir.
2. Archives historiques de la Guerre. Armée du Nord, juin 1792. Luckner à Dumouriez, 18 juin, à onze heures et demie du soir.

ils pourraient nous faire bien du mal et causer des troubles auxquels il ne serait pas facile de porter obstacle[1]. »

Voilà ce que pensaient les Autrichiens, ce qu'aurait dû savoir Luckner, au lieu de croire et de dire qu'il n'était point en forces pour marcher et que la Belgique ne se remuait point en notre faveur[2]. Encore que les espérances qu'on avait fondées à Paris sur cette révolution fussent sans doute exagérées, elles n'étaient pas entièrement vaines, comme on vient de le voir, et il y a lieu de supposer, il existe de fortes présomptions pour supposer qu'un général plus audacieux eût obtenu sous ce rapport d'autres résultats. Il semble évident que cette révolution ne pouvait éclater sans que nous lui donnassions la facilité de se produire, qu'elle pouvait suivre immédiatement notre marche victorieuse, mais non la précéder. Après l'écrasement du soulèvement de 1787-1790, il n'était pas permis d'attendre autre chose, et Dumouriez n'avait jamais conçu d'autre espérance quand il avait parlé d'une révolution en Belgique. C'était également la manière de voir de Lajard, le successeur de Dumouriez, lorsqu'aux plaintes formulées par Luckner sur la soi-disant tiédeur des Belges il répondait que, « s'il avait été établi dans le Conseil du Roi que l'offensive ordonnée au maréchal Luckner reposait sur l'espérance de voir la Belgique se soulever, cette espérance avait pu être plutôt *présumée qu'assurée*[3] », et qu'on avait compté que notre général en chef saurait « par son autorité et ses talents mettre à profit ces dispositions à un soulèvement, pour peu qu'elles nous fussent favorables[4] ».

1. Archives historiques de la Guerre. Armée du Nord, mai 1792. Extrait d'une lettre de Bruxelles adressée à la *Gazette de Leyde*, 17 mai.
2. Voyez notamment la lettre du 20 juin, celles du 29 juin, à une heure du matin, et du 29 juin, à dix heures et demie du soir. etc., etc.
3. Archives historiques de la Guerre, juin 1792. Lajard à Luckner, 25 juin.
4. *Ibid.*

Lajard faisait également observer au maréchal que ce soulèvement « dépendait principalement du succès et de la discipline de notre armée [1] », et que ces deux facteurs de l'appoint que pouvaient nous donner les Belges étaient uniquement dans sa main.

Or, non seulement Luckner ne faisait point tout ce qu'il aurait pu pour favoriser le soulèvement qui eût été un puissant appui pour nos armes en Belgique, mais il semblait ne le voir se produire qu'avec regret. Il est constant, par exemple, qu'il n'eut pour le Comité chargé d'appeler les populations à la révolte que des paroles de découragement. « Le maréchal n'agirait pas autrement, écrivait à cette époque un Belge au *Moniteur*, s'il était venu dans notre pays pour y assurer la domination de la maison d'Autriche [2]. » Cette conduite était effectivement singulière et allait de pair chez le maréchal avec une incohérence d'idées qui n'est pas moins bizarre. Quand, le 24 juin, il envoya Valence à Paris pour expliquer de vive voix au ministre sa situation politique et militaire, il écrivait à Lajard, que « sa position était bonne, son avant-garde forte et bien placée à Courtray, et soutenue par sa réserve campée à côté [3] ». Or, dans la même lettre, il demandait à Lajard, trois lignes plus bas, « s'il était préférable qu'il gardât cette position ou qu'il retournât pour couvrir la frontière ». On peut comprendre combien le ministre était embarrassé pour répondre à de telles questions. Le 20 juin, Luckner avait mandé que les Autrichiens se retiraient sur les trois points de Gand, de Tournai et de Mons, et qu'ils avaient fait rentrer leurs postes établis sur la Lys. « Mais, ajoutait-il, je sais qu'il y a dans ce

1. *Ibid.*
2. *Moniteur* du 13 juillet.
3. Archives historiques de la Guerre, juin 1792. Luckner à Lajard, 24 juin.

moment 3.000 hommes à Gand (trois mille) *qui suffiraient pour arrêter mon armée assez de temps* pour que les troupes de Tournay pussent me prendre par derrière [1]. » Le 26, il écrivait encore à Lajard : « Notre position est toujours la même, et *rien ne peut m'inquiéter assez pour me faire rétrograder sur Lille*. J'ai renforcé mon avant-garde de Courtray, et, avec des retranchements que je fais faire, cette position est très bonne [2]. » Néanmoins, ajoutait-il, « pour me porter plus avant, je vous dirai franchement que je n'oserais point m'y exposer, parce que je ne pourrais point suffisamment garder mes derrières [3]..., et vous sentirez aisément combien il serait dangereux de m'avancer et de compromettre le très petit et léger succès que nous avons eu jusqu'à présent [4] ». Le 29 encore, à une heure et demie du matin, il rendait compte, « qu'il ne pouvait aller plus loin sans augmentation de forces », et il concluait même « à un mouvement rétrograde [5] », ayant l'air de croire qu'il avait devant lui une armée dont la supériorité bien constatée l'obligeait à cette retraite dont il avait formellement nié l'opportunité deux jours auparavant.

Or, la force des troupes autrichiennes établies en Belgique, qui, d'après le rapport du feld-maréchal Bender, en date du 3 janvier 1792, était nominalement de 61.539 hommes, ne comptait, en réalité, qu'un peu plus de 30.000 combattants [6]. Au début des opérations, ces troupes, disséminées le long de la

1. *Archives historiques de la Guerre*, juin 1792. Luckner à Lajard, 20 juin.
2. *Archives historiques de la Guerre*, juin 1792. Luckner à Lajard, 26 juin.
3. *Ibidem*.
4. *Ibidem*.
5. Il faut noter qu'à l'heure où fut écrite cette lettre, les ordres pour la retraite avaient été donnés déjà. Toutes les considérations de cette lettre ne sont donc qu'une rhétorique destinée à préparer l'esprit du ministre et du Conseil à un événement déjà parfaitement arrêté dans l'esprit du maréchal.
6. Voyez Angeli, dans Pfeiffer. p. 45. « Die oësterreichische Armee in Belgien, nominell 54.000 Mann Fussvolk und 7449 Mann Reiterei, war thatsachlich nach allen Berichten nicht viel über 30.000 Mann stark. »

frontière, ne présentaient qu'un mince cordon facile à couper partout. Un peu plus tard, après la tentative de Biron et de Dillon, le duc Albert de Saxe-Teschen les avait concentrées davantage et en avait opposé 20.000 à Lafayette, en avant de Mons, tandis qu'un autre corps de 10.000 hommes gardait Tournai, Courtrai et Gand [1]. Plus tard, enfin, c'est-à-dire au moment de la prise de Courtrai, le duc Albert avait encore modifié ses dispositions et disséminé ses forces, envoyant des détachements au Nord de Courtrai, à Cœyghem, à Vichte, « persuadé sans doute, écrit Jomini, qu'en mettant un poste sur chaque route, il empêcherait Luckner d'avancer [2] ».

En face de ces détachements sans consistance, Luckner disposait de deux masses importantes et de deux corps moindres, mais cependant d'une certaine force, qu'il n'eût tenu qu'à lui de réunir pour obtenir une prépondérance absolument décisive. Il avait à droite les 20.000 hommes de Lafayette ; à Menin, les 20.000 hommes de sa propre armée ; à Maulde, les 7.000 hommes de La Noüe ; à Ypres, les 5.000 hommes que de Carle y avait laissés pour garder notre extrême gauche [3]. C'était donc un total de plus de 50.000 combattants [4] dont il avait la libre disposition.

Mais rien qu'à la tête des 20.000 hommes qu'il avait à Menin, et couvert sur son flanc droit par les 7.000 soldats du camp de Maulde, qui l'eût empêché,

---

1. Pfeiffer, p. 46.
2. *Histoire critique des guerres de la Révolution.* Édition belge, I. p. 319.
3. Non compris les troupes qui avaient fait leur jonction avec l'armée de Luckner à Gheluwe.
4. L'armée de Luckner avait été renforcée sans cesse pendant tout le mois de juin par des troupes venues de l'intérieur et des places. Chaque jour de nouveaux corps rejoignaient à Menin. « Le dernier état de situation de votre armée vers le 1er de ce mois, écrivait Lajard à Luckner le 25 juin, présente un ensemble total de 58.979 hommes. » Dans ce chiffre, figure, à vrai dire, l'effectif perdu des bataillons de forteresse, mais non les 20.000 hommes de Lafayette. En fixant à 50.000 hommes le total des combattants dont disposait Luckner en comprenant l'armée du Centre, on est donc très probablement au-dessous de la vérité.

s'il en avait eu véritablement la volonté, de marcher sur Gand? Il n'ignorait pas, puisqu'il le dit lui-même, qu'il avait toujours, sur Ypres et Dunkerque, une ligne de retraite éventuelle assurée; en écrivant au ministre que celui-ci devait sentir lui-même « les inconvénients d'un tel mouvement », il faisait allusion à des difficultés imaginaires.

Sans doute, on apercevait maintenant les nombreuses difficultés pratiques de ce plan défectueux qui avait amené les troupes de Valenciennes à Lille et Comines pour attaquer Courtrai, quand Mons et Tournai étaient encore aux mains de l'ennemi; sans doute le maréchal se heurtait aujourd'hui à des obstacles qu'il avait lui-même accumulés sous ses pas. Cependant on peut penser qu'en dépit de ce plan boiteux, un homme de parti, audacieux, énergique, eût agi autrement, qu'un général intelligent eût pu remédier, par une exécution magistrale, aux défauts originels de l'entreprise. Mais malheureusement Luckner n'avait plus d'audace, et il n'avait jamais eu qu'une intelligence médiocre, adaptée surtout aux horizons les plus bornés de la guerre bien plutôt qu'aux conceptions, élevées de la stratégie; il devait être là, forcément, inférieur à sa tâche. Comment, dans ces conditions, dans ces circonstances, n'eût-il pas songé à un moyen facile sinon glorieux de se tirer de l'impasse dans laquelle il s'était jeté? Comment n'eût-il pas pensé à la retraite? — Il y avait songé, comme on l'a vu, avant d'entamer ses opérations. — Comment n'eût-il pas persisté dans sa manière d'envisager les choses, aujourd'hui que son éphémère succès de Courtrai avait empiré sa situation plus qu'elle ne l'avait améliorée?

Pendant que Luckner, toujours hésitant, toujours irrésolu, ne savait prendre de parti ni d'un côté, ni de l'autre, tandis qu'il sollicitait chaque jour du roi, du ministre, du Conseil des instructions qu'on ne cessait de lui donner, mais qu'il ne trouvait jamais assez positives [1], tandis qu'il assombrissait à plaisir la situation pour obtenir l'ordre de retraite qui demeurait le point fixe, l'obsession de sa pensée, nos troupes avaient livré à droite et à gauche, notamment à Haarlebecke, près Courtrai [2], les petits engagements dont nous avons parlé et dans lesquels elles avaient eu presque constamment l'avantage.

Toutefois, les tentatives citées plus haut, les petites opérations offensives dirigées contre Courtrai par un ennemi qui reprenait du courage au fur et à mesure qu'il nous voyait devenir moins entreprenants, avaient accru subitement les alarmes du maréchal au point de lui faire croire perdue une situation qui demeurait encore intacte. Et, à cet égard, il en arriva à se démunir de la prudence dont il usait dans sa correspondance avec le ministre. Voyant à Courtrai un danger imminent imaginaire, désespérant d'obtenir de Paris l'ordre de retraite qu'il eût tant tenu à se faire donner, il prit sur lui d'agir sous sa responsabilité, chose qu'on ne lui avait pas vu faire encore.

Dans la nuit même du 28 au 29 juin et exactement le 29, à une heure et demie du matin, Luckner avait écrit au ministre une longue dépêche [3], perfide en ce sens qu'elle essayait de déplacer les responsabilités et avait la prétention d'établir que le gouvernement avait laissé le chef de l'armée du Nord sans ordres quand le ministre lui avait envoyé les seuls qu'il pût lui adresser. Il laissait percer encore, dans cette lettre, une sourde

1. Voyez notamment les lettres des 7 et 29 juin.
2. Voyez la lettre de Biron, datée de Menin, 27 juin. Elle est en partie au *Moniteur*.
3. Archives historiques de la Guerre. Armée du Nord, juin 1792. Luckner à Lajard, 29 juin, à une heure et demie du matin.

irritation, une colère contenue comme celle dont a le droit de témoigner un homme qu'on met et tient de propos délibéré dans une situation difficile; enfin il y laissait deviner, qu'en ordonnant la retraite, il obéissait à la seule force des événements et à des circonstances qu'il n'avait pas fait naître. Par une malice « cousue de fil blanc », comme on dit vulgairement, Luckner avait rejeté à la fin d'un *post-scriptum* l'objet important de sa lettre : « Je dois vous prévenir, Monsieur, disait-il dans cet appendice, qu'en comptant sur une réponse précise de votre part il est cependant possible que je ne l'attende pas pour commencer le mouvement qui me rapprochera de Valenciennes. »

A l'heure où ce *post-scriptum* était écrit, les ordres pour la retraite étaient déjà donnés, de telle sorte que toute la lettre était, en réalité, un plaidoyer *a posteriori* pour une cause qu'on sentait mauvaise. Ce fut Beauharnais, l'adjudant général, qui fut chargé de porter à Paris cette importante dépêche. Cependant, à peine Beauharnais était-il parti, que Luckner songea non pas tant à confirmer sa première décision qu'à présenter au ministre de nouveaux arguments pour l'expliquer, et il rédigea dans ce but une seconde lettre[1], où il parle de « la délicatesse de son âme », de son « inviolable attachement au bonheur de la France », « de la justification de sa conduite », en homme qui, évidemment, ne se sent pas la conscience très nette.

« ... Un objet de la plus haute importance, qui doit occuper essentiellement le Conseil du Roi, disait-

---

1. Cette seconde lettre est datée du 29 juin, à dix heures et demie du soir. Il y a là probablement une erreur, et c'est à dix heures du matin qu'il faut lire. On ne s'expliquerait pas une lettre écrite à dix heures et demie du soir, dans laquelle Luckner ne dirait pas un mot de l'incendie de Courtrai.

il à Lajard, et qui me détermine encore bien plus que le reste à un mouvement rétrograde, c'est l'état de nos frontières entre le Rhin et la mer. Entre la Sambre et le Rhin, il ne reste point de troupes, et *la tête des colonnes ennemies s'avance dans l'électorat de Trèves ;* d'autres, dit-on, marchent sur les Pays-Bas. M. de Lafayette ne peut quitter sa position sans que mon armée se trouve en opposition à des forces doubles ; alors Valenciennes et Lille sont à découvert. Voilà, Monsieur, ce qui doit occuper le Conseil du Roi. Quant à ce qui me regarde, mon unique pensée et toutes mes lumières ne cessent de se porter sur l'ensemble des moyens de défense entre Dunkerque et Sarrelouis... J'y ai réfléchi jour et nuit et n'ai trouvé qu'un seul moyen d'éviter ce danger imminent à la France : *c'est celui de retirer mon armée sous Valenciennes.* Les moments devenant de jour en jour plus pressants, j'ai cru ne pas devoir attendre votre réponse concernant la position que devait prendre mon armée ; en conséquence, je la fais partir demain 30 pour Lille, le 1er à Orchies, le 2 à Saint-Amand et le 3 à Valenciennes.

« J'envoie à la même heure qu'à vous, Monsieur, un courrier à M. de Lafayette pour lui faire part du mouvement, en le prévenant que je donne ordre à M. de La Noüe, commandant le camp de Maulde, pour qu'il parte le 2, avec ses 7.000 hommes, pour Valenciennes, le 3 au Quesnoy, et le 4 à Maubeuge. D'après cet avis, l'armée de M. de Lafayette peut faire ses dispositions en conséquence et se retirer dans la partie où il croira ses forces le plus nécessaire.

« Je prévois, Monsieur, que ma démarche va exciter un essaim de mécontents et de calomnies contre moi, mais que m'importe ? Mes vues n'ont d'autre but que le bien, et je me croirais un traître à la patrie, si j'avais tenu une conduite différente dans les circonstances présentes [1]... »

C'en était donc fait de l'expédition en Belgique; et par la faute d'un plan aussi irrationnel qu'inhabilement exécuté, nos opérations ultérieures se trouvaient gravement compromises. Après la déroute de Baisieux, les Autrichiens disaient plaisamment que les Français avaient troqué leur précédente devise : « Vaincre ou mourir », en celle de : « Vaincre ou courir »; Luckner confirmait bénévolement ce deuxième adage, dont l'ironie cruelle frappait injustement ses soldats. Quoi qu'il en soit, les ordres pour la retraite furent confirmés, et les préparatifs furent faits pour que les premières troupes commençassent le mouvement dans la nuit.

Ce fut dans ces circonstances que se produisirent les événements dont Courtrai devait être le théâtre le 29 juin : la destruction par le feu de la plus grande partie du faubourg de Gand. On peut penser qu'ils confirmèrent le maréchal dans son idée, déjà bien arrêtée d'évacuer la Belgique; il renouvela donc péremptoirement les ordres donnés à cet égard depuis plusieurs jours, en enjoignant que l'on entamât sur l'heure le mouvement rétrograde.

Le 30 juin au soir, Luckner annonçait au ministre son arrivée à Lille et lui adressait de son nouveau quartier général de la Magdelaine un rapport sur l'incendie de Courtrai [2] : nous avions irrémédiablement franchi la frontière. En vain Dumouriez, à la nouvelle de cette reculade imminente, avait-il quitté Paris à la hâte, doublant les postes et crevant ses chevaux;

---

1. Archives historiques de la Guerre. Armée du Nord, juin 1792. Luckner à Lajard, 29 juin.

2. C'est la dépêche du 30 juin qui commence par ces mots : « J'ai à vous rendre compte d'un événement bien fâcheux et à vous dire avec douleur qu'hier, 29, etc. » Archives historiques de la Guerre. Luckner à Lajard.

quand il arriva à Lille, le 1ᵉʳ juillet, la partie était définitivement perdue[1].

L'inaction de Luckner, après la prise de Courtrai, est tellement étrange, l'explication de cette inaction au point de vue militaire est tellement difficile, qu'on a cherché si, en dehors des motifs avoués et mis en avant par le maréchal, il n'en existait pas d'autres, cachés ; on a voulu déchiffrer cette énigme au moyen de considérations politiques étrangères à la stratégie. On a dit notamment que Louis XVI, qui ne pouvait voir d'un œil favorable une lutte entreprise contre une armée chargée de l'arracher aux mains des Jacobins, avait pesé secrètement sur la détermination de Luckner ; on a avancé que le voyage du général de Grave, dont nous avons parlé plus haut, avait eu pour but réel non pas l'inspection de l'armée du Nord comme l'indiquait sa lettre de service, mais une mission secrète aux termes de laquelle l'ancien ministre de la Guerre eût invité le maréchal à ne point pénétrer plus avant en Belgique. D'autres ont prétendu que l'influence de Lafayette avait été prépondérante dans la conduite de Luckner et que c'est grâce à cette influence que l'offensive commencée à Courtrai s'était subitement arrêtée. Ces accusations ne datent pas d'aujourd'hui, mais pas plus aujourd'hui qu'il y a cent ans, on n'est arrivé à formuler des preuves précises pour en démontrer le fondement. En ce qui concerne de Grave, on peut peut-être supposer à son égard que son voyage fut autant politique que militaire ; toutefois, il faut reconnaître qu'il aurait échoué complètement dans sa mission, puisque, arrivé à Lille le 13 juin, il ne fut présent à l'armée de Luckner que

____

1. « ..... Je me suis hâté de partir de Paris, espérant arriver avant l'évacuation précipitée de Courtrai. Je suis arrivé trop tard et j'aire joint l'armée à Valenciennes..... » Archives historiques de la Guerre. Armée du Nord, 1792, Dumouriez à Lajard, 8 juillet.

juste pendant la période des opérations actives et retourna à Paris le jour même où le maréchal pénétrait dans Menin. La prise de Courtrai, effectuée le lendemain 18 juin, fut également postérieure à son départ.

Pour ce qui a trait à l'influence de Lafayette, l'accusation remonte également à 1792, et elle fut formulée déjà à la tribune de la Législative par des députés comme Lasource, qui prétendirent que Lafayette, après les événements du 20 juin, avait voulu non seulement marcher en personne sur Paris, à la tête de son armée, mais qu'il avait proposé à Luckner de s'associer à sa révolte. On assurait que Luckner, dans un dîner chez Gobel, l'évêque constitutionnel de Paris, avait avoué cette tentative de Lafayette, et l'on faisait même circuler un papier sur lequel cet aveu, signé de la main du maréchal, était consigné.

Que Lafayette ait songé, après le 20 juin, à marcher sur Paris, qu'il ait eu l'idée d'associer Luckner à cette tentative de coup d'Etat, il n'y a là rien d'impossible ; nous dirons même que sa lettre lue le 26 juin à l'Assemblée, que son voyage à Paris le 28 juin, enfin que sa conduite à Sedan du 12 au 16 août suivant, constituent des présomptions sérieuses en faveur de cette hypothèse.

Les préoccupations politiques du commandant de l'armée du Centre, pendant toute cette période, sont évidentes ; elles sont d'ailleurs confirmées positivement par ses actes et par sa correspondance : on ne saurait les mettre en doute. Il écrivait, le 22 juin, à Lajard, le successeur de Servan : « ..... Tous ces objets, mon cher Lajard, quoique très intéressants, le sont encore moins que notre situation politique. C'est sur elle que doivent se porter les efforts de tous les bons citoyens, et il n'y en a pas un que je ne tente, plutôt que de voir la Liberté, la Justice et la Patrie sacrifiées à des factieux; mon combat avec eux est à mort, et je veux le terminer bientôt, car, dussé-je les attaquer tout seul, je le ferai sans compter leur force ni leur nombre. »

Et, trois jours après, il disait encore au ministre : « J'avoue, mon cher Lajard, que je ne sais comment arranger une combinaison de guerre, tant que nos affaires intérieures seront dans cette situation anarchique, criminelle et inconstitutionnelle, qui décuple les moyens de nos ennemis et nous enlève tous ceux que nous devrions avoir. » Et, après avoir parlé du plan d'opérations à suivre, il terminait : « En vérité, mon cher Lajard, tout en dictant cette lettre, je me demande à quoi nous serviront ces dispositions, si indispensables et si urgentes, pour peu qu'on tarde à ramener, par une crise salutaire, l'ordre au dedans et à faire respecter la Constitution, dont un des pouvoirs vient d'être si atrocement avili, et sera peut-être ouvertement attaqué. L'indignation de l'armée à cet égard est un sentiment qui l'honore et que j'approuve plus que personne[1]. »

Mais, en dépit de ces sentiments non douteux de Lafayette, pour une démonstration à main armée en faveur du maintien de la Constitution, il n'est pas permis d'affirmer qu'il l'ait effectivement préparée au lendemain du 20 juin; il n'est surtout pas licite d'avancer qu'il ait été pour rien dans la décision de Luckner d'abandonner la Belgique le 29 juin. Toutes les hypothèses auxquelles on peut se livrer à cet égard ne valent pas une certitude, et devant les dénégations formelles de Lafayette, de Luckner et de Bureaux de

1. Archives historiques de la Guerre. Armée du Centre, 1792. Lafayette à Lajard, 22 et 25 juin. L'original de cette dernière lettre porte une très curieuse annotation de la main de Xavier Audouin, le gendre de Pache; elle est trop longue pour que nous l'insérions ici.

Puzy, il n'est pas possible de conclure de ces hypothèses à une réalité. Ce Bureaux de Puzy, dont le nom avait été accolé à celui du général Lafayette dans les dénonciations portées à la tribune de la Législative, était un capitaine du génie qui, à la manière des deux Carnot, d'Aubert-Dubayet, de Dubois de Crancé, de Mathieu Dumas et d'une infinité d'autres, s'était jeté dans la politique et y faisait quelquefois bonne figure. Bureaux, après avoir été membre de la Constituante et s'y être distingué par diverses motions généralement intelligentes, s'était attaché à Lafayette et servait dans son armée en qualité d'adjoint d'état-major. Ce fut lui que Lafayette avait chargé d'aller trouver Luckner à Menin — pour le tâter au sujet d'un coup d'Etat, disaient les accusateurs de Lafayette, — pour des raisons purement militaires, affirmait ce dernier. Accusé, comme nous l'avons dit plus haut, par le député Lasource, de complot contre la sûreté de l'Etat, Lafayette chargea Bureaux de porter pour lui à la tribune de la Législative ses moyens de défense, et celui-ci le fit le 29 juillet 1792, dans un langage qui a toutes les allures de la vérité. Bureaux raconta à cette date — *garantissant sur sa tête* (ce qui n'était pas un vain mot à cette époque) la vérité de ses assertions — que le général Lafayette, « outré et alarmé des événements du 20 juin », l'avait envoyé à Menin pour les trois motifs suivants :

1° Rendre au maréchal un compte détaillé des opérations de l'armée du Centre ; lui faire connaitre la force et les emplacements de l'ennemi près de Mons ; prendre connaissance des positions de l'armée du Nord ; s'informer des projets ultérieurs du maréchal et se concerter avec lui pour les opérations à exécuter ;

2° Recueillir ce que le maréchal aurait appris sur l'approche des Autrichiens et des Prussiens, dont on disait vaguement que les colonnes s'approchaient du Rhin ;

3° Entretenir le maréchal de la situation politique intérieure.

Relativement à ce dernier point, Bureaux devait dire à Luckner que « Lafayette avait vu dans la journée du 20 juin la violation la plus effrayante de l'acte constitutionnel ; que les troubles de Paris étaient faits pour détruire toutes dispositions actives et efficaces contre les ennemis du dehors ; qu'il lui paraissait que le plus pressant des intérêts de la nation était d'arrêter les excès de l'anarchie, qu'il avait déjà annoncé ces vérités à l'Assemblée nationale, qu'il aurait le courage de les lui répéter encore, qu'il était prêt à partir pour le faire, mais qu'avant d'entreprendre cette démarche il désirait savoir de lui s'il n'y apercevait aucun inconvénient pour le service militaire dont ils étaient chargés et responsables tous deux. »

Luckner, qui n'aimait pas à se compromettre, accueillit Bureaux avec courtoisie, mais sans chaleur, et se tint vis-à-vis de lui dans une extrême réserve. Sur le premier point, la conférence fut courte. Le maréchal déclara à l'envoyé de Lafayette ce qu'il répétait depuis un mois au ministre, c'est-à-dire que, bien loin de vouloir avancer en Belgique, il songeait sérieusement à regagner Valenciennes, et qu'il ne voyait nullement la possibilité d'entamer des opérations combinées. Quand on sait ce que nous savons des idées de Luckner à cet égard, on demeure convaincu que, dans ce compte rendu de son entretien avec le maréchal, Bureaux dit certainement la vérité. Luckner, à propos du second point soumis à son appréciation, répondit qu'il ne savait absolument rien des nouvelles de l'ennemi que ce qu'en savait Lafayette. Enfin, pour le troisième point, pour la question politique, il se borna à affirmer qu' « il était profondément affecté des événements qui avaient agité récemment Paris, mais qu'il connaissait trop imparfaitement la Constitution pour donner son avis. Il ne voyait aucun inconvénient à ce que Lafayette se rendît à Paris, et il le laissait entièrement juge de l'opportunité d'une démarche sur laquelle il ne pouvait avoir aucune opinion. » Comme on le voit, il n'était pas possible de se compromettre moins ; toutefois, sur l'invitation peut-être de Bureaux et très probablement de Valence et de Berthier, Luckner se hasarda à envoyer au roi une adresse qui fut signée par tous les officiers généraux de l'armée et dans laquelle il assurait le souverain de son dévouement. Ce document, qui fut lu à la Législative, dans la séance du 28 juin, par Lafayette lui-même, quand ce général vint demander à l'Assemblée le châtiment des révoltés du 20 juin, était en réalité un salmigondis assez incolore, dans lequel on voit le rédacteur s'efforcer de tenir une juste balance entre le roi et la Constitution, ayant visiblement peur d'écrire un mot qui puisse être entaché de réaction[1]. Luckner y disait cependant qu'il « connaissait trop bien les officiers et les soldats de son armée pour douter qu'ils n'éprouvassent la vive émotion qu'il avait éprouvée lui-même, son indignation contre les factieux, son respect pour l'impassible courage qu'avait témoigné le Roi », toutes phrases qui pouvaient passer, à cette époque, pour l'expression d'un dévouement sans bornes, et qui devinrent plus tard, entre les mains de Fouquier-Tinville, une arme terrible.

L'accusation portée contre Lafayette par Lasource n'aboutit point, faute de preuves ; toutefois, ce géné-

---

1. Voir cette lettre au *Moniteur* du 1er juillet, n° 183, p. 760.

ral crut devoir, en ce qui concernait les propositions qu'il avait soi-disant faites à Luckner, y répondre lui-même et adressa à ce sujet à l'Assemblée une lettre personnelle contenant sa protestation. Cette lettre se terminait par ces mots : «..... Ai-je proposé à M. le maréchal Luckner de marcher avec nos armées sur Paris? A cela, je réponds par quatre mots fort courts : Cela n'est pas vrai[1]. » En même temps, Luckner adressait, le 28 juillet, à l'Assemblée, une protestation contre les paroles qu'on lui avait prêtées au diner chez l'évêque Gobel, et dans laquelle il disait que, « sentant bien vivement combien il était affligeant pour lui de ne pas savoir parler la langue du pays dans lequel il servait, il était obligé d'attribuer à cette difficulté la différence qu'il trouvait entre la conversation qu'il avait eue chez M. l'évêque de Paris et celle qui figurait dans le procès-verbal de l'Assemblée ». Jamais, ajoutait-il, proposition de marcher sur Paris ne m'a été faite, et il est bien douloureux pour moi que, « sacrifiant comme je le fais mon repos et ma tranquillité à la France, je voie donner une interprétation aussi fâcheuse à une conversation mal entendue[2] ».

Comme nous le disions plus haut, encore que l'on puisse admettre que les déclarations, cependant catégoriques, de Bureaux de Puzy, que les protestations de Lafayette et de Luckner, ne contiennent point toute la vérité, il n'est pas possible, tant qu'on n'aura pas fourni de preuves du contraire, de les tenir pour mensongères[3]. Il n'est donc pas permis de supposer, encore moins d'affirmer que les événements du 20 juin aient conduit le maréchal Luckner à ramener

---

1. *Moniteur* du 31 juillet, n° 213, séance du 30 juillet, p. 897, col. 2.
2. *Moniteur* du 1er août, n° 214, p. 900, col. 3.
3. Voyez notamment la lettre du 26 mai à Dumouriez: « Vous n'imaginez pas, Monsieur, l'erreur où vous êtes sur les troupes dont je puis disposer, à quel point elles sont dépourvues de tout...», etc. Voir aussi celle du 7 juin.

son armée à Valenciennes dans le but de s'y tenir prêt à une marche sur Paris. Quand on voit Luckner dès le début des opérations, même avant le commencement des opérations, parler déjà de retraite, quand on se rappelle la remarque de Bureaux que « le maréchal n'avait commencé son expédition bien moins dans l'assurance de faire des conquêtes que dans celle de mettre en évidence le vice du plan sur lequel on avait entamé la guerre et la futilité du projet de soulever la Belgique[1] », il n'est pas possible de soutenir raisonnablement que la politique fut pour quelque chose dans la façon d'agir du maréchal.

Non, la cause véritable de l'inaction de Luckner fut en premier lieu son incapacité militaire, son manque d'initiative et d'audace, l'étroitesse de ses vues et son manque de clairvoyance. C'était toujours un vaillant soldat, un soldat auquel les balles sifflant autour de lui ne faisaient ni courber l'échine ni baisser la tête, ce n'était point, c'était moins que jamais un général. Ce petit homme, énorme, à tête massive et carrée, à épaules larges, aux traits rudes, faisait encore facilement, à soixante-dix ans, neuf lieues à pied, ou demeurait douze heures à cheval[2]. Mais, si ces qualités sont appréciables chez un chef militaire, et demeurent rares dans un homme de son âge, elles n'ont de prix qu'autant qu'elles permettent à une intelligence d'élite de développer librement et nettement ses facultés.

D'autre part, le plan qu'il avait adopté était, nous l'avons dit, une conception défectueuse, anormale, qui ne répondait en aucune manière aux instructions politiques qu'il avait à remplir, qui, d'autre part,

---

1. Voir le discours de Bureaux de Puzy, précédemment cité.
2. « Luckner war ein kleiner, breitschulteriger Mann, mit einem ungewöhnlich grossen Kopf und herben Gesichtszügen..... 1789, machte er noch täglich neun Stunden Wegs zu Fuss oder zwölf Stunden zu Pferd... » (Pfeiffer, p. 75.)

demeurait en contradiction avec les principes de la stratégie. Toutefois, ce qui l'empêcha d'agir, ce fut surtout son défaut de hardiesse, le refroidissement irréparable de ce cœur qui se glaçait déjà.

Sa conduite militaire de 1792 à 1793 le prouve surabondamment. Quand, après la fâcheuse retraite de Courtrai, Lafayette lui dépêcha une seconde fois Bureaux de Puzy pour lui proposer à nouveau de concerter leurs mouvements en vue d'une attaque des positions autrichiennes, il n'obtint pas une réponse plus encourageante que la première fois. « Il est triste, lui écrivait Lafayette, de voir nos forces réunies sans en profiter et j'aimerois bien à vous procurer un avantage dont la campagne se ressentiroit. Si les ennemis restoient à Mons dans l'état actuel, il n'y auroit pas à balancer pour les attaquer après-demain matin, puisque M. de La Noüe pourroit faire l'attaque du bois de Sarre, tandis que vous marcheriez du côté de Valenciennes, et que moi je ferois une fausse attaque vers le Pont de Pierre et une véritable sur le Gil et Genty. Toute la droite de leur position seroit coupée, et nous pourrions tâter ensuite les hauteurs de Berthaumont... C'est une belle bataille à donner. Je suis sûr que mes troupes se battront bien, et le petit succès que mon avant-garde a eu le 27... a augmenté encore leur ardeur. Voyez donc, mon cher maréchal, ce que vous croyez convenable. Il faudroit que ce fût pour le 5... Le système défensif n'est pas une objection, *car il n'y a de bonne défensive que celle qui attaque souvent*[1]... »

Comme nous l'avons dit, ces propositions furent faites en pure perte : toute opération qui eût dérangé sa béatitude inquiétait et effrayait désormais Luckner.

---

1. Discours de Bureaux de Puzy déjà cité.

CHAPITRE XIV

DUMOURIEZ A L'ARMÉE DU NORD. — CHASSÉ-CROISÉ
LA SITUATION MILITAIRE AU 15 JUILLET

Au moment où se produisait à la frontière du Nord
cette fâcheuse et inexplicable reculade, Dumouriez,
succombant aux attaques à la fois des constitutionnels
et des jacobins, venait de quitter le ministère.

Quelque attrait qu'eût pour lui la diplomatie, elle ne
le passionnait pas assez pour lui faire oublier qu'il
était sinon l'inspirateur, tout au moins l'endosseur responsable du plan d'offensive en Belgique, et que sa réputation militaire, son prestige politique étaient intimement liés au succès de cette conception.

Plus que personne en France, il avait applaudi aux
débuts heureux de nos troupes, plus que personne il
s'était ému de la subite inaction de Luckner après
Courtrai, plus que personne enfin il était surpris,
affligé, irrité que cette inaction aboutit à un échec.

Bien que Dumouriez ne fût plus ministre depuis le
24 juin, bien que par conséquent il ne connût plus exactement le fond des dépêches de Luckner, il savait par
ses correspondants intimes à l'armée du Nord, notamment par Valence et Biron, que l'évacuation était
au 25 juin décidée en principe et que lui seul pouvait
avoir assez d'influence sur le maréchal pour faire va-
rier sa résolution.

Mais, retenu aux Tuileries, au Ministère, à l'Assemblée par les dernières obligations de sa charge, par la nécessité de transmettre régulièrement le pouvoir à son successeur, de régler le compte des dépenses secrètes, d'assurer la solution de différentes affaires personnelles, Dumouriez dut encore passer quelques jours à Paris, et ce fut seulement le 27 dans la nuit qu'il put partir enfin pour la frontière. Il fit diligence, il doubla les postes; mais, quelque soin qu'il prit de hâter son voyage, il n'arriva à Valenciennes qu'après que notre armée l'avait atteinte déjà, c'est-à-dire lorsque l'abandon de notre éphémère conquête était un fait accompli. A Valenciennes, le maréchal Luckner accueillit le nouveau venu avec une extrême froideur. A ce moment, Dumouriez était un astre éteint, une puissance déchue; la plupart de ses camarades le lui firent durement sentir. A un autre point de vue, l'ancien ministre des Affaires étrangères, affilié, ou plutôt passant pour être affilié au parti le plus avancé de la Révolution, n'avait pour ainsi dire que des ennemis dans l'état-major général, où l'influence soit du roi, soit de Lafayette, était encore prépondérante. Berthier, notamment, chef de l'état-major de Luckner, Berthier, à cette époque très attaché encore à l'ancien régime, affecta vis-à-vis de l'ex-ministre un manque d'égard des plus blessants[1]. Il était de règle alors, et les choses n'ont pas changé aujourd'hui, que, lorsqu'un nouvel officier général arrivait à une armée, son entrée en fonctions fût mise à l'ordre de façon que « nul n'en ignorât ». De plus, le major général organisait sans retard — pour les officiers n'ayant pas de commande-

---

1. Berthier fut toute sa vie dévoué à l'ancien ordre des choses, et il garda ses convictions même lorsque Napoléon l'eut porté au pinacle. On sait qu'aux Cent-Jours il refusa de se rallier à l'Empereur. Sur ses sentiments vis-à-vis de Dumouriez, les lettres citées plus loin ne laissent aucun doute.

ment immédiat, — ce qui était le cas de Dumouriez —
le service des gardes d'honneur, ordonnances, plan-
tons, que le règlement mettait alors à la disposition
des officiers généraux, lui faisait porter chaque jour
l'ordre et la décision du général en chef, le tenait, en
un mot, au courant de tous les mouvements de l'armée. Berthier mit un soin particulier à déroger à tous
ces usages. Dumouriez raconte lui-même dans ses
Mémoires que pendant quelques jours on feignit à Valenciennes, sinon d'ignorer sa présence, tout au moins
de ne point savoir qu'il était attaché à l'armée, de
croire qu'il était venu là en simple particulier, en amateur.

Trop fin pour manifester le moindre dépit, trop
maitre de lui pour faire un esclandre banal, sans
doute inutile, il résolut d'étudier de près ses nouveaux
camarades, notamment le général en chef, qu'il connaissait en réalité à peine. Le maréchal Luckner, tout
vieux qu'il fût, avait conservé — nous l'avons dit —
une activité physique qui contrastait singulièrement
avec son affaiblissement intellectuel. Au camp de Valenciennes, en juillet 1792, « il se levoit avant le
jour, montoit à cheval sans autre but que celui de se
montrer aux soldats, rentroit fort tard, dinoit mal,
bourroit tout le monde, signoit des lettres qu'il ne
lisoit pas et se couchoit à neuf heures[1]. »

A différentes reprises, Dumouriez essaya d'avoir
avec lui un entretien particulier : le maréchal l'évitait.
En vain Dumouriez se présentait presque immédiatement après son lever et l'accompagnait à cheval dans
sa tournée à travers le camp, le vieux Luckner, sur-
veillé de près par Berthier et ses autres entours,
n'était jamais seul. Peut-être le soin que mettaient

1. *Mémoires* de Dumouriez, liv. V.

les aides de camp du généralissime à écarter de lui les intrus ne visait-il pas spécialement Dumouriez. On savait le maréchal très faible, facile à endoctriner, aisé à circonvenir. C'était lui rendre service que de lui éviter des actes de faiblesse qu'il eût été obligé de désavouer le lendemain. Ainsi pensaient Berthier, Lameth, même Valence et Biron.

Cependant, de la même façon qu'il n'est si bon cheval qui ne bronche, il n'est geôlier si vigilant qui n'ait un instant d'oubli, et, un beau matin, Dumouriez put avoir avec Luckner l'entretien particulier qu'il recherchait. En tête à tête avec son chef, sans témoins, il lui parla avec la franchise et la vigueur qu'il savait déployer quand il voulait exercer une pression sur quelqu'un [1]. Il lui dit qu'il avait lieu de s'étonner qu'on traitât avec ce sans-façon un officier général qui avait été honoré de la confiance particulière du roi, et qui n'était tombé, en somme, que pour avoir voulu soutenir le prince contre les Jacobins. Il lui mit ensuite nettement sous les yeux à quel danger il s'exposait, lui, Luckner, en se laissant mener par des jeunes gens comme Charles Lameth, Noailles, Mathieu de Montmorency, en signant, sans en prendre connaissance, et sans se les faire expliquer, les lettres que lui rédigeait Berthier ; en un mot, en tolérant que d'autres exerçassent réellement un commandement dont il gardait l'entière et redoutable responsabilité.

Le maréchal, auquel la moindre émotion faisait verser des larmes, ne manqua pas de s'attendrir au tableau que lui traçait son lieutenant : il pleura même abondamment. Puis, passant brusquement de l'attendrissement à la colère, il jura que les choses allaient

____

1. Voir le détail complet de cette scène dans Dumouriez.

changer, que Charles Lameth, Montmorency, Berthier étaient « des intrigants, des factieux [1] », et qu'il saurait les mettre à la raison. Il convia ensuite Dumouriez à dîner à sa table, ce qui ne lui était pas arrivé encore, et il fit comprendre aux officiers de l'état-major qu'ils eussent à changer de conduite vis-à-vis du nouvel arrivé. Effectivement, le lendemain, Berthier alla rendre à l'ancien ministre de la Guerre la visite qu'il lui devait depuis six ou sept jours ; mais cette politesse n'impliquait pas que le chef d'état-major eût désarmé : il s'en fallait. D'ailleurs, Luckner lui-même se sentait mal à l'aise à côté d'un homme comme Dumouriez, dont l'activité morale plus encore que physique, dont les projets audacieux et multiples, sans compter les relations politiques suspectes, l'effrayaient et le déroutaient. Dès le 8 juillet, il résolut de l'envoyer commander la gauche de l'armée [2] à Saint-Amand et, avec la gauche de l'armée, le camp de Maulde, où se trouvait seulement un maréchal de camp, Beurnonville. Sans doute, il eût été plus simple et plus raisonnable de garder Dumouriez à Valenciennes, où il n'existait pas d'autre lieutenant général que Biron [3] ; mais alors on conservait près de soi un témoin incommode, peut-être un mentor ou un censeur gênant : à beaucoup de points de vue, l'envoi à Maulde ou à Saint-Amand était préférable. Dumouriez se rendit compte sans peine qu'on cherchait à l'éloigner : il eut même l'idée qu'en l'expédiant à l'extrême frontière on espérait lui faire éprouver quelque échec éclatant qui eût anéanti les espérances que pouvaient fonder ses amis sur ses capacités militaires. En réa-

---

1. *Mémoires* de Dumouriez, II, liv. V.
2. « M. le maréchal Luckner m'a confié le commandement de la gauche de son armée et je vais après-demain établir mon quartier général à Saint-Amand. » Dumouriez à Lajard, 8 juillet.
3. M. de Crillon, appelé à Paris, n'était pas revenu.

lité, les projets de Luckner ne paraissent pas avoir été aussi noirs.

Le camp de Maulde, situé, comme on l'a vu plus haut, sur un mamelon qui domine les alentours d'une quinzaine de mètres[1], n'était point une position aussi dangereuse que le prétend Dumouriez dans ses *Mémoires*. Sans doute, les ouvrages qu'on y avait tracés n'étaient encore qu'à l'état d'ébauches[2], mais la situation topographique était bonne, et il fallait peu d'efforts pour rendre d'un abord difficile les sept redoutes en construction.

Dumouriez, pour hâter le plus possible les travaux, ne voulut point s'installer à Saint-Amand, que le maréchal lui avait indiqué comme centre de son commandement — (en dehors des troupes de Maulde, il avait sous ses ordres les garnisons de Douai et d'Orchies). Il préféra s'établir au camp même, de façon à surveiller de plus près ses travailleurs et à vivre au milieu de ses troupes.

Cependant, la retraite de Courtrai n'avait pas fait sur le Conseil du roi l'impression fâcheuse qu'elle avait produite dans le public. Soit que Louis XVI vit sans déplaisir cet arrêt des hostilités, soit surtout que la confiance aveugle qu'on avait dans les talents de Luckner persuadât que, si ce stratège avait battu en retraite, c'est que la retraite s'imposait[3], on accepta l'événement comme inéluctable, et l'on s'efforça d'en pallier les inconvénients. La situation militaire avait d'ailleurs bien changé de ce côté-ci et de l'autre du Rhin, depuis que Luckner avait succédé à Rocham-

---

1. La cote absolue est de 34 mètres. Nous y avons récemment construit un fort qui constitue, avec Valenciennes, Condé et Flines, la position dite de Mortagne.

2. Luckner avait prescrit ces travaux lors de sa visite à Maulde le 10 juin, pendant sa marche sur Courtrai (voir p. 233).

3. Archives historiques de la Guerre. Armée du Nord, juillet 1792. Lajard ;Luckner, 1er juillet.

beau. Le dessein des puissances alliées, incertain dans les premiers·jours de mai, commençait à transpirer : on savait que les armées austro-prussiennes se dirigeaient vers le Rhin[1], on était même persuadé que, pour appuyer ce mouvement, « toutes les troupes autrichiennes quittoient les Bas-Pays et remontoient l'électorat de Trèves, de façon à nous attaquer par la trouée de Montmédy, Longwy, le cours de la Sarre et l'Alsace[2] ». Le ministre de la Guerre Lajard, qui avait succédé à Servan le 20 juin, écrivit à Luckner, à la date du 1er juillet, pour le rassurer sur les suites de sa retraite de Courtrai au point de vue de sa faveur dans l'esprit du roi[3]. En même temps, il lui demandait son avis sur la situation militaire et l'invitait à s'entendre avec Lafayette pour prendre « les mesures que lui dicteroient son expérience et son patriotisme ». En conséquence, un échange de vues eut lieu entre les deux généraux dès les premiers jours de juillet, et une lettre rédigée « le 6, à dix heures du soir, au quartier général de Valenciennes », mit Lajard au courant des projets arrêtés en commun pour la continuation de la campagne.

Luckner et Lafayette posaient tout d'abord en principe que, « suivant toute vraisemblance, l'ennemi ne devoit faire aucune attaque considérable vers les Flandres ; qu'il suffisoit donc là d'un corps d'observation joint aux garnisons des places[4] ». — « Le maréchal Luckner et le général Lafayette, — est-il dit

1. « ... Comme toutes les dépêches ministérielles et toutes les nouvelles nous annonçaient que les armées combinées sous le duc de Brunswick se portaient sur le Rhin... » Archives du Dépôt de la Guerre. Armée du Nord, juillet 1792. Lafayette à d'Abancourt, 29 juillet 1792. De Longwy.

2. Archives historiques de la Guerre. Armée du Nord, juillet 1792. Lajard, à Luckner, 1er juillet.

3. Archives historiques de la Guerre. Armée du Nord, juillet 1792. Lajard à Luckner, 1er juillet.

4. Archives historiques de la Guerre. Armée du Nord, juillet 1792. Luckner à Lajard, 6 juillet.

encore dans ce document, — doivent à leur conscience, à leur amour pour la patrie, de représenter
de nouveau au Roi que les moyens qu'on a mis dans
leurs mains pour la défense du royaume sont très disproportionnés avec ceux que les puissances coalisées
paraissent avoir préparés. Ils pensent, avec le Roi,
que nous devons tous périr plutôt que de laisser porter
atteinte à la souveraineté nationale et à la cause
sacrée de notre liberté ; mais ils se croient obligés de
lui dire que, si ces grands intérêts peuvent n'être pas
compromis, une paix prompte et honorable seroit le plus
important service que le roi pût rendre à la nation, et que
Sa Majesté doit se pénétrer de plus en plus de la nécessité qui la presse de faire toutes les démarches personnelles qui pourroient contribuer à nous procurer ce
grand bienfait [1]. » Si les bénéfices de la paix ne pouvaient être obtenus, les deux généraux estimaient qu'il
y avait lieu de porter toutes leurs forces plus au Sud,
vers le Rhin moyen et la Meuse, c'est-à-dire vers la
zone où l'apparition des Austro-Prussiens paraissait
probable ; il fut convenu, en outre, que Luckner défendrait la Lorraine et l'Alsace [2] et prendrait le commandement de toutes les troupes situées dans cette région,
que Lafayette aurait sous ses ordres le pays de Dunkerque à Montmédy, en un mot que le maréchal reprendrait son ancien commandement de l'armée du Rhin
et celui de l'armée du Centre, tandis que Lafayette
assumerait le commandement de l'armée du Nord.

Cette modification dans la haute direction des deux
grandes masses qui couvraient nos frontières n'eût dû
être qu'une permutation entre deux individus, mais
Luckner et Lafayette ne l'entendaient pas tout à fait

1. Archives historiques de la Guerre. Armée du Nord, juillet 1792. Luckner
à Lajard, 6 juillet.
2. Idem. *ibid*. Luckner à Lajard, 12 juillet.

ainsi. Par suite des dissensions qui déchiraient alors notre patrie, l'armée de Luckner, surtout l'armée de Lafayette étaient des agglomérations où les préférences politiques avaient groupé des individus déterminés qui tenaient, pour des raisons diverses, à ne point s'éloigner de leur général en chef : le général lui-même désirait garder près de lui certaines personnalités qu'il savait particulièrement dévouées et sur lesquelles il pouvait compter en toutes circonstances. Lafayette et Luckner décidèrent donc d'emmener chacun avec eux *leur* armée sur le nouveau théâtre de guerre qu'ils s'assignaient eux-mêmes ; le Conseil du roi approuva cette mesure[1], et son exécution fut fixée au 12 juillet.

« Aussitôt la réception de votre lettre et de l'ordre du Roi qui y étoit inclus, — écrivait à cette date le maréchal Luckner au ministre de la Guerre, — j'ai expédié un courrier au lieutenant général Lafayette qui est arrivé à Valenciennes, et nous n'avons pas perdu un seul instant pour déterminer les mouvements ordonnés par Sa Majesté[2]. En conséquence : 17 bataillons et 20 escadrons de mon armée partent à une heure et

1. « Les troupes que commande actuellement M. de Lafayette sont encore assez près des vôtres pour vous permettre, en vous concertant l'un et l'autre, de conserver chacun sous votre commandement immédiat les corps que vous désirez avoir particulièrement. Il en est de même de vos officiers généraux et de vos états-majors. Sa Majesté approuve en conséquence que vous donniez tels ordres de marche et de séjour que vous jugerez nécessaires, et, en vous invitant à prendre à cet égard un parti décisif le plus tôt possible, je vous prie de me faire connaître la force et la composition que vous donnerez à chacune de vos armées, ainsi que le progrès de leur marche à l'époque à laquelle vous présumez pouvoir les rassembler. » Lajard à Luckner, 8 juillet. — Une lettre identique était adressée à Lafayette. Enfin, on lit dans le *Registre des délibérations du Conseil du Roi*, à la date du 8 juillet : « Art. III. — ... Autorise le maréchal Luckner et le général Lafayette à répartir les troupes de leurs armées, de la manière la plus convenable, en conservant chacun ceux des corps et des officiers généraux qu'ils désireront plus particulièrement avoir à leurs ordres. » (*Moniteur* du mercredi 18 juillet 1792.)

2. Luckner aurait pu ajouter : « sur ma proposition », mais cet homme, timoré à l'excès, s'efforçait de rejeter en toute occasion sur les autres la responsabilité d'actes dont l'initiative lui revenait tout entière. Toute sa correspondance, notamment celle de mai et juin 1792, est extrêmement curieuse et probante à cet égard.

demie du matin pour marcher sur Metz, où cette colonne arrivera le 24 au plus tard. Je laisse 6 bataillons et 2 escadrons au lieutenant général Dumouriez, *lesquels partiront le 20 pour venir me joindre à Metz,* époque à laquelle arrivera un corps de 5.000 hommes de l'armée de M. de Lafayette, commandé par M. de Chazot. M. Arthur Dillon commandera depuis Givet jusqu'à Dunkerque. Je laisse 5 bataillons et 2 escadrons au camp de Maubeuge, indépendamment de 56 bataillons et 19 escadrons répartis dans la première division. Le lieutenant général Lafayette arrivera à Montmédy le 22 avec 20 bataillons et 29 escadrons. Voilà, Monsieur, les dispositions arrêtées et exécutées à l'instant même, parce que nous ne savons qu'obéir. Le lieutenant général Lafayette est lié entièrement à moi, et moi à lui, parce que nos principes sont les mêmes, et que c'est avec une égale ardeur que nous combattons pour la liberté ; il commandera depuis Dunkerque jusqu'à Montmédy, et moi depuis cette place jusqu'à l'Alsace comprise. Le lieutenant général Biron, qui part à l'instant pour les départements des Haut et Bas-Rhin, sera à mes ordres et dirigé par moi. Il est important, Monsieur, que vous dirigiez sur Metz le plus de troupes qu'il vous sera possible ; vous sentez que les dispositions extérieures exigent que l'armée du Centre ait une force imposante[1]. »

Ce mouvement de deux armées défilant par le flanc en présence et pour ainsi dire au vu de l'ennemi, cette marche des troupes de Luckner sur Metz, tandis que celles de Lafayette se dirigeaient de Metz vers Valenciennes, était évidemment une erreur tactique, et seules les raisons politiques que nous avons dites pouvaient l'excuser. Toutefois cette erreur n'avait pas

---

1. Archives historiques de la Guerre. Armée du Nord, juillet [1792. Luckner à Lajard, 12 juillet.

la gravité qu'on a voulu lui attribuer, en ce sens « qu'il n'y avoit que deux petites marches de différence entre l'armée de Luckner et celle de Lafayette [1] », c'est-à-dire entre l'extrême droite de l'armée de Luckner et l'extrême gauche de l'armée du Centre, et que, écrivait Lafayette, « il auroit sûrement fallu plus de deux jours pour réorganiser les deux armées [2] ». Quoi qu'il en soit, les ennemis de Lafayette ne se firent pas faute d'en jaser, surtout quand Luckner, avec sa versatilité habituelle, eut laissé entendre que toute la responsabilité de la mesure retombait sur son collègue [3], et, aux armées mêmes, bien des officiers ne se gênèrent pas pour exprimer leur avis sur le fameux chassé-croisé [4].

Cependant, Dumouriez était à Maulde, occupé à surveiller les travaux de fortification dont nous avons parlé, quand il fut appelé à Valenciennes par le généralissime.

Il monta aussitôt à cheval, franchit d'un temps de trot la distance qui sépare le camp du grand quartier général, et se présenta sans différer au maréchal, qu'il trouva en compagnie de Lafayette, occupé à déterminer les directions, les routes, les gîtes d'étapes, en un mot à régler les derniers détails de la double marche qu'allaient effectuer les armées. « Lafayette, décontenancé à la vue du nouvel arrivé, prit un air de dignité froide que Dumouriez lui rendit [5]. »

Effectivement, ces deux hommes, si différents par certains côtés, si ressemblants par quelques autres, étaient à cette époque des ennemis déclarés, et bien

1. Archives historiques de la Guerre. Armée du Nord, juillet 1792. Lafayette à d'Abancourt, 29 juillet.
2. Idem, *ibidem*.
3. Voyez *Moniteur* du 20 juillet 1792. Discours de Lacuée, Sers, Dumolard. Rapport de Guadet.
4. Notamment La Bourdonnaye et Dumouriez, comme nous le montrerons un peu plus loin.
5. *Mémoires* de Dumouriez, II, liv. V, chap. III.

que travaillant ensemble, par des moyens très divers, à ce qu'ils estimaient le salut de la patrie, ils se considéraient néanmoins comme d'irréconciliables adversaires.

Tandis que Dumouriez tournait le dos à Lafayette, tandis que ce dernier, les yeux fixés sur sa carte de Cassini, affectait de ne pas faire attention à la présence d'un tiers, Luckner expliquait au commandant du camp de Maulde ce qu'il attendait de lui. Il lui dit ce que nous savons déjà par la lettre du 12 juillet citée plus haut, à savoir : que le gros de l'armée du Nord allait partir immédiatement pour Metz ; que Dumouriez demeurerait à Valenciennes avec la 2ᵉ division active, forte de 6 bataillons et 5 escadrons[1], jusqu'au 20, ayant autorité sur toutes les troupes et les places du département du Nord ; qu'à cette date du 20, le général Dillon arriverait à Valenciennes pour prendre le commandement de la frontière de Valenciennes à Dunkerque (sous les ordres de Lafayette), qu'à cette époque également le général Chazot viendrait occuper Famars avec divers bataillons, et qu'il aurait alors, lui Dumouriez, à rejoindre avec les troupes de la 2ᵉ division le maréchal à Metz. Luckner ajouta que Dumouriez devrait suivre, avec son détachement, la même direction qu'aurait suivie l'armée, et que si, pendant les huit jours qui le séparaient du 20 juillet, « il se passoit quelque chose d'imprévu ou d'anormal, il rendroit compte au général Lafayette et prendroit ses ordres[2] ».

Un officier général qui recevrait aujourd'hui des instructions de ce genre s'inclinerait probablement sans rien dire, mais la liberté, l'aménité des mœurs militaires de l'époque toléraient chez l'inférieur l'ex-

---

1. Comme on l'a vu plus haut, il ne devait rester d'abord à Valenciennes que deux escadrons. Sur les instances de Dumouriez, Luckner consentit à en laisser trois autres.
2. *Mémoires* de Dumouriez, II, liv. V, chap. III.

pression d'idées personnelles, de remarques appréciatives, à la seule condition qu'elles fussent formulées d'une façon polie, et Dumouriez ne faillit point à donner son avis. Il répondit au maréchal qu'il exécuterait ponctuellement ses ordres ; toutefois, « qu'il se permettoit de trouver très imprudent et très déplacé » le mouvement de va-et-vient qu'on allait faire exécuter à nos armées, en présence, sous le canon de l'ennemi. Puis, se tournant vers Lafayette et le regardant bien en face, il lui dit : « Monsieur, vous devez voir avec peine, et moi aussi, que je sois pour quelques jours à vos ordres. Je vous promets devant M. le maréchal de servir avec fidélité à votre propre gloire, pourvu que vous travailliez pour le bien de votre patrie. Mais vous jugerez que je ne peux pas oublier vos procédés, et je vous jure qu'après la guerre nous viderons notre querelle ensemble. » Lafayette voulut entrer dans quelques explications. « Ils sortirent tous trois du cabinet, et Luckner dit à ses trois aides de camp : « Dumouriez est bien généreux, il a remis sa que-« relle après la guerre.. » Cette aventure a donné lieu au conte qu'on a fait que ces deux généraux s'étoient battus et que Lafayette avoit été blessé [1]. »

Le lendemain, à la première heure, Luckner quittait Valenciennes, en route pour Landrecies, sa première étape sur la route de Metz ; quant à Lafayette, il devait demeurer encore quarante-huit heures à Valenciennes avant de rejoindre son quartier général de Villers-le-Rond ou de Rimogne.

Encore que les forces à la tête desquelles demeurait Dumouriez — 6 bataillons de gardes nationales, 2 escadrons du 3ᵉ de cavalerie, 3 escadrons du

---

1. *Mémoires* de Dumouriez, II, liv. V, chap. III.

6e chasseurs ci-devant Languedoc[1] — fussent minimes, encore que son autorité sur les autres troupes du département du Nord demeurât des plus précaires, il est certain qu'il s'estima heureux de voir s'éloigner Luckner, dont ni la personne, ni surtout l'entourage ne lui était sympathique.

La situation militaire était cependant loin d'être rassurante. Les troupes de la 1re division étant parties le 12 et les premiers bataillons de l'armée de Lafayette devant arriver à Valenciennes au plus tôt le 20, c'était une période de huit jours pleins — en admettant qu'aucun retard ne se produisit — pendant lesquels la défense de la frontière du Nord allait demeurer confiée à des troupes peu nombreuses, généralement de nouvelle levée, à des bataillons de volontaires extrêmement impressionnables, sans éducation militaire et sans cohésion.

On savait, à n'en pas douter, que les armées alliées se dirigeaient vers le pays entre Meuse et Moselle, et il n'était pas déraisonnable de supposer que le duc de Saxe-Teschen essayât de tenter quelque coup de main sur la Flandre française, précisément dans le but d'y retenir des troupes qu'il convenait aux alliés d'éloigner du point d'invasion choisi par eux.

Qu'adviendrait-il si, sur ce front de plus de 150 kilomètres qui va de Dunkerque à la Sambre, l'ennemi exécutait une pointe semblable à celle que nous venions d'effectuer sur Menin et Courtrai? Il y avait au camp de Famars un peu moins de 4.000 hommes (la 2e division aux ordres directs de Dumouriez), il y en avait 3.000 à Maulde avec Beurnonville, 2.000 et quelques à Douai, sous M. de Marassé, 4 à 5.000 à Lille aux ordres de Labour-

---

1. Mémoire adressé par le général Dumouriez au roi, daté de Valenciennes, 18 juillet. Archives historiques de la Guerre. Armée du Nord. 18 juillet.

donnaye, autant à Dunkerque et places environnantes, sous le général de Carle, en tout une vingtaine de mille hommes ayant des fusils et des cartouches, mais dépourvus de tous les accessoires indispensables pour marcher : voitures, ambulances, chevaux d'artillerie, chevaux de bât ou, comme on les appelait alors, chevaux de peloton. — D'ailleurs, à moins de laisser des places comme Lille, Douai, Dunkerque, Aire, Béthune, etc., entièrement dépourvues de la garnison qui leur était absolument indispensable pour leur défense éventuelle, il n'était possible de leur enlever qu'une partie très minime de leurs troupes. Il est donc permis d'assurer qu'il n'y avait pas à ce moment sur la frontière du Nord plus de 10.000 hommes prêts pour des opérations de campagne proprement dites, 10.000 hommes répartis en trois camps principaux et échelonnés sur un front de 150 kilomètres. Dans ces conditions, un ennemi un peu entreprenant ne devait pas avoir grand'peine à rompre le filet à larges mailles qu'il allait rencontrer devant lui : en réalité, aucun obstacle sérieux ne s'opposait à sa marche.

Dumouriez sentait très nettement la réalité et l'imminence de ces menaces ; mais, avec l'extrême confiance en lui-même, avec l'audace qui faisaient le fond de son caractère, il comptait que l'ennemi agirait avec circonspection, peut-être avec pusillanimité ; que lui-même, au contraire, saurait trouver — le cas échéant — une inspiration qui lui permettrait de conjurer l'éventualité la plus périlleuse. Il savourait avec une jouissance muette et profonde l'âpre plaisir que procure aux natures véritablement viriles le sentiment de l'indépendance, de la responsabilité, quand l'une et l'autre ont à s'exercer vis-à-vis de périls immédiats, réels, presque tangibles. Il souhaitait peut-être

que le court intérim pendant lequel lui était dévolu le
commandement en chef ne s'écoulât pas sans que
quelque alternative redoutable le mit en mesure de
déployer ses qualités d'homme de décision et d'action.
Arrivé à cinquante-trois ans sans avoir exercé l'autorité autrement que dans des situations subalternes, il
se voyait investi, encore que momentanément, du pouvoir suprême, et investi de ce pouvoir dans des circonstances qui eussent effrayé beaucoup d'autres.
Mais Dumouriez était un homme que ni la responsabilité ni le danger n'émouvaient ; il les aimait au
contraire et trouvait à leur contact des satisfactions
où son génie particulier respirait à l'aise, se dilatait.
Les circonstances étaient graves, graves au point de
vue politique, graves au point de vue militaire ; le
Ministère dont il venait de sortir avait été le dernier avatar de son existence mouvementée, mais
sa chute allait peut-être marquer le commencement
de sa notoriété militaire ; il n'était sans doute tombé
que pour sauter de nouveau et plus haut. Même le
plan de Luckner, tout défectueux qu'il fût, ou plutôt précisément parce qu'il était défectueux, ce dépla-
cement de deux armées marchant parallèlement et en
sens inverse le long de la frontière, la laissant un
instant dégarnie au point le plus faible et le plus
menacé, allait peut-être fournir à Dumouriez l'occasion rêvée de quelque conception géniale.

Ce qu'il ne voulait pas, c'était demeurer sous l'influence de deux hommes qui lui étaient également
antipathiques : de Luckner, dont il jugeait aujourd'hui
l'infériorité notoire ; de Lafayette, dont il jalousait
peut-être les qualités séduisantes et dominatrices. Ce
qu'il souhaitait, c'était que les circonstances le ren-
dissent nécessaire, indispensable à la frontière du
Nord, qu'il fût à même de reprendre en personne le

projet d'invasion du Brabant auquel il persistait à demeurer attaché malgré les déboires qu'il y avait déjà rencontrés.

Pour arriver à satisfaire ses aspirations à cet égard, Dumouriez comptait sur les circonstances ; mais il était homme à les aider, à provoquer un incident favorable à ses desseins, et, en dernier ressort, à fouler hardiment aux pieds la légalité dès l'instant où elle se trouverait en opposition avec ses vues, avec ses principes politiques, dès le moment, surtout, où elle apparaitrait en contradiction avec ses intérêts.

Quoi qu'il en soit, la situation militaire de nos provinces du Nord était celle que nous avons exposée un peu plus haut, c'est-à-dire une situation délicate que le départ des troupes de Luckner pouvait rendre brusquement désespérée, quand un événement vint faire supposer que les pires craintes allaient se réaliser. Effectivement, le 15 juillet au matin, le général Dumouriez apprit, à Valenciennes, qu'au point du jour, une troupe évaluée à 5 ou 6.000 hommes avait franchi la frontière aux environs de Mouchin et, se portant brusquement sur la petite ville d'Orchies, venait de l'enlever de vive force.

Orchies est, à vol d'oiseau, à 25 kilomètres de Valenciennes, à 13 ou 14 de Maulde, à 15 ou 16 de Douai et à peu près au milieu de la ligne droite qui joint ces deux dernières villes ; de ce centre, l'ennemi pouvait, au moyen d'une marche moyenne, se porter sur l'une quelconque des trois places menacées avant que celle-ci pût recevoir le secours de ses voisines.

Evidemment, l'on avait été surpris. Qu'allait faire Dumouriez ?

Avant de prendre un parti, il était sage, il était nécessaire de connaitre exactement les conditions dans lesquelles s'était produite l'attaque, d'être bien fixé sur la situation de l'ennemi, sur ses forces, ses intentions. La distance était assez minime pour qu'on n'attendit point longtemps la rentrée des reconnaissances ou des espions envoyés à la découverte : on en expédia ; d'ailleurs, on reçut presque aussitôt le rapport du commandant des troupes d'Orchies, un capitaine du 74e régiment d'infanterie ci-devant Beaujolais, nommé Dumarais ou Desmaret[1].

On apprit alors les faits suivants. Orchies avait été attaqué au point du jour, c'est-à-dire vers trois heures du matin, par un détachement de troupes autrichiennes venues de Tournai et commandées par le général de La Tour[2]. Il y avait divergence sur la force de l'assaillant : les uns la fixaient à 6 ou 7.000 hommes, d'autres à 3.000 seulement[3]. Quelle que fût la vérité à cet égard, il n'y avait point de doute que le nombre des assaillants n'eût été infiniment supérieur à celui de la garnison d'Orchies, composée seulement de 1 compagnie (50 hommes) du 74e d'infanterie (capitaine Dumarais); du 2e bataillon des volontaires de la Somme[4] (lieutenant-colonel Thory); de 25 dragons du 6e régiment[5] (lieutenant Frin); de quelques carabiniers et d'une vingtaine d'hommes du régiment de Penthièvre (78e) de passage à Orchies[6] ; enfin, de 12 canonniers, en tout 600 hommes environ disposant de 4 ou 5 pièces de canon[7]. L'ennemi

1 Dillon et Dumouriez l'appellent Desmarets; d'après sa signature, il faudrait lire Dumarais. D'autre part, il y avait au 74e un officier du nom de Lanneau de Marey qui pourrait bien être le même personnage.

2. Voyez le rapport du général de La Tour. Archives historiques de la Guerre. Armée du Nord, 15 juillet 1792.

3. Voir les rapports cités dans la note 7 ci-dessous.

4. Levé le 6 septembre 1791. Bardin et Camille Rousset.

5. Le 6e dragons était celui qui avait pris la fuite à Quiévrain le 28 avril et causé le désordre des troupes de Biron.

6. Rapport du capitaine Dumarais.

7. Il existe aux Archives historiques de la Guerre cinq rapports sur la prise d'Orchies : celui du général Dillon, celui du lieutenant-colonel Thory, celui du capitaine Dumarais, celui du général autrichien de La Tour, enfin la copie d'un rapport particulier, non signé, publié par *la Gazette de France*.

avait essayé d'enlever la place par surprise, mais
l'alarme avait été donnée par des paysans qui condui-
saient leurs bestiaux aux champs[1], et les Autrichiens
avaient trouvé porte close et gardée.

En 1792, Orchies, comme beaucoup de soi-disant
places de guerre de cette époque, avait pour toute
fortification une chemise de maçonnerie sans fossés,
sans avancées d'aucune sorte, percée de portes sans
pont-levis, c'est-à-dire un ensemble de défenses tout
au plus suffisantes à arrêter des coureurs de cavalerie. Le service ne comprenait aucune garde exté-
rieure, aucune patrouille mobile. La nuit venue et
les portes fermées, la garnison demeurait tapie derrière ses murailles, ignorant la plupart du temps tout
ce que l'assaillant pouvait tenter pour se rapprocher
d'elle. Les Autrichiens avaient donc pu espérer arriver
sans être aperçus, et, n'était la malechance qui s'était
tournée ce matin-là contre eux, ils eussent pu réussir
pleinement dans leur tentative. D'autant qu'ils avaient
joint habilement la ruse aux combinaisons tactiques.
Au lieu d'attaquer par le Nord, c'est-à-dire du côté de
Tournai, direction par laquelle ils arrivaient, ils
avaient contourné la ville de façon à s'y présenter par
le Sud, du côté de Valenciennes, en un point où ils
supposaient que la surveillance était moindre et que
les portes étaient mal gardées. De ce côté, l'attaque
avait été tentée par le colonel de Keim, ayant avec
lui un bataillon du régiment de Bender et plusieurs
pièces de canon. Une seconde colonne, dirigée par le
général de La Tour lui-même, s'était portée vers
le Sud-Ouest, avait ensuite fait demi-tour et avait
attaqué par la porte de Douai, pour les mêmes raisons
et dans les mêmes hypothèses que celles adoptées par

1. Rapport du général de La Tour.

le colonel Keim. La porte de Douai avait pu être enfoncée à coups de canon et les Autrichiens s'étaient précipités dans la ville par cette ouverture, tandis qu'un troisième détachement l'escaladait sur l'enceinte Nord, sous la conduite du capitaine de Kraitsheim[1].

Nos 600 compatriotes s'étaient conduits bravement ; 1 compagnie du bataillon de la Somme, commandée par le capitaine Thory, — probablement le frère du lieutenant-colonel, — avait soutenu la retraite avec une rare énergie[2]; finalement, quand on avait reconnu que la supériorité de l'attaque n'admettait aucun espoir de succès, quand le nombre sans cesse grandissant des assaillants avait fait redouter au capitaine Dumarais d'être tourné et coupé de sa ligne de retraite, la garnison s'était repliée en bon ordre, toujours combattant, et avait pris la route du camp de Maulde.

Mis au courant de ces détails, Dumouriez avait encore à rechercher si le détachement qui venait de s'emparer d'Orchies était un corps isolé ou s'il formait l'avant-garde d'une colonne plus considérable, celle, par exemple, du maréchal Bender se dirigeant sur Valenciennes ou Douai. Il ne tarda pas à savoir positivement qu'aucune autre troupe n'avait paru dans les environs de la frontière ni sur la route de Tournai, qu'on avait affaire, par conséquent, à un détachement opérant isolément, sans doute dans le but de faire quelques réquisitions de vivres ou de fourrages. Après un instant de réflexion, Dumouriez conçut le dessein de cerner les Autrichiens dans leur conquête. Il envoya donc sur-le-champ, aux troupes de Famars, de Maulde et de Douai, l'ordre de marcher sur Orchies directement, chacune pour son compte, sans

1. Rapports du général de La Tour et de Dillon.
2. Rapports Dillon, Dumarais, Thory.

concentration préalable, de façon à attaquer le détachement de La Tour, simultanément par trois côtés à la fois [1].

Ces instructions furent expédiées vers midi aux généraux Beurnonville et Marassé et aux troupes de Famars; mais, un peu avant trois heures de l'après-midi, Dumouriez apprit que la colonne du général de La Tour reprenait en cet instant la direction de Tournai, trainant avec elle un long convoi de voitures chargées de provisions, d'objets de toute sorte : vivres, fourrages, vins, mobilier, ne laissant aux habitants d'Orchies que ce qu'il était matériellement impossible de leur enlever [2].

Il n'y avait donc pour le moment plus rien à faire.

En somme, on avait tout d'abord attribué au général en chef autrichien une initiative, une intelligence de la situation qu'il ne songeait point à manifester, heureusement pour nous. On avait craint — nous l'avons dit — que, mis au courant, comme il eût dû l'être, du départ de l'armée de Luckner, il n'en profitât pour franchir la frontière et tourner la gauche des défenses françaises. Mais, soit que le vieux renom de Vauban et la multitude de petites places accumulées sur le front flamand intimidassent le maréchal Bender, soit qu'il fût mal informé, soit qu'il eût des ordres du Conseil aulique lui prescrivant de demeurer sur la défensive, il est certain qu'il ne devait tenter réellement aucune entreprise sérieuse. Son ambition se bornait pour le moment à nous harceler par des pointes au fond fort bénignes, dont le seul mérite militaire était de nous aguerrir et de nous tenir en éveil, mais qui n'en étaient pas moins inquiétantes à l'heure où elles se produi-

---

1. Mémoire de Dumouriez, rapport de Dillon.
2. Rapport et procès-verbal de la municipalité d'Orchies. **Archives historiques de la Guerre**, 16 juillet 1792.

saient, par cette raison qu'on ignorait alors jusqu'à quel point elles demeuraient inoffensives. Il advint donc que ces incursions, dont on eût pu pour ainsi dire ne pas tenir compte, jetèrent dans les villes et les campagnes un trouble profond. Les municipalités se firent l'écho de ces craintes : la plupart en écrivirent à leurs députés à l'Assemblée nationale et certaines se plaignirent directement au Gouvernement. C'est ainsi, par exemple, que, dans la séance du mercredi 18 juillet, le député Gossuin rendit compte à l'Assemblée d'une lettre reçue de Douai, dans laquelle un de ses concitoyens se « lamentait du dégarnissement de la frontière du Nord[1] ». Quelques jours après, le conseil général du département du Nord adressait au ministre de l'Intérieur Champion, à l'Assemblée nationale et au général Dillon le procès-verbal d'une séance où les craintes de l'invasion étrangère étaient signalées en termes pressants[2].

D'ailleurs, ce n'était point seulement vis-à-vis de Douai et de Valenciennes que nos ennemis tenaient nos populations en haleine par des alertes répétées : du côté de Lille et de Dunkerque, les incursions étaient également fréquentes. A vrai dire, ces agressions ne tiraient pas beaucoup plus à conséquence qu'à Orchies, mais là encore elles n'en entravaient pas moins l'existence normale des habitants en les tracassant, les énervant, apportant un trouble permanent dans les relations sociales et commerciales. Nous avons dit déjà que les généraux placés par Luckner à la tête des villes comme Douai, Lille, Dunkerque, ne se faisaient pas faute de gémir sur l'abandon dans lequel on les laissait. Personne, sous ce rapport,

---

1. *Moniteur* du 18 juillet.
2. Archives historiques de la Guerre. Armée du Nord, juillet 1792, 18 juillet.

n'atteignit la mauvaise humeur de Labourdonnaye[1], qui, fort mécontent déjà d'avoir vu le maréchal lui enlever les compagnies de grenadiers de sa garnison pour les attacher à l'armée d'opération, ne cessait de présenter au ministre ses doléances ou ses récriminations. Il écrivait le 16 juillet à Lajard : « Les généraux en chef, loin de pourvoir à la défense de cette partie (la frontière du Nord), l'ont dégarnie des grenadiers de tous nos bataillons, et cependant nous faisons plus la guerre qu'à Famars... » Puis, faisant allusion aux voyages de Lafayette et de Luckner à Paris, soit à l'occasion du 20 juin, soit depuis la nouvelle organisation des armées, il ajoutait : « Les généraux en chef se promenant, ou voyageant pour d'autres objets que la défense des frontières, la désorganisation de l'armée et l'inexécution des lois pourront bien suivre. J'imagine que ce n'est pas l'intention du ministre de la Guerre[2]. » Cette lettre qu'il signait « Bourdonnaye », trouvant sans doute le *La* trop aristocratique, était suivie d'une autre où il rappelait au ministre que, « M. Luckner ayant emmené les grenadiers de ses bataillons, il étoit fort affaibli[3]. » Et quand Lajard essayait de le calmer, de le faire patienter, lui montrant l'armée de Lafayette, la nouvelle « armée du Nord », prête à remonter vers les Flandres et à venir à son aide, Labourdonnaye répondait : « L'armée du Nord ! Quelle armée du Nord ? Il n'y a plus d'armée du Nord. Nous avons des garnisons de première ligne comme le camp de Maubeuge ou de Maulde, mais, nous n'avons plus d'armée depuis ce mouvement extraordinaire des deux

---

1. Il ne faut pas confondre ces Labourdonnaye avec les Mahé de Labourdonnais ; c'étaient deux familles distinctes et sans parenté.
2. Archives historiques de la Guerre. Armée du Nord, juillet 1792 : Labourdonnaye à Lajard, 16 juillet.
3. Archives historiques de la Guerre. Armée du Nord, juillet 1792. Labourdonnaye à Lajard, 23 juillet.

armées, que vous avez autorisé... M. Luckner a emmené tous les grenadiers de cette frontière, nous sommes pillés et ravagés sans avoir moyen de secourir les villes de Quesnoy, Tourcoing, Roubaix, etc.[1]. »

Le moment était donc mal choisi pour que Dumouriez pût songer à dégarnir les environs de Valenciennes du petit nombre de bataillons campés à Famars ; toutefois l'ordre du maréchal était formel. La 2e division devait prendre, le 20, la route de Metz ; à la date du 17, qu'on venait d'atteindre, il fallait commencer les préparatifs de départ.

Mais Dumouriez partirait-il ?

Sans aucun doute la prise d'Orchies créait une situation nouvelle. A la vérité, le général de La Tour, après avoir enlevé Orchies, s'était retiré le jour même sur Tournai. Mais eût-il montré tant de prudence s'il avait su le camp de Famars et, par conséquent, Valenciennes inoccupés ? Qui eût osé répondre par l'affirmative ?

Dumouriez, nous l'avons dit, désirait, pour beaucoup de raisons, demeurer dans le Nord. Il n'était pas homme à laisser passer, sans en profiter, les raisons très plausibles et très favorables à ses convenances personnelles que lui offraient les circonstances. Toutefois, il eût préféré que l'injonction de surseoir à son départ pour Metz lui vint régulièrement de Lafayette, et c'est dans l'espoir d'obtenir ce contre-ordre qu'il lui avait rendu compte, le 15 au soir, de la prise d'Orchies[2]. Il ne lui paraissait pas possible que Lafayette, désormais chargé de la frontière du Nord, consentit à dégarnir cette frontière au

1. Archives historiques de la Guerre. Armée du Nord, juillet 1792. Labourdonnaye à d'Abancourt, 29 juillet.
2. Voir la lettre de Lafayette au ministre, datée de Rimogne, 17 juillet, où il l'informe que Dumouriez lui a rendu compte de l'affaire d'Orchies. (Archives historiques de la Guerre. Armée du Nord.) Nous en reparlerons plus loin.

moment où l'ennemi tentait contre elle un effort bien significatif. Il avait donc présenté l'affaire du 15 comme grosse d'avertissements, de menaces, et il se proposait d'attendre la décision des généraux en chef à cet égard. Mais il était écrit que les événements viendraient mettre à l'épreuve son caractère, son aptitude à prendre une décision dans les circonstances critiques, feraient éclater en lui, dès cette époque, les qualités d'inspiration, d'audace, qui devaient, deux mois plus tard, porter si haut sa renommée.

CHAPITRE XV

LA PRISE DE BAVAY. — RÉSISTANCE DE DUMOURIEZ
AUX ORDRES DE LUCKNER. — SES LETTRES A L'AS-
SEMBLÉE ET AU ROI. — LE CONSEIL DE GUERRE
DU 23 JUILLET A VALENCIENNES.

Le 18 juillet, dans la matinée, Dumouriez était au
quartier général de Valenciennes, quand il apprit
que dans la nuit les Autrichiens s'étaient emparés de
Bavay, poste intermédiaire situé sur la route de
Valenciennes à Maubeuge, à 24 kilomètres de la première, à 6 ou 7 de la seconde. Cette agression nouvelle, faisant suite à la prise d'Orchies, corroborait
toutes les craintes : elle avait, d'autre part, une
gravité particulière. En effet, Bavay pris, c'était la
liaison coupée entre Valenciennes et Maubeuge, et
plus encore entre le camp de Maubeuge et le camp de
Maulde ; c'étaient les communications entre l'armée du
Centre et l'armée du Nord menacées, rendues précaires. En même temps que la nouvelle directe de
cette seconde agression, Dumouriez reçut la confirmation de l'événement par un courrier du général
La Noüe, courrier qui n'avait pu rejoindre Valenciennes qu'en faisant un long crochet par le Sud. Le
commandant du camp de Maubeuge rappelait à Dumouriez qu'aux termes des ordres donnés par Lafayette[1]
la garnison de Maubeuge devait aller remplacer, le

1. Voir la lettre de Lafayette au ministre, 17 juillet.

20, les troupes campées à Famars, mais que les mouvements effectués depuis trois jours, sur la frontière, par les Autrichiens, que l'affaire d'Orchies le 15, la prise de Bavay survenue cette nuit, l'inquiétaient, le rendaient perplexe et lui faisaient penser qu'il y aurait lieu de différer un chassé-croisé de troupes évidemment très périlleux.

Cette lettre du général de La Noüe et l'émotion causée par la prise de Bavay enlevèrent à Dumouriez ses derniers scrupules. Sur l'heure il jugea que les circonstances lui donnaient le droit, lui imposaient le devoir de prendre une décision catégorique, et, sans hésiter, sans tergiverser, il dicta des ordres en conséquence.

Le premier point à déterminer était la destination de la 2ᵉ division. Dumouriez décida de la maintenir à Maulde. Mais les troupes de Beurnonville et les siennes ne faisaient point un total de plus de 6.000 hommes, c'est-à-dire un chiffre tout à fait insuffisant pour opposer une résistance efficace aux 30 ou 40.000 Autrichiens qu'on supposait cantonnés sous Tournai. Il songea donc à utiliser l'autorité que lui donnaient son ancienneté et les ordres précis de Luckner sur les différents officiers généraux employés dans le département du Nord, de façon à en obtenir quelques renforts. Demander des troupes à Labourdonnaye, qui se plaignait sans cesse de sa misère, eût été du temps perdu ; Dumouriez le laissa de côté ; mais il s'adressa avec plus de chances de succès à de Carle, qui commandait à Dunkerque, et lui écrivit à ce sujet la lettre suivante, dans laquelle de Carle devait être assez embarrassé de discerner le ton de la prière de celui du commandement :

« Je suis obligé, mon cher général, de vous enlever M. de Moreton, maréchal de camp, que je prends pour chef d'état-major de l'armée actuelle du Nord. Je vous enlève aussi le bataillon de campagne du 19e régiment d'infanterie, les 2 escadrons du 3e régiment de dragons, le 1er bataillon de la Somme, le 1er des Côtes-du-Nord en garnison à Gravelines, le bataillon des Deux-Sèvres, qui est en garnison à Aire. Je suis forcé de diminuer d'autant vos troupes parce que les Autrichiens viennent de camper à Bavay, où ils se fortifient pendant qu'ils menacent le camp de Maulde par un autre camp. La totalité de leurs forces monte à plus de 30.000 hommes et je ne peux pas leur en opposer même la moitié en réunissant tout ce que je peux enlever aux places qui ne sont pas directement menacées...

> « *Signé :* Le lieutenant général
> *commandant l'armée du Nord,*
>
> « DUMOURIEZ. »

Ainsi Dumouriez prenait sur lui non pas seulement de n'exécuter point les ordres de Luckner, mais d'en donner d'autres en contradiction avec les premiers, il signait : Dumouriez, lieutenant général commandant l'armée du Nord ; il faisait, en somme, preuve d'une initiative qu'on pourrait louer sans restriction, si l'on ne la savait dictée en partie par des raisons de convenances personnelles. Et encore, ne serait-il pas bien injuste de blâmer Dumouriez d'avoir profité de circonstances qu'il n'avait pas fait naître pour la seule raison qu'elles s'accordaient avec ses désirs ? Cependant, si les événements lui donnaient le droit de prendre les décisions importantes qu'il venait d'arrêter, aucune considération ne l'autorisait à ne point rendre compte de ces mesures à ses chefs directs. Il le savait, et pour rien au monde il ne se fût soustrait à cette obligation. D'autre part, ne se soumettant point à une partie des ordres de Luckner, il était bien aise de prouver qu'il n'avait aucune mauvaise volonté préconçue à cet égard, et qu'il était heureux de remplir scrupuleusement la seconde des injonctions du maréchal : « Si, pendant votre commandement intérimaire, il survenait quelque événement important, vous en référeriez au général Lafayette, et vous demanderiez ses ordres. » D'ailleurs, il était homme à prendre ses précautions de façon que cette subordination correcte, loin d'entraver ses projets, servît au contraire à leur confirmation et à l'indépendance de leur développement.

Quoi qu'il en soit, ce fut avec l'apparence d'une extrême soumission que, le 18 juillet, il écrivit à Lafayette la lettre suivante :

« Valenciennes, le 18 juillet, à 6 heures du matin,
l'an IV⁰ de la liberté.

« MONSIEUR,

« Vous jugerez par la correspondance de M. de La Noüe et par les pièces que je vous envoie[1] qu'il est impossible que M. de La Noüe quitte Maubeuge pour me relever, et que, même s'il exécutait cet ordre [qu'il était très naturel que vous donnassiez, ignorant les circonstances où nous nous trouvons], je ne pourrais partir le 20, parce que ma division est la principale force

---

1. C'était la lettre à laquelle nous avons fait allusion plus haut et dans laquelle La Noüe avisait Dumouriez de la prise de Bavay. Archives historiques de la Guerre. Armée du Centre et du Rhin. Portefeuille 1, La Noüe à Dumouriez, 18 juillet 1792.

du camp de Maulde qui peut seule nous sauver. J'engagerai donc M. de La Noüe, s'il arrive, à aller rejoindre son camp à Maubeuge et je resterai ici, tant que la nécessité sera absolue, avec ma division. J'en rends compte au Roi, à l'Assemblée nationale et à M. le maréchal de Luckner. Bien loin de diminuer le petit corps d'armée qui doit défendre ce pays-ci, je prends le parti de réunir près de Valenciennes, soit à Maulde, soit ailleurs, suivant les mouvements de l'ennemi, toutes les forces que je peux tirer des garnisons, auxquelles je joindrai ce qui m'arrivera de Paris, si l'Assemblée nationale, d'après la grandeur du danger, juge devoir envoyer un renfort aussi promptement que cela me parait nécessaire. Si M. Arthur Dillon arrive, je me mettrai sous ses ordres, mais je ne quitterai le département du Nord que lorsque je pourrai le faire sans danger pour la patrie. Pensez, Monsieur, que si j'emmenais les 6 bataillons et les 5 escadrons avec lesquels je devais partir, je laisserais au lieutenant général commandant le département du Nord, pour toute ressource, 5 bataillons au camp de Maulde, 9 sous Valenciennes, faisant en tout 7.000 hommes d'infanterie, et pour toute cavalerie 2 escadrons du 6e régiment de dragons, faisant à peu près 300 hommes, à opposer aux 25 ou 30.000 hommes qui sont en pleine marche sur nos places dégarnies de toutes subsistances et de munitions de guerre[1]. Par le rassemblement que je vais faire près de Valenciennes, il y aura un petit corps d'armée de 24 batail lons et 16 escadrons formant un camp de 14 à 15.000 hommes pour couvrir les places et arrêter les

---

1. Cette appréciation était erronée. Effectivement, dans le conseil de guerre tenu à Valenciennes le 23 juillet sous la présidence du général Dillon, conseil dont il sera parlé plus loin, il fut reconnu que la situation était au contraire bonne, sous les deux rapports que signale Dumouriez comme laissant à désirer.

progrès de l'ennemi. Je ne doute pas que l'Assemblée nationale et le Roi ne renforcent ce corps avec lequel je vais agir en rendant compte de mes mouvements Je ne doute pas que vous ne preniez le parti de renforcer le camp de Maubeuge avec la plus grande célérité pour le porter à 8 ou 10.000 hommes, auquel cas j'opérerais ma jonction avec M. de La Noüe, ou nous concerterions nos mouvements pour arrêter la marche de l'ennemi. Je joins ici le projet de mon rassemblement que je concerterai avec M. de Labourdonnaye ; je joins aussi mes opinions sur les projets de l'ennemi et sur la possibilité de l'exécution [1]. Je crois qu'il est nécessaire, Monsieur, que vous fassiez connaitre au lieutenant général qui commandera dans le département du Nord votre position, votre force et vos projets de défense ainsi que ceux de l'ennemi, sa force et sa direction. Les Belges se rassemblent avec beaucoup de zèle au camp de Maulde : ils y seront après-demain 7 à 800. Je presse pour obtenir des fonds pour l'augmentation de ce corps, et je prends sur moi d'ordonner la levée des compagnies franches. Nous ne pouvons rien faire sans troupes légères. Vous verrez par l'incluse du district du Quesnoy combien on a négligé les premières précautions[2] et comment on fait marcher les troupes sans pourvoir aux moyens de leur subsistance ; le même désordre règne partout au moment où nous avons l'ennemi sur les bras ; je vais tâcher de tout réparer[3]. »

Une lettre identique, ou peu s'en faut [4], fut adressée

---

1. C'est le mémoire dont il sera parlé plus loin.
2. Cette lettre, que nous croyons inutile de reproduire, prévient Dumouriez que la ville se trouve « sans farine ni blé » et que l'étapier sera dans l'impossibilité de fournir la nourriture de 5 bataillons dont le passage avait été annoncé à la municipalité.
3. Cette pièce porte la mention : Pour copie conforme à l'original qui m'a été envoyé par M. de Lafayette. Le maréchal de France : Luckner.
4. Elle n'existe plus aux Archives.

au maréchal Luckner, et, en même temps que partaient ces courriers à la recherche de deux généraux en chef qui « ne quittaient pas la grand'route », Dumouriez en envoyait un troisième à Paris chargé de remettre au roi et au président de l'Assemblée nationale, en outre des comptes rendus dont il était parlé dans la lettre à Lafayette, deux dépêches spéciales dont on lira plus bas le contenu. Déjà, à la date du 16, Dumouriez avait rendu compte directement à Louis XVI et à l'Assemblée des événements d'Orchies, et leur avait indiqué la gravité de la situation ; la prise de Bavay semblait confirmer la réalité des dangers qu'il avait signalés : il n'était pas permis de négliger ce second avertissement.

La première lettre de Dumouriez au roi n'est pas connue : tout au moins il n'en existe pas de traces au Ministère de la Guerre ; au contraire, nous possédons celle qui fut adressée à l'Assemblée nationale et qui fut lue par le président Aubert-Dubayet dans la séance du 18 juillet[1]. On sait qu'elle commence par ces mots, dans lesquels certains ont voulu voir un trait d'insolence ou d'indiscipline : « *Comme j'ignore s'il y a un ministre de la Guerre*, je crois devoir m'adresser à l'Assemblée nationale pour l'instruire des circonstances graves qu'a fait naître le départ de M. Luckner. » Mais, en réalité, cette façon de s'exprimer de Dumouriez était simplement l'expression de la vérité. Au 16 juillet, tout le monde savait que Lajard devait quitter le Ministère de la Guerre, et sa démission était imminente[2]. Le roi

---

1. Voir le *Moniteur* du 20 juillet.
2. Cette démission était attendue bien avant le 18 juillet (elle fut officielle le 23). A la date du 12, Lajard écrivant à Luckner lui disait : « Je croirais avoir bien servi la chose publique, *si, avant de quitter le ministère...* » (Archives historiques de la Guerre. Armée du Nord, 1792. Cahier de Correspondance du ministre Lajard à Luckner, 12 juillet. Voir la note suivante.)

avait-il ou non pourvu à son remplacement? Dumouriez pouvait l'ignorer. Déjà, au moment de la démission de Narbonne, le Ministère de la Guerre était ainsi demeuré plusieurs jours sans titulaire ni intérimaire : le fait pouvait se renouveler. Toutefois, il y a lieu de croire que Dumouriez mettait sciemment à profit le doute qui pouvait s'élever à cet endroit, dans son esprit, pour colorer d'un semblant de régularité l'incorrection de sa démarche. En principe, c'était à Lafayette, son général d'armée, qu'il devait rendre compte et demander des ordres. Si la gravité et l'imprévu des circonstances nécessitaient qu'il correspondît d'une façon directe avec le Gouvernement central, c'était au ministre de la Guerre que devaient aller ses dépêches.

Mais... s'il n'y avait pas de ministre de la Guerre ?

Évidemment, dans ce cas, la logique exigeait, concédait qu'il s'adressât directement au roi et à l'Assemblée nationale, et la supposition de la non-existence d'un ministre de la Guerre était ainsi absolument nécessaire pour rendre plausible cette irrégularité. La phrase de Dumouriez : *Comme j'ignore s'il y a un ministre de la Guerre*, pouvait donc être bien réellement l'expression de la vérité, puisque le bruit de la démission du ministre courait partout et qu'effectivement Lajard devait être remplacé par d'Abancourt, cinq jours après [1] : elle n'était peut-être qu'une précaution habile; en tout cas, elle demeurait une prémisse nécessaire et adroite à un acte postérieur d'une

---

1. Lajard, comme nous l'avons dit dans la note précédente, était considéré comme démissionnaire depuis le 18 au moins : la lettre suivante que lui adressait, le 19, le ministre de la Justice, en fait nettement foi : « Je vous transmets, mon cher collègue, une lettre qui a été écrite au roi par M. Dumouriez et les pièces qui y sont jointes. C'est demain matin que Sa Majesté nomme aux Ministères de l'Intérieur, de la Guerre et de la Marine... » (Archives historiques de la Guerre. Armée du Nord, 19 juillet. Billet tout entier de la main du ministre.)

apparente incorrection [1], elle régularisait une irrégularité, sanctionnait une illégalité. En aucun cas, elle ne pouvait passer pour une forfanterie.

Cependant, une fois entré dans cette voie, Dumouriez était forcé d'y demeurer, tout au moins il n'y avait pas de raison pour qu'il n'y persévérât point, et la prise de Bavay était même un motif pour l'y maintenir. A la date du 18, il écrivit donc en même temps qu'à Lafayette une seconde lettre au roi et à l'Assemblée nationale, pour appuyer davantage sur la situation compromise qui était la sienne, pour attirer l'attention sur la nécessité d'avoir, dans le Nord, un général ayant ses coudées franches et l'indépendance de ses actes.

C'était, en somme, le but de ses désirs, l'objectif vers lequel il tendait : sa lettre au roi l'indiquait d'ailleurs nettement.

Dumouriez, pendant son court Ministère, avait, dit-on, séduit Louis XVI et même Marie-Antoinette par ses allures cavalières sans rudesse, par son entraînante franchise ; lui-même affirme le fait dans ses *Mémoires* [2] et plus d'un historien l'a cru sur parole. Il y a sans doute beaucoup d'exagération dans cette appréciation, et il est vraisemblable, au contraire, que

1. Ces premières dépêches avaient été portées à Paris par M. de Laumur, lieutenant-colonel, aide de camp de Dumouriez. L'original du sauf-conduit et laissez-passer qui lui fut délivré par son général existe encore au Ministère ; il est tout entier de la main de Dumouriez et porte en marge un petit cachet de cire rouge avec la légende : « Vivre libre ou mourir. » Voici d'ailleurs cet ordre *in extenso :* — « Armée du Nord. — Il est ordonné à M. de Laumur, lieutenant-colonel, mon aide de camp, de partir pour Paris, pour porter au Roi et à l'Assemblée nationale des dépêches importantes sur les mouvements des ennemis et de me rapporter les réponses et ordres en conséquence. Je requiers tous les corps administratifs et municipaux de lui donner toute protection et secours. J'enjoins aux officiers militaires de lui donner l'ouverture des portes à quelque heure que ce soit et aux maîtres de postes de lui donner pour sa voiture et son courrier trois chevaux. M. de Laumur sera payé sur les fonds extraordinaires de l'armée ou sur les ordres du ministre de la Guerre, suivant la taxe réglée. Au camp de Maulde, le 16 juillet 1792, 5e de la liberté : Le commandant par intérim de l'armée du Nord. Lieutenant-général *Dumouriez.* »

2. Il le fait à diverses reprises, notamment en racontant sa dernière entrevue avec Louis XVI en quittant le Ministère (Voir t. II).

le roi et la reine ne supportèrent jamais qu'à contre-
cœur la présence, dans le Conseil, d'un ami de Gen-
sonné et de Brissot. Non pas que Dumouriez eût rien
du soudard et qu'il voulût introduire dans le palais ce
que l'on est convenu d'appeler « la liberté des camps »
ou le débraillé de la rue[1]. Il avait toujours été aussi
soigné dans sa mise que châtié dans son langage, et
ses emportements étaient académiques comme sa tenue. Ce n'est point lui, assurément, qui se fût présenté
aux Tuileries avec des souliers à lacets au lieu d'es-
carpins à boucle, comme ce bon Roland, qui, peu
rompu aux usages de la cour, y avait commis cet
énorme scandale[2]. Non, Dumouriez avait assurément
tous les dehors qui pouvaient séduire Louis XVI, et
s'il n'y parvint qu'en apparence, c'est que son passé,
ses fréquentations anciennes ou actuelles le rendaient
suspect. Mais il put lui-même se faire illusion et il
faut bien qu'il s'imaginât posséder la faveur du roi
pour lui écrire avec la liberté qu'on trouve dans la
lettre du 18 juillet.

« Sire, — disait Dumouriez, — la manière dont les
deux généraux en chef ont arrangé, avec votre Ministère, le commandement de vos armées, m'a mis dans
une position si fort subalterne qu'après avoir été destiné moi-même au commandement d'une armée[3], avant
d'accepter le Ministère, après avoir dirigé ces mêmes
armées qu'on a mal conduites pour renverser mes
plans — ce que j'ai entendu dire moi-même sans aucune discrétion, — je me trouverais en troisième ou

---

1. Voyez ses portraits dans Rœderer, Mallet du Pan, Boguslawski, con-
sultez également les deux portraits tracés, l'un par Chuquet, dans *Valmy*
(p. 8), l'autre par Albert Sorel (*Revue des Deux Mondes*, juillet et août 1894) :
ce dernier a pris place, remanié, dans *l'Europe et la Révolution française*
(II, 403).

2. On connaît assez l'histoire des souliers à lacets de Roland : nous n'y
insisterons pas.

3. Celle du Midi. Il avait été question de la confier à Biron, puis à
Wittgenstein, finalement on y avait nommé Montesquiou.

en quatrième dans l'armée de Luckner, si une circonstance impérieuse, suite des mauvaises opérations de l'armée du Nord, ne me plaçait tout naturellement en chef dans cette partie.

« Votre Majesté a l'esprit trop juste pour ne pas juger qu'il est absurde que M. de Lafayette, quelque mérite militaire qu'il puisse avoir, étant lui-même fort occupé sur la Meuse et la Moselle, puisse dicter d'aussi loin des ordres pour la défensive du département du Nord, qu'il ne connaît même pas [1]. Malgré nos opinions contraires je consentirais, pour le bien de la patrie, à servir sous ses ordres, s'il était sur les lieux ; mais ici l'intérêt public s'y oppose. Votre Majesté a donné le commandement à M. Arthur Dillon sous M. de Lafayette ; si M. Dillon arrive, je servirai sous lui sans murmurer, parce que vous l'aurez décidé ; mais je vous représente comme une condition indispensable que le lieutenant général chargé de la défensive du Nord, quel qu'il soit, doit avoir carte blanche et être général en chef.

« Si Votre Majesté daigne me donner cette marque de confiance, en plaçant M. Arthur Dillon dans l'armée du Centre, si elle me donne le commandement de l'armée du Nord, j'ose croire que je pourrai y servir utilement la nation et le Roi, qui sont identifiés dans mon cœur et dans mes principes constitutionnels. »

Cette lettre n'a pas besoin d'un long commentaire ; on y voit très nettement exprimé le désir naturel chez le futur vainqueur de Jemappes de commander en chef une armée, mais on y juge aussi de l'audace

---

1. Voir la lettre de Lafayette à d'Abancourt dans laquelle Lafayette insiste lui-même sur les inconvénients du front trop considérable qu'il a à garder, inconvénients dont le ministre lui imputait la responsabilité. (Archives historiques de la Guerre. Armée du Nord, juillet 1792. Lafayette à d'Abancourt, 29 juillet.)

d'un lieutenant qui cherche à faire envoyer dans une
autre armée le général dont il dépend, pour s'installer à sa place. Sans aucun doute, il fallait que Dumouriez fût bien sûr de la faveur, nous dirions volontiers
de la faiblesse du roi, pour lui adresser une requête si en
dehors de tout principe hiérarchique, même de toute
convenance. Peut-être le désordre général qui régnait
alors dans les idées comme dans les choses excusait-
il en partie le procédé ; toutefois, à cette époque même,
il parut étrange. Quant au *Mémoire militaire* qui
était joint aux lettres au roi et au président de l'Assemblée, il établissait en premier lieu l'idée à laquelle
avaient obéi Luckner et Lafayette en dégarnissant la
frontière du Nord, à savoir « qu'il n'y avoit plus rien à
faire dans ce pays-là, qui alloit être réduit à la défensive la plus exacte[1] ». Il exposait ensuite que l'ennemi avait profité de cette situation pour s'emparer
d'Orchies le 15 juillet, de Bavay le 17, et que ces
opérations semblaient présager chez les Autrichiens
l'intention d'une offensive déterminée. « Grâce à mes
mouvements, ajoutait Dumouriez, j'ai pu déjouer ces
tentatives ; mais elles eussent certainement abouti si je
n'avais point été présent, et elles deviendraient à nouveau menaçantes si je m'absentais. »

Nous avons dit déjà que les craintes de Dumouriez
étaient chimériques et que pas un instant le maréchal
Bender n'avait pensé à prendre réellement l'offensive ;
mais c'était le droit, plus que le droit, le devoir de
Dumouriez, de se livrer sous ce rapport à toutes les
hypothèses, aux suppositions les plus pessimistes, d'étudier la façon de déjouer tous ces calculs, et il le faisait, dans son *Mémoire*, non seulement avec une imagination habilement investigatrice, mais avec une

---

1. Voir p. 285. « .....Il suffisait là (en Flandre) d'un corps d'observation. »
Lettre de Luckner et Lafayette à Lajard, de Valenciennes, 6 juillet.

grande sûreté d'appréciation et un coup d'œil militaire
très perspicace. Il signalait notamment au roi la possibilité d'une invasion, soit par la trouée au Nord du Quesnoy, soit par la vallée de l'Oise, exposant avec lucidité
les avantages et les inconvénients de l'une et l'autre
de ces voies[1]. Il terminait en demandant, comme dans
sa lettre : 1° qu'on donnât carte blanche au lieutenant
général, quel qu'il fût, qui commanderait dans le Nord
(et sa lettre au roi nous indique ses désirs intimes à cet
égard) ; 2° qu'il fût autorisé à demeurer dans cette armée avec la 2ᵉ division, qu'il devait primitivement conduire à Metz ; 3° qu'on envoyât à Cambrai et au Cateau
15 bataillons tirés de l'intérieur pour renforcer l'armée
du Nord.

Quatre autres desiderata, concernant des détails
d'organisation et de personnel, avaient une moindre
importance.

La lecture de ces documents à l'Assemblée nationale
ne fut pas sans provoquer un certain tumulte. Ils
montraient un danger imminent sur une frontière d'où
on l'avait cru éloigné ; ils étaient de nature à impres-
sionner vivement une population que la moindre émotion mettait en révolution. Les ennemis de Dumouriez, c'est-à-dire surtout les Constitutionnels,
essayèrent d'obtenir de la représentation nationale
qu'elle se déclarât incompétente, qu'elle ne tranchât
pas elle-même le litige, qu'elle remît les pièces du procès au chef légal et naturel de Dumouriez, au ministre
de la Guerre, au ministre dont il feignait effrontément
d'ignorer l'existence. Dans le cas où ce système eût
été adopté, Dumouriez pouvait tout craindre de l'hostilité de ses ennemis, non pas de Lafayette peut-être,

---

1. Ce *Mémoire* intéressant est aux Archives de la Guerre, en double
exemplaire. L'original est de la main de Dumouriez. (Voir Archives de la
Guerre. Armée du Nord, juillet 1792.)

mais de Luckner, ou mieux de Berthier, dont le caractère un peu jaloux eût peut-être réclamé quelque châtiment excessif. Mais, si l'Assemblée retenait le procès, si ce dernier devenait politique, si les députés admettaient que le salut de la patrie exigeait non pas précisément une désobéissance aux règlements, mais un tempérament, un délai dans l'obéissance, Dumouriez obtenait gain de cause, gagnait sa partie d'une façon retentissante, tirait une faveur nouvelle d'un acte fait pour le perdre.

Ce fut Mathieu-Dumas, le futur lieutenant général, qui soutint le premier l'accusation[1] : « M. Dumouriez, dit-il, qui prend sur lui de rendre des comptes à l'Assemblée nationale, avait reçu des ordres positifs de Luckner. Ces ordres ont été combinés pour le succès du plan ultérieur de défense du royaume... C'est pour concourir à ce mouvement que M. Dumouriez avait reçu l'ordre de quitter Maulde. Voilà ce qui est positif. Ce qui ne l'est pas moins, c'est la désobéissance de M. Dumouriez ; ce qui l'est tout autant, c'est que, pour colorer sa désobéissance, il vous envoie des représentations...; puis, ne prenant conseil que de la manière dont il envisage et nos frontières et le salut public, il entreprend de vous faire courir le plus grand danger en déconcertant le plan que Luckner va exécuter... J'insiste pour que l'Assemblée renvoie la solution de cette affaire au pouvoir exécutif[2]. »

Après Mathieu-Dumas, Lacuée, le futur ministre de la Guerre de Napoléon, appuya le renvoi du litige à l'autorité militaire, démontrant qu'elle seule était compétente. « Il y a lieu de s'étonner, dit Lacuée, que

---

1. Mathieu-Dumas, membre du Comité militaire, déjà connu comme un officier distingué, était un constitutionnel convaincu. Homme grave, sérieux et sensé, il jugeait Dumouriez très défavorablement et l'avait toujours combattu. Voir ce qu'il en dit dans ses *Souvenirs* (Paris, Didot, 1839).
2. *Moniteur*, séance du vendredi 20 juillet.

M. Dumouriez feigne d'ignorer sans cesse [1] l'existence du ministre de la Guerre, et je ne vois dans cette ignorance qu'un moyen de compromettre le salut public. Je demande le renvoi au pouvoir exécutif » [2].

Mais, après Mathieu-Dumas et Lacuée, les députés Dumolard et Sers parlèrent habilement dans un sens contraire, affectant de mettre de côté la personnalité de Dumouriez pour faire ressortir l'ambiguïté notoire de la conduite de Luckner, le fâcheux effet qu'avait produit dans le pays la fameuse marche en tiroir des deux armées, les dangers que faisait courir cette marche aux provinces de la frontière du Nord.

« Avant de savoir s'il y avait refus d'obéissance de la part de Dumouriez, il fallait protéger l'intégrité de la patrie ; on aurait toujours le temps de trancher plus tard une question secondaire, de réprimer, s'il y avait lieu, une faute disciplinaire ; mais, pour le moment, la tâche des représentants du peuple était autre, leur ambition devait être plus élevée ; c'est à arrêter l'ennemi qu'ils devaient surtout et seulement songer [3]. »

Une fois engagée dans ce sens, la discussion perdit de sa précision, dévia peu à peu, et finalement n'aboutit à aucune décision ferme [4].

. Cependant, tandis qu'à Paris Dumouriez gagnait ainsi sa première bataille, au quartier général de Lafayette et à celui de Luckner sa conduite donnait lieu à d'autres débats.

Nous avons dit que, dès le 15 au soir, le commandant de la 2e division avait rendu compte à Lafayette de l'entrée des Autrichiens dans Orchies et de son inten-

---

1. La lettre lue à l'Assemblée, en date du 10 juillet, commence, comme il a été dit tout à l'heure, par ces mots : « J'ignore s'il y a un ministre de la Guerre... » ; celle du 18 dit également au début : « Comme j'ignore encore s'il y a un ministre de la Guerre. »
2. *Moniteur*, séance du vendredi 20 juillet.
3. *Moniteur*, séance du vendredi 20 juillet.
4. Voyez les discours de Sers, Dumolard, le rapport de Guadet (*Moniteur* du 20 juillet, *passim*).

tion de se porter à Maulde avec les troupes de Famars. Annonçant lui-même cet événement au ministre,
Lafayette écrivait à Lajard, de son camp de Rimogne [1],
le 17 au soir, que Dumouriez « avoit pris les mesures
et occupé les postes qui pouvoient le mieux contribuer
à la défense [2] du camp de Maulde ». Il approuvait donc
l'initiative de son lieutenant et la faisait sienne par
son approbation. Mais cette communauté de vues
ne devait point durer longtemps. Effectivement, quand,
le surlendemain, Dumouriez, apprenant à Lafayette la
prise de Bavay, lui eut fait connaître qu'il se croyait
autorisé à appeler à Maulde un certain nombre de
bataillons empruntés aux garnisons voisines, le commandant de l'armée du Nord commença à trouver que
son lieutenant tranchait un peu trop du général en
chef et dépassait l'initiative permise à un subalterne.
Toutefois, il ne voulut prendre aucune mesure de sévérité vis-à-vis d'un officier général qui n'était qu'acci-
dentellement sous ses ordres, et il se contenta de signaler le fait au maréchal Luckner, en lui envoyant,
avec les dépêches de Dumouriez, le billet suivant :

« J'envoie à M. le maréchal Luckner une lettre que
je reçois à l'instant de M. Dumouriez, par laquelle il
paraît que ce lieutenant général arrange une campagne
à sa façon. J'imagine que M. le maréchal lui aura
envoyé des ordres et je le prie de me renvoyer cette
lettre quand il en aura pris lecture.

« Au camp de Villers-le-Rond, l'an IVe de la liberté.

Le général d'armée,

« LAFAYETTE [3]. »

1. Rimogne, près Rocroi.
2. Archives historiques de la Guerre. Armée du Nord, juillet 1792.
Lafayette à Lajard, 17 juillet.
3. Archives historiques de la Guerre. Armée du Nord, juillet 1792. Le
billet n'est pas daté, mais il est évidemment du 18 au soir ou du 19 juillet.

En quel endroit ce billet et les dépêches qu'il accompagnait allaient-ils trouver le maréchal Luckner? Lafayette n'en savait rien. Le maréchal, parti, comme nous l'avons dit, le 12 de très grand matin, pour Landrecies, avait reçu en route une lettre du ministre l'appelant près de lui pour fournir au Conseil du roi des appréciations sur la situation militaire. Au lieu de continuer sur Metz, il s'était alors dirigé, ce même jour, 13, sur Paris [1], avait passé là une petite semaine — du 13 au 18, — avait été entendu par les ministres, par le Conseil des Douze de l'Assemblée nationale [2], par l'Assemblée elle-même, finalement était reparti le 18 et était arrivé à Châlons le 19 [3], à la recherche de son armée. A Paris, Luckner avait eu connaissance de l'événement d'Orchies, peut-être même des mesures prises par Dumouriez pour la défense du camp de Maulde; mais seul, sans ses conseillers ordinaires, privé de Berthier et de Valence, il n'avait pas su s'il devait montrer de l'humeur ou de la satisfaction, et dans le doute il s'était tu. Cependant, aussitôt qu'il eut rejoint son quartier général et qu'il eut en mains la lettre de Lafayette, son irritation un moment contenue n'eut plus de raison de ne point éclater. Elle se manifesta tout aussitôt en termes violents, comme ceux qu'il avait coutume d'employer. Les choses étaient à ce diapason déjà aigu quand une dépêche du lieutenant général de Carle à Lafayette vint encore tendre la corde et empirer la situation. Cette communication était le compte rendu réglementaire adressé par le commandant de Dunkerque à son chef direct Lafayette

---

1. « En attendant, j'ai l'honneur de vous prévenir que je vais partir cet après-midi pour me rendre aux ordres de Sa Majesté. » (Archives historiques de la Guerre. Armée du Nord, juillet 1792. Luckner à Lajard, de Landrecies, 13 juillet.)

2. Voir le rapport de Guadet. (*Moniteur* du 20 juillet.)

3. Lettre du maréchal à Lafayette, lue à l'Assemblée nationale, datée de Châlons le 19 : « J'ai reçu, en passant, votre lettre du 17. » (*Moniteur* du 20.)

de l'ordre qu'il avait reçu de Dumouriez, relativement à l'envoi à Valenciennes et à Maulde des différents bataillons dont nous avons donné plus haut la liste. De Carle expliquait qu'il avait été étonné de recevoir des ordres d'une autre autorité que Lafayette, mais que, vu l'urgence et le danger de la situation telle que l'avait dépeinte Dumouriez, il n'avait pas hésité à déférer à sa réquisition. De Carle, très subordonné, ne sachant plus quel était son véritable chef, exposait l'abandon où il se trouvait à l'heure présente à Dunkerque et réclamait des renforts. Il disait encore que, si le roi avait apporté des changements dans le personnel du haut commandement de l'armée du Nord — chose qu'il soupçonnait d'après la lettre de Dumouriez, — on voulût bien les lui signaler, car il était indispensable qu'il les connût. Enfin, il terminait en assurant Lafayette qu'il aimait néanmoins à se persuader qu'il était toujours sous ses ordres et que « ce seroit avec bien de la douleur qu'il a; prendroit le contraire [1]. »

Cette dernière phrase produisit sur Luckner et davantage sur Lafayette une impression assez vive de dépit. Qu'avait pu dire Dumouriez à de Carle, sur quel ton l'avait-il pris avec lui pour que le gouverneur de Dunkerque en arrivât à supposer que Lafayette ne commandait plus l'armée du Nord? Et, si Dumouriez avait écrit en de tels termes au général de Carle, il avait dû agir de même en s'adressant à Labourdonnaye, à Marassé, à La Noüe, tous gens auxquels il avait probablement demandé des renforts! l'abus de pouvoir était évident, la désobéissance se compliquait d'une usurpation d'autorité et sans doute de plus encore!

Luckner, talonné peut-être par Lafayette et d'une

1. Archives historiques de la Guerre. Armée du Nord, juillet 1792. De Carle à Lafayette, 20 juillet.

façon certaine par Berthier, écrivit au ministre de la Guerre pour lui signaler la conduite de Dumouriez, pour s'en plaindre amèrement et demander qu'on le mît en demeure de conduire à Metz la 2ᵉ division.

Lajard ne pouvait manquer d'être très embarrassé. Au 22 juillet 1792, il était seulement ministre par intérim, et si peu, même avec cette restriction, qu'en réalité il ne l'était plus du tout. Il n'avait jamais tranché du maître, alors que son autorité demeurait entière ; comment eût-il fait acte d'énergie aujourd'hui qu'il ne détenait plus qu'une ombre de pouvoir ? Il n'était pas homme à se fourvoyer entre l'enclume et le marteau ; or il avait le pressentiment qu'à se ranger avec Luckner et Lafayette contre Dumouriez il courait plus de risques qu'à soutenir Dumouriez contre Lafayette. D'ailleurs, l'Assemblée était saisie du litige, et l'on ignorait à qui elle donnerait raison : Lajard ne se souciait pas de trancher la question avant elle. Il écrivit donc à Luckner une lettre ambiguë qui n'accordait point satisfaction au maréchal, mais qui, cependant, ne lui donnait pas tort non plus : « Je ne puis, Monsieur le maréchal, disait Lajard, vous donner des nouvelles officielles et positives de la 2ᵉ division que vous avez laissée à Valenciennes. M. Dumouriez a rendu à l'Assemblée nationale des comptes fort détaillés *qui ne me sont pas encore revenus*[1]...

« Sa Majesté a trop de confiance aux opérations que vous avez réglées pour partager les inquiétudes de M. Dumouriez ; elle ne veut rien changer aux ordres que vous avez donnés et ne pense pas que personne puisse les enfreindre. Si, contre son attente, cela arrivoit, *Elle compte sur votre fermeté pour maintenir et faire exécuter vos ordres.* » Ce qui équiva-

---

1. On a vu, par le billet du ministre de la Justice, en date du 19 juillet, que cette assertion est erronée.

lait à dire : Faites obéir M. Dumouriez, si cela est en votre pouvoir : nous croyons que cela n'est pas au nôtre. Lajard continuait sa lettre en annonçant à Luckner qu'il venait de recevoir « indirectement » des nouvelles du Nord, que M. Arthur Dillon était arrivé à Maubeuge, « où il resteroit », que M. de La Noüe « passoit à Valenciennes » et M. Alexandre Lameth « à Maulde ». Puis, revenant à Dumouriez, le ministre terminait par cette phrase assez piteuse : « J'attends des nouvelles plus exactes... sur le parti qu'aura pris M. Dumouriez, auquel je n'écris pas, afin de ne rien altérer aux ordres que vous lui avez donnés[1]. »

Il est difficile de dire que Lajard montra, dans cette circonstance, l'énergie dont il eût fallu faire preuve, mais ce qu'on peut affirmer, c'est qu'il était sans doute l'homme de France le plus inexactement renseigné sur la situation des armées et spécialement sur les emplacements occupés par nos généraux. A l'heure où il annonçait au maréchal Luckner que « M. Arthur Dillon resteroit à Maubeuge et que M. de La Noüe iroit à Valenciennes », La Noüe était plus que jamais à Maubeuge et Dillon, arrivé la veille à Valenciennes, s'était abouché depuis vingt-quatre heures avec Dumouriez, faisant cause commune avec lui pour le maintenir à l'armée du Nord.

Arthur Dillon, le frère aîné du malheureux Théobald assassiné à Lille lors de la déroute de Baisieux, était maréchal de camp depuis plusieurs années au moment où avait éclaté la Révolution, et était devenu lieutenant général grâce surtout aux nombreuses vacances produites par l'émigration. Très attaché à la reine Marie-Antoinette et par là même au parti de la cour, c'était un homme de beaucoup de cœur, d'une grande

1. Archives historiques de la Guerre. Armée du Nord, juillet 1792. Cahier de Correspondance du Ministre. Lajard à Luckner, 20 juillet.

honnêteté[1], mais d'une capacité médiocre[2], qu'une nature ardente comme Dumouriez devait dès le premier jour séduire et dominer. Dillon n'avait pas causé une heure avec le commandant de la 2e division qu'il abondait dans son sens sur toutes les questions pendantes. Dès le premier entretien, Dumouriez, intelligent, adroit, brillant causeur, extrêmement insinuant et pénétrant, avait complètement séduit son nouveau chef et lui avait démontré que ce serait folie de dégarnir d'un seul bataillon le département du Nord. Il lui peignit en termes très vifs l'incorrection du mouvement en tiroir ordonné par les deux généraux en chef le long de la frontière, lui fit toucher du doigt les dangers qui résultaient pour les armées de cette extraordinaire marche de flanc, lui montra les Autrichiens maitres d'Orchies et de Bavay, c'est-à-dire ayant déjà un pied sur le territoire français et devant chercher certainement à y poser le deuxième. Il lui dit qu'en ce qui le concernait, lui Dumouriez, il était prêt à partir pour Metz avec sa 2e division et à se conformer aux instructions du maréchal Luckner; mais les événements survenus depuis le 12 juillet n'avaient-ils pas rendu ces instructions caduques? Telle était la question à résoudre, celle dont la solution s'imposait à l'initiative de Dillon, celle qui engageait d'une façon étroite, d'une façon redoutable sa responsabilité devant l'Assemblée, devant le pays tout entier. C'était à lui, Dillon, de décider si Dumouriez devait partir, de déterminer si les circonstances étaient telles qu'elles permissent d'éluder les prescriptions d'un maréchal de France, qu'elles exigeassent leur modification.

1. *Mémoires* de Dumouriez.
2. Chuquet, *Valmy*, p. 4, p. 250 et suiv.; consulter aussi *la Défense nationale dans le Nord en* 1792, par Foucart et Finot, I.

Evidemment, à la guerre les ordres ne valent qu'autant que la situation qui les a motivés ne s'est pas modifiée. Si l'on admet que dans la même journée, dans la même heure, l'aide de camp d'un général en chef, qui apporte un ordre ferme à un commandant d'unité quel qu'il soit, peut, sous sa responsabilité, modifier cet ordre pour peu qu'il trouve changée la situation qui l'a fait donner[1], à plus forte raison un lieutenant général commandant une aile isolée, un corps entièrement distinct de l'armée principale, séparé du généralissime par plusieurs journées de marche, était-il autorisé à modifier des instructions données huit jours auparavant, dans une situation extrêmement différente de celle qui existait aujourd'hui.

Tous ces raisonnements firent impression sur Dillon, notamment le fantôme de la responsabilité devant l'Assemblée, qui commençait à prendre de plus en plus corps, jusqu'à ce qu'il devint le tyran sanguinaire qu'il fut sous la Convention et la Terreur. Il fut convenu que, pour amoindrir, pour diluer cette responsabilité, on la répartirait sur un plus grand nombre de têtes, et Dillon convoqua pour le 23, à Valenciennes, un conseil de guerre qui, sous le prétexte d'examiner la situation générale, devait trancher la question principale de l'exécution ou l'inexécution de l'ordre de Luckner. Cette résolution prise, le jour même le

1. Cette question a toujours été une des plus délicates qui puissent se présenter à l'esprit d'un officier d'état-major. Un aide de camp, quel qu'il soit, portant un ordre à une autorité quelconque et trouvant la situation qui a motivé l'ordre absolument changée, doit-il transmettre cet ordre avec son caractère impératif, c'est-à-dire tel qu'il l'a reçu ; doit-il le transmettre tel qu'il l'a reçu en faisant remarquer que la situation lui paraît n'être plus la même ; doit-il le modifier de sa propre autorité ; doit-il enfin ne rien transmettre du tout, et laisser au chef directement et immédiatement intéressé le soin de prendre les mesures qu'exige la situation nouvelle? Il existe des exemples de ces différentes manières d'agir qui ont échoué ou réussi, sans qu'on aperçoive la cause de l'échec ou du succès ; ce qui n'est pas douteux, c'est que les péripéties soudaines de la guerre exigent souvent la modification d'ordres donnés d'une façon péremptoire ; c'est à la façon d'apprécier jusqu'à quel degré et comment doivent être modifiés ces ordres que se mesure l'intelligence et l'initiative de l'exécutant.

nouveau commandant de l'armée du Nord écrivit au
ministre pour lui annoncer son arrivée à Valenciennes.
Après être entré dans quelques détails sur les mesures
qu'il avait prises en passant à Avesnes, Landrecies,
le Quesnoy, Maubeuge, places qu'il avait trouvées
« dans le plus mauvais état eu égard à la proximité de
l'ennemi[1] », le général Dillon continuait en ces termes :

« M. Dumouriez m'a fait part, à mon arrivée ici,
de la lettre qu'il a écrite à l'Assemblée nationale et
au Roi. Je puis certifier qu'il n'a point chargé le tableau
en présentant le détail de l'état de détresse et de confusion où on a laissé cette frontière. Sans doute le
changement des généraux qui y commandaient n'a
pas permis d'espérer que les choses fussent parfaitement en règle : mais M. le maréchal de Luckner, en
emmenant l'élite des troupes, a pris avec lui, ainsi
que M. de Lafayette, une grande partie des compagnies de grenadiers. Les fonds manquent, ainsi que
les vivres ; les arsenaux sont presque épuisés. Il n'y
a point de chefs d'administration, on ne sait à qui
entendre pour les demandes, ni à qui s'adresser pour
mettre à exécution celles que l'on accorde. On vient
de m'assurer que M. Malus, commissaire ordonnateur,
homme du plus grand mérite et qui connait parfaitement ce pays, où il est employé depuis plus de
vingt ans, avait ordre de se rendre à l'armée du Midi. Je
ne puis croire à une pareille extravagance et j'espère,
Monsieur, que vous donnerez les ordres les plus
prompts pour qu'il reste à la tête de l'administration
de l'armée du Nord.

« J'attends avec impatience le résultat des
demandes faites par M. Dumouriez avant mon arrivée.
Je rends compte à M. de Lafayette de la lettre que

---

1. Voir la note de la page 308. La lettre ci-dessus est celle à laquelle nous
faisions allusion dans cette note.

j'ai l'honneur de vous écrire ; je désirerais fort être
dans le cas de ne faire aucune démarche sans avoir
préalablement eu l'aveu de ce général, mais je vous
observerai, Monsieur, que, dans l'éloignement où je
suis de lui, il me parait important de correspondre
directement avec vous surtout dans un moment où la
force et la position de l'ennemi nous mettent dans le
cas de savoir le plus promptement possible les intentions du Roi sur le genre d'opérations qui doit être
adopté.

« Il m'a paru important pour la chose publique de
constater de la manière la plus authentique l'état où
j'ai trouvé cette armée ainsi que de connaître celui de
nos ressources et de nos besoins. En conséquence, je
me propose d'assembler après-demain un conseil de
guerre composé de tous les officiers généraux qui se
trouvent à proximité, des chefs du génie et de l'artillerie et des états-majors. J'y appellerai également le
directeur général des vivres, pour qu'il ait à démontrer quels sont nos besoins en cette partie[1]... »

Effectivement, le 23 juillet, c'est-à-dire le même
jour où Lajard était remplacé définitivement au Ministère de la Guerre par le colonel d'Abancourt, le conseil de guerre dont Dillon annonçait plus haut la convocation se réunissait à Valenciennes. L'Assemblée,
présidée régulièrement par Dillon, était composée de
« M. Dumouriez, lieutenant général employé à l'armée
de M. le maréchal Luckner » ; de 6 maréchaux de
camp : MM. de Chermont, inspecteur des fortifications ;
d'Orbai, inspecteur de l'artillerie ; de Marassé, commandant à Douai ; O'Moran, commandant à Condé ;
Beurnonville, commandant à Maulde ; Moreton, précédemment employé à Dunkerque et que Dumouriez

____

1. Archives historiques de la Guerre. Armée du Nord, juillet 1792. Dillon
à Lajard, 21 juillet.

avait pris comme chef d'état-major de l'armée du Nord; de MM. Malus et Morlet, commissaires ordonnateurs, l'un de la 1re subdivision de la 1re division [1], l'autre de la 2e [2]; de MM. de Sinceny, colonel du 3e régiment d'artillerie; du colonel de Champmorin, directeur du génie à Lille et commandant le génie de l'armée; du colonel de Vouillers, commandant le 5e régiment d'infanterie et la place de Valenciennes; du colonel de Chancel, adjudant général. Assistaient encore au conseil : MM. du Mesnil, lieutenant-colonel sous-directeur de l'artillerie; Marmant, adjudant général; de Crancé [3], lieutenant-colonel commandant le génie à Valenciennes; enfin M. Desmarets, directeur des subsistances militaires.

La séance étant ouverte, le général Dillon commença par faire un exposé général de la situation, qui n'était pas, dit-il, « favorable à ses espérances »; puis il donna la parole à Dumouriez.

« M. Dumouriez, nous dit le procès-verbal, observa qu'il étoit encore de l'armée commandée par M. le maréchal Luckner, qui lui avoit laissé l'ordre de le joindre avec 6 bataillons et 5 escadrons qui étoient demeurés au camp de Famars. Que, deux jours après le départ de M. le maréchal avec le gros de son armée, l'ennemi, profitant de la circonstance, avoit fait une fausse attaque au camp de Maulde, dans la nuit du 14 au 15 de ce mois, et que, pendant ce temps-là, il avoit porté des forces supérieures au poste d'Orchies... ; qu'aussitôt qu'il avoit été informé de cet événement (lui Dumouriez), craignant avec raison pour le camp de Maulde dont la situation est précieuse pour la sûreté du pays, mais dont la faiblesse étoit extrême,

---

1. Dont le siège était à Lille, depuis l'organisation territoriale de 1788.
2. Dont le siège était à Valenciennes.
3. C'est Dubois-Crancé, le conventionnel.

puisqu'il y restoit à peine 3.000 hommes, il avoit sur-le-champ levé le camp de Famars et porté à Saint-Amand et à Maulde les troupes qui y étoient demeurées, en sorte que ce mouvement avoit déterminé l'ennemi à abandonner sa conquête[1]... »

Dumouriez exposa ensuite que, d'après les renseignements obtenus par Beurnonville à Maulde, et concordant avec ceux qui avaient été reçus de différents côtés, les forces ennemies consistaient dans cette partie en 25.000 hommes, dont 10.000 occupaient un camp retranché près de Tournai, 5.000 formaient la garnison de cette place et ne paraissaient être que des recrues qu'on exerçait journellement, 5.000 étaient campés à Bury avec une avant-garde à Wiers[2], et 5.000 environ étaient cantonnés depuis Hollain jusqu'à Peruwetz. Il ajouta que M. Dillon était informé par les rapports de M. de La Noüe, lieutenant général commandant le camp retranché de Maubeuge, que les ennemis avaient encore 20.000 hommes au moins, depuis les derniers postes du cantonnement de Peruwetz jusqu'à Binche, de sorte que leurs forces, opposées à cette partie de la frontière du Nord qui s'étend depuis Dunkerque jusqu'à Givet, pouvaient s'évaluer à 45.000 hommes au moins, dont 35.000 étaient en état d'agir offensivement. Enfin, il termina son exposé en demandant si, dans ces circonstances, le conseil « estimoit qu'il dût se mettre en marche avec les troupes laissées au camp de Famars, pour se réunir à l'armée de M. le maréchal qui avoit pris la route du païs messin ».

Après Dumouriez, ce fut le tour de Beurnonville,

---

1 Procès-verbal du conseil de guerre tenu à Valenciennes, le 23 juillet 1792. (Archives historiques de la Guerre. Armée du Nord, 23 juillet 1792.)

2. Dumouriez dans son *Mémoire au roi* et le rédacteur du procès-verbal écrivent Vihiers, mais c'est évidemment Wiers. On a rétabli l'orthographe exacte pour tous les noms de lieux.

qui, comme Dillon, était dans l'entière dépendance de Dumouriez. Beurnonville devait se rendre bientôt célèbre par ses excentricités de langage, ses gasconnades, les combats homériques où il tuait 3.000 hommes à l'ennemi, sans autre perte pour sa propre armée que « le petit doigt d'un chasseur » ; il appelait Dumouriez « son père », et il signait en lui écrivant : « Ajax Beurnonville, votre fils ainé. » On sait que Napoléon devait lui donner le titre de comte, que Louis XVIII devait en faire d'abord un marquis, puis un maréchal de France ; mais, au 23 juillet 1792, c'est-à-dire à une époque où il n'était encore qu'un modeste maréchal de camp, Beurnonville ne se permettait pas de penser autrement que son général de division, et ce fut pour appuyer fortement les raisons mises en avant par Dumouriez qu'il prit la parole.

Il dit notamment que sa situation au camp de Maulde avait été infiniment critique depuis le 2 juillet jusqu'au 15, époque où il avait été renforcé par une partie des troupes venues du camp de Famars ; que « toutes les nuits il avoit eu à repousser les tentatives d'un ennemi vigilant et très supérieur » ; que, s'il n'avait été secouru, il en eût été réduit « à vendre chèrement sa vie ou à se faire jour la baïonnette au bout du fusil, en abandonnant à l'ennemi ce poste intéressant... » ; qu'il estimait, en conséquence, que tout s'opposait à l'affaiblissement de l'armée et, par suite, « au départ de la division que M. Dumouriez avait ordre de conduire à Metz. »

Le général Dillon prit alors à nouveau la parole pour résumer la discussion, et, en réalité, pour appuyer par de nouveaux arguments les considérations exposées par Dumouriez et Beurnonville. Il dit, en substance, qu'au moment où Luckner l'avait proposé au roi pour commander la frontière de Dunkerque

à Givet, le généralissime lui avait promis un corps de
« 14.000 hommes en état d'agir ». Or, il s'en fallait, et
de beaucoup, qu'il disposât de ce chiffre. Il était bien
loin d'y arriver, non seulement en ajoutant aux
troupes de Maulde celles du camp de Famars, —
qu'on voulait encore lui faire envoyer à Metz, —
mais en comptant même les bataillons qu'on venait
d'appeler de Dunkerque, d'Aire, de Béthune, de
Calais, de Lille, et ceux qui arrivaient de l'armée de
Lafayette sous les ordres du général Chazot. Quand
tous ces renforts auraient rejoint, il obtiendrait un
total général d'un peu plus de 12.000 hommes, soit
11.000 fantassins et 1.200 chevaux. Mais qu'était-ce
que ces 12.000 hommes vis-à-vis des 40.000 Autrichiens qu'on pouvait d'un moment à l'autre avoir sur
les bras? Dans ces conditions, le général Dillon était
d'avis que « le service de l'Etat s'opposoit au départ
de M. Dumouriez », d'autant qu'il venait d'apprendre
que 7 bataillons et 12 compagnies de grenadiers,
désignés précédemment pour se rendre de l'intérieur
à la frontière du Nord, venaient de recevoir contre-
ordre.

« Aussitôt, dit le procès-verbal, le général a pris
les voix de MM. les officiers généraux et militaires
sur ce premier objet de la délibération, et tous ont
été d'avis qu'il seroit de la plus grande imprudence
de se dégarnir de la division dont il s'agit, puisque,
en la réunissant à toutes les forces énoncées ci-
dessus, le tout étoit insuffisant pour faire face à
l'ennemi avec quelque espérance de succès. »

Les autres objets soumis à la délibération du conseil, c'est-à-dire l'état des fortifications, de l'artillerie,
l'armement, l'habillement, l'équipement, le service de
la solde et celui des subsistances, les hôpitaux, l'administration, n'avaient été inscrits au programme que

pour réunir autour de la table du conseil un nombre plus élevé de membres ; ils faisaient l'office de comparses subalternes groupés autour d'un premier rôle ; nous n'en parlerons pas. La question véritable, la seule qui eût de l'importance, était le maintien, par ordre, de la 2ᵉ division à Valenciennes, et bien que, — comme on le verra plus loin, — l'adoption de cette résolution n'impliquait pas nécessairement le rattachement personnel de Dumouriez à l'armée du Nord, l'avis motivé rendu à l'unanimité par le conseil de guerre, n'en était pas moins une véritable victoire pour l'ancien ministre.

Le procès-verbal de la séance rédigé par Malus, le commissaire ordonnateur, fut transcrit en quatre expéditions, qui furent adressées, l'une au ministre de la Guerre, la seconde à l'Assemblée nationale, les deux dernières à Lafayette et à Luckner. Les copies destinées à Paris furent portées par l'adjudant général de Chancel, muni, en outre, d'une lettre de Dillon, où celui-ci suppliait « le ministre » — c'était d'Abancourt depuis le matin du 23 — « de prendre lecture de la délibération du conseil et un parti bien décisif sur les détails bien véridiques et bien fâcheux qu'elle contenoit ». Dillon faisait ainsi allusion à l'insuffisance des forces militaires qui avait été signalée dans la discussion.

CHAPITRE XVI

Grâce à la résolution dont nous venons de parler,
grâce à l'avis du conseil de guerre, Dumouriez, nous
l'avons dit, semblait avoir gagné la partie. Toutefois,
comme nous l'avons indiqué également, le litige demeurait encore partiellement en suspens, et, s'il
paraissait n'être plus question, pour le moment, d'envoyer à Metz la 2ᵉ division, il ne s'ensuivait pas
absolument que Dumouriez dût demeurer à Valenciennes. Effectivement, suivant les errements du
temps, notamment à l'époque troublée dont nous parlons, les généraux n'étaient pas nécessairement attachés à la troupe placée sous leurs ordres; on les
considérait comme liés plus étroitement encore au
général en chef, dont ils constituaient, même dans des
commandements bien déterminés, l'état-major particulier. Il advenait donc que, dans la circonstance présente, Dumouriez pouvait être réclamé personnellement à Metz, par Luckner, d'après cette raison que,
dans la répartition des officiers généraux, l'ancien
ministre avait été désigné, non pas pour commander
la 2ᵉ division, mais pour servir à l'armée du Rhin et

sous les ordres du maréchal. Rassuré sur le maintien de ses troupes à l'armée du Nord, Dumouriez entreprit dès lors de gagner, en ce qui le concernait personnellement, la seconde manche d'une partie si bien engagée. Déjà, dans sa lettre du 18 juillet au roi, il avait abordé la question dans ce sens, et nous avons vu que Lajard, porte-parole du souverain en cette circonstance, avait cru bon de garder, dans sa réponse, le silence habile d'un personnage qui ne veut pas se compromettre. Mais Dumouriez n'était pas homme à se contenter de mesures dilatoires, et, aussitôt qu'il eut appris la nomination de d'Abancourt, il frappa à cette nouvelle porte, dans l'espérance, avec la volonté d'être mieux entendu. Il écrivait à d'Abancourt, le 27 juillet :

« MONSIEUR,

« Le Roi vous aura remis, avec le portefeuille qu'il vous a confié, la dépêche que j'ai eu l'honneur d'adresser, le 18, à Sa Majesté. Vous verrez, par le procès-verbal du conseil de guerre tenu par M. Arthur Dillon, qu'il est impossible que la division de 6 bataillons et 5 escadrons que je devais emmener le 20 à Metz quitte la frontière du Nord. Il ne s'agit plus que de savoir à quoi le Roi me destine personnellement : si je dois aller rejoindre l'armée de M. le maréchal Luckner, ou si je dois rester au camp de Maulde que je commande en ce moment. Je vous prie de prendre les ordres de Sa Majesté et de vouloir bien me les faire passer le plus tôt possible. Vos deux dépêches à M. Dillon sont d'une netteté qui annonce de grandes vues et un ministre vigoureux. Ma présence dans ce pays-ci y fait du bien, parce que j'y suis né et que mes compatriotes m'ont témoigné de la confiance.

Quelque part que je sois, je me dévoue entièrement
au salut de la patrie[1]. »

Cette lettre était à peine partie qu'arriva à Valenciennes le lieutenant-colonel de Laumur, l'aide de
camp que Dumouriez avait envoyé à Paris porter ses
premières dépêches. Laumur, inquiet de la tournure
que prenaient les événements, avait jugé à propos de
s'éloigner de la tourmente et venait de se faire nommer commandant supérieur de Karikal[2], dans l'Inde ;
mais, s'il avait tiré son épingle du jeu en ce qui le
concernait, il n'avait pas été aussi heureux relativement à son général, et ne lui rapportait qu'un
récépissé à la fois brutal et banal des lettres portées
à Paris le 16.

Dumouriez, au moment où il écrivait sa lettre de
l'avant-veille à d'Abancourt, pouvait encore se leurrer
de l'espoir que le silence gardé par le ministre
était imputable plutôt à la négligence qu'à une
volonté nettement déclarée de ne pas lui répondre.
L'arrivée de M. de Laumur, revenant de Paris les
mains vides, indiquait que ce silence était calculé, et
que, si l'on ne voulait pas lui donner tort, on ne se
souciait peut-être pas davantage de lui donner raison.
Sans hésiter, il résolut de revenir à la charge, et le
même jour, 29, il adressa à d'Abancourt la seconde
dépêche suivante :

« MONSIEUR,

« Je me trouve très incertain sur mon sort ; mais,
quelque part que je sois, je tâcherai d'être utile. Je

1. Archives historiques de la Guerre. Armée du Nord, juillet 1792. Dumouriez à d'Abancourt, 27 juillet.
2. « M. de Laumur, lieutenant-colonel, mon aide de camp, venant d'être
nommé par le Roi commandant de Carical dans l'Inde, est venu me faire
ses adieux au camp que je commande... » (Archives historiques de la Guerre.
Armée du Nord, juillet 1792. Dumouriez à Lajard, 29 juillet 1792.)

le serois plus ici qu'ailleurs, parce que c'est ma patrie et que j'y jouis de la confiance publique. J'avois à conduire une division de 6 bataillons et 5 escadrons faisant 3.000 hommes d'infanterie et 550 chevaux ; vous savez à présent les raisons instantes qui m'ont empêché d'exécuter mon ordre ; il s'agit du salut de ce pays-ci et je n'ai rien à ajouter à cet égard à ce qui est motivé dans le procès-verbal du conseil de guerre, tenu le 23 à Valenciennes, que M. Chancel, adjudant général, vous a porté de la part du général Arthur Dillon. L'inexécution d'un ordre que les circonstances ont rendu impraticable n'est point une désobéissance, et c'est ce que n'ont pas assez examiné les membres (de l'Assemblée nationale) qui ont désiré me faire une inculpation. Il ne faut plus compter sur cette division pour l'armée du maréchal Luckner, et, étant prévenu dès le 17, on a eu le temps de pourvoir à son remplacement. Il ne s'agit donc plus que d'examiner ce qui me regarde personnellement, et de décider dans quelle armée je dois servir et à quelle classe on doit me ranger pour l'utilité de la patrie ; je m'en rapporte avec confiance à l'opinion du Roi. M. de Laumur vous rendra un compte exact de ce qu'il a vu ; je ne vous détaillerai pas mes vues militaires que je ne sache si cela vous convient. Ayant un supérieur, c'est par lui que je les ferai passer. Je sais obéir, je connais mes devoirs, et, quelque emploi qu'on me donne, je tâcherai de le remplir d'une manière exemplaire pour mes subordonnés et utile pour la chose publique[1]. »

Pendant qu'à l'armée du Nord Dumouriez écrivait lettre sur lettre pour se soustraire à la volonté de

---

1. Archives historiques de la Guerre. Armée du Nord, juillet 1792. Dumouriez à d'Abancourt, 27 juillet.

Luckner, ce dernier, dépité, offensé de ne plus avoir
de nouvelles ni de son lieutenant ni de sa 2e division,
mécontent de la lettre ambiguë de Lajard, prenait le
parti d'adresser directement à Dumouriez une sorte
d'ultimatum où il le sommait une dernière fois de
rejoindre :

« Je vous préviens, Monsieur, lui écrivait-il à la
date du 28 juillet, que j'ai écrit au Roi pour le prier
de vous donner une destination qui ne vous laisse
plus à mes ordres. Si cependant vous n'avez pas reçu
du ministre les nouvelles instructions que j'ai provo-
quées, vous mettrez en mouvement le 2 d'aoust la seconde division que j'ai laissée au camp de Famars, et
vous lui ferez suivre la route que j'ai tenue avec mon
armée. Dans le cas où vous persisteriez dans le refus
d'obéir à mes ordres, je vous préviens que j'autorise
le général Beurnonville à prendre le commandement
de cette division, et qu'à cet effet je lui adresse des
ordres conditionnels [1]. »

La mesure prise par le maréchal était grave. Il n'y
avait qui que ce fût à croire que la situation de la frontière du Nord ne fût à ce moment très périlleuse, et personne, au 28 juillet, ne pouvait prédire l'immobilité de
l'armée autrichienne. Luckner savait, de plus, que le
roi et l'Assemblée étaient saisis de demandes émanant
d'autorités diverses et signalant la situation comme
exigeant des mesures d'exception ; il avait entre les
mains le procès-verbal du conseil de guerre dans
lequel 8 officiers généraux et 10 colonels ou fonctionnaires militaires avaient déclaré indispensable le maintien de la 2e division au camp de Maulde ; c'était
assumer une grosse responsabilité que d'exiger l'exécution péremptoire d'un ordre donné quinze jours au-

---

1. Archives historiques de la Guerre. Armée du Nord, juillet 1792. Luckner à Dumouriez, 28 juillet.

paravant, sans admettre que rien ne pût en nécessiter la modification.

Connaissant Luckner comme nous le connaissons aujourd'hui, il serait peu généreux, il serait cruel de lui imputer la responsabilité de sa conduite en telle occurrence. Le vieux maréchal était incapable de cette énergie, il n'était pas de taille à prendre seul de telles résolutions, et, comme le comprit et l'indique très justement Dumouriez dans ses *Mémoires*, il ne fit que sanctionner en cette circonstance une mesure qui lui fut dictée par son entourage. Nous avons dit déjà combien Berthier, qui tenait, bien à tort, Dumouriez pour un Jacobin, avait d'hostilité à son endroit. Le futur prince de Wagram crut l'occasion favorable pour saper irrémédiablement la situation d'un ennemi dangereux, il la saisit avec empressement. Mais il avait affaire à forte partie, et Dumouriez n'était pas un homme qu'on jetât facilement à terre. Averti en sous-main par Biron, peut-être aussi par Valence, de l'origine véritable du coup qu'on lui préparait, il était prêt à parer cette botte avant que Luckner, ou plus justement Berthier, la lui portât.

Le 30 juillet, jour où arrivèrent à l'armée du Nord les dépêches comminatoires du maréchal, Dumouriez était au camp de Maulde, et Dillon venait de rentrer à Valenciennes, après avoir passé la journée à Bavay, évacué depuis l'avant-veille par les Autrichiens. Le commandant de la frontière du Nord avait passé la journée à étudier, en compagnie de La Noüe, d'Alexandre de Lameth, de Chazot, de Miaczynski et de quelques colonels, la situation de Bavay et l'opportunité de maintenir ou de supprimer la garnison de ce poste difficile à garder. Le conseil de guerre, composé des officiers dont nous venons de parler, avait conclu unanimement au choix d'une position plus avantageuse et l'avait indi-

quée à Bertaimont, au Sud de Bavay, la droite à la
Sambre, la gauche à la forêt de Mormale. On avait
beaucoup parlé dans cette réunion « de la grosse supériorité numérique de l'ennemi », de la nécessité d'obtenir des renforts, et Dillon était encore sous le coup
des préoccupations que soulevait dans son esprit cette
comparaison de sa faiblesse vis-à-vis des troupes autrichiennes, quand, en rentrant le soir à Valenciennes,
il reçut un courrier de Dumouriez lui donnant à
connaitre les nouveaux ordres du maréchal de
Luckner.

Dumouriez, dans la dépêche qu'il adressait à Dillon
au sujet de ces instructions, plaidait éloquemment sa
cause, exposait les raisons qui exigeaient impérieuse-
ment le maintien de la décision du conseil de guerre
du 23, s'étonnait que le maréchal ne tint pas compte
d'une délibération où 18 généraux ou colonels, présents sur les lieux, c'est-à-dire jugeant en pleine connaissance de cause, n'avaient eu en vue que les nécessités de la défense nationale et le service du pays.
Dans la lettre de Dillon, qu'on lira un peu plus bas, ce
général parle simplement du « courrier de M. Dumouriez ». Nous ne nous étonnerions pas que le commandant du camp de Maulde fût venu lui-même à
Valenciennes traiter de vive voix cette question avec
son général et arrêter avec lui les termes de la réponse à faire à Luckner.

Comme nous l'avons vu, Dillon, encore sous l'impression de la délibération de l'après-midi, n'était pas
disposé à recevoir favorablement la demande de
Luckner. Il se mit incontinent à sa table de travail
et écrivit au maréchal, avec ou sans l'aide de
Dumouriez, la lettre suivante, qui porte la date du
30 juillet :

« Monsieur le maréchal,

« J'étois occupé à établir un camp sur la Sambre[1] pour mettre fin aux horribles brigandages que les ennemis viennent exercer sur notre territoire depuis qu'ils s'étoient emparés de Bavay, lorsque j'ai reçu un courrier de M. Dumouriez, qui commande le camp de Maulde, qui m'a annoncé l'ordre, qu'il venoit de recevoir de vous, d'emmener 6 bataillons et 5 escadrons formant la seconde division projetée de votre armée. J'avois lieu de croire que la lecture du procès-verbal que j'ai tenu ici le 23 du mois dernier, et que j'ai eu l'honneur de vous adresser, vous auroit prouvé l'impossibilité où je me trouve de laisser exécuter cet ordre. J'ajouterai qu'ayant envoyé ce procès-verbal au Roi et au Comité des Douze de l'Assemblée nationale, il ne dépend plus de moi d'adopter aucune autre demande que celles qui me seront prescrites par le Corps Législatif et le Roi.

« Permettez-moi de vous rappeler, Monsieur le maréchal, que vous m'avez vous-même recommandé la position de Maulde comme le point le plus propre à préserver la frontière ; vous verrez dans le procès-verbal qu'il est à peine garni des deux tiers des troupes qui y seroient nécessaires, et il a fallu pour cela affaiblir considérablement la garnison des places qui, quoique moins exposées, ne sont cependant pas hors d'insulte. Si je vous envoyois le 6ᵉ régiment de chasseurs, il ne resteroit qu'une quarantaine de chevaux éclopés pour faire le service depuis Lille jusqu'à Mau-

1. Voir le procès-verbal du conseil de guerre tenu le 30 à Bavay, et dans lequel il fut décidé qu'on abandonnerait ce poste, pour se reporter plus en arrière vers la forêt de Bertaimont, la droite à la Sambre, la gauche à la forêt de Mormale. (Archives historiques de la Guerre. Armée du Nord, 30 juillet.)

benge. Je joins ici un second exemplaire du conseil de guerre, présumant que le premier ne vous est pas parvenu. M. de Beurnonville est à son poste ; cet officier général me paraît absolument nécessaire au camp de Maulde, où il sert avec la plus grande distinction. Rappelez-vous, Monsieur le maréchal, que, dans la note que vous m'avez donnée, vous avez compris cet officier général comme devant servir avec moi. Quant à M. Miaczinski, il commande actuellement un camp très important à Pont-sur-Sambre, il est parfaitement instruit du local et de l'objet de sa mission ; je ne pourrois le déplacer dans ce moment où il protège les moissons contre les incursions de l'ennemi sans perdre la confiance des habitants de cette frontière et sans nuire à la chose publique[1]. »

Nous serions très disposés à croire que Dumouriez était pour beaucoup dans la rédaction de cette lettre ; non seulement elle est de son style, mais on y discerne très bien sa logique, son habileté à répondre d'avance aux objections. On en est réduit cependant à cet égard à des conjectures, et nous n'irons pas plus loin que ces hypothèses ; mais ce qui est certain et ce qu'il faut ajouter, c'est qu'il ne crut pas suffisant d'avoir obtenu de Dillon la réponse qu'on vient de lire, et qu'en dehors de cette lettre il en écrivit, lui personnellement, trois autres, au roi, au ministre de la Guerre, au maréchal, dans lesquelles il changeait habilement la question de terrain.

« Sire, écrivait-il au roi, permettez que je porte à Votre Majesté ma plainte sur la lettre du maréchal

---

1. Il est probable qu'en prévenant Dillon qu'il eût à donner par intérim le commandement de la 2ᵉ division à Beurnonville, Luckner indiquait Miaczinski comme pouvant éventuellement remplacer ce dernier officier général au camp de Maulde. La lettre de Luckner à Dillon n'existe pas aux Archives ; on en est donc réduit à des conjectures à cet égard.

Luckner. Ce n'est pas contre lui, mais contre son état-major, et notamment contre le sieur Berthier qui l'égare et finira par le perdre. J'ai été forcé pour sauver ce pays-ci de suspendre l'exécution des ordres de Luckner, mais je n'ai pas désobéi. J'estime trop ses talents militaires pour ne pas croire que, s'il eût été à portée de moi, il m'eût donné l'ordre d'aller au secours du camp de Maulde et de couvrir Lille, Douai, Bouchain, Condé et Valenciennes. Il vous a écrit pour vous engager à me donner une autre destination ; j'ai pris de mon côté la liberté de vous faire une demande à laquelle je n'ai pas eu de réponse. Décidez de mon sort, Sire, et faites-moi passer vos ordres par le ministre de la Guerre [1]. »

Outre cette lettre au roi, Dumouriez en adressait une autre au ministre de la Guerre, dans laquelle, en des termes différents, il formulait les mêmes plaintes et présentait les mêmes demandes :

« MONSIEUR,

« J'ai l'honneur de vous envoyer copie d'un ordre de M. le maréchal Luckner. Son exécution est impossible : vous le jugerez par le procès-verbal du conseil de guerre que vous a envoyé M. Dillon ; c'est à lui à prendre un parti sur M. de Beurnonville et sur les

1. Archives historiques de la Guerre. Armée du Nord, juillet 1792. Dumouriez au roi, 31 juillet. Xavier Audouin, le gendre de Pache, a écrit au verso de cette lettre la note ci-jointe qui date, comme on le verra plus loin, de 1797 : « Le citoyen Berthier dont se plaint Dumouriez est le même qui avait eu une affaire à Versailles, fils du citoyen Berthier, architecte de la guerre et chef du bureau des ingénieurs géographes. Il avait fait la guerre d'Amérique, et avait déjà de la réputation dans l'état-major de l'armée lorsque la Révolution lui présenta de plus grands moyens de faire connaître ses talents. Custine demanda avec instance qu'on le lui donnât pour chef d'état-major. Rossin l'emmena dans la Vendée, où il organisa les troupes levées à la hâte pour cette guerre. Mais c'est surtout en Italie qu'il a eu des succès comme administrateur militaire. Il est à présent de l'expédition de Buonaparte (*), il faut attendre pour les juger l'un et l'autre la fin de leur carrière militaire et politique.

(*) L'expédition d'Égypte.

troupes. Quant à moi, je porte au Roi mes plaintes sur la dureté de cette lettre et notamment contre le sieur Berthier, qui égare M. le maréchal et finira par lui nuire. On n'adresse pas une pareille lettre à un ancien officier et à un lieutenant général ; on n'abuse pas ainsi de l'ignorance de l'idiome d'un brave et respectable général ; on n'en fait pas ainsi l'instrument des intrigues et des cabales qui divisent nos armées dans un moment de crise où le danger commun devroit réunir tout le monde. J'attends la décision de mon sort, j'attends ma destination ; mais, si le Roi, qui me connait parfaitement, veut en croire l'opinion publique et la confiance d'une province entière, il ne me fera pas sortir de ce pays-ci où je puis être très utile. Je vous prie de prendre les ordres de Sa Majesté et de me les faire passer au plus tôt. En attendant, je vais me tenir au camp de Maulde, où vous pourrez me les adresser [1]. »

Comme on le voit, cette lettre ne contenait pas seulement un refus de se conformer à des instructions formelles du général en chef, elle contenait des plaintes contre les procédés de ce même général, elle formulait la chose grave qu'on appelle en style militaire « la réclamation », c'est-à-dire une révolte, une revendication qui n'est permise à l'inférieur, dit le règlement, « qu'après que cet inférieur a obéi ». D'ailleurs, Dumouriez ne devait pas se contenter d'adresser ses doléances au roi et au ministre : il n'avait jamais été ménager de sa plume, il écrivait comme il parlait, facilement, d'abondance : il voulut convaincre le maréchal lui-même de la fausse voie où l'engageait l'état-major de Metz. Le même jour, 31 juillet, il lui écrivait :

1. Archives historiques de la Guerre. Armée du Nord, juillet 1792. Dumouriez à d'Abancourt, 31 juillet.

« Monsieur le maréchal,

« J'ai reçu hier soir votre ordre, daté du quartier général de Longeville près Metz, du 28 juillet, et j'en fais passer sur-le-champ la copie à l'Assemblée nationale, au Roi et au ministre de la Guerre. Pour ce qui me regarde, je crois remplir parfaitement vos intentions en attendant ici les ordres et les instructions du Roi en conséquence de ce que vous lui avez écrit. Quant à M. Beurnonville et à la 2ᵉ division de votre armée, c'est à M. Arthur Dillon à confirmer votre ordre ou à en donner de contraires, d'après le résultat du conseil de guerre qu'il a tenu le 23, dont je vous ai envoyé copie et à M. de Lafayette. Comme cette pièce est entre les mains de l'Assemblée et du Roi, je crois qu'il sera obligé d'attendre le retour de M. Chancel, qu'il a dépêché en courrier à Paris, avant de pouvoir rien changer aux dispositions qu'il a faites.

« L'inexécution forcée de vos ordres n'a jamais pu être prise pour un refus d'obéir. Je suis trop ancien soldat pour ne pas connaître mes devoirs, et j'avois trop d'amitié pour vous pour ne pas les remplir avec autant de plaisir que d'exactitude. Les circonstances justifient ce que j'ai fait. La dureté de votre lettre me feroit beaucoup de peine si je la méritois et si elle étoit de vous[1]. »

Qu'allait faire Luckner dans ce conflit où Dumouriez était désormais couvert par Dillon ? Qu'allait-il répondre, de quelle façon allait-il sortir de l'impasse

---

1. Archives historiques de la Guerre. Armée du Nord, juillet 1792. Dumouriez au maréchal Luckner, 31 juillet.

où ses sous-ordres l'avaient engagé? On pourrait se livrer à cet égard à bien des hypothèses, à bien des conjectures, dont l'étude du cœur humain pourrait tirer profit sans doute, mais dont l'histoire n'a ici que faire. La question fut tranchée de la façon la plus simple et la plus rationnelle par une lettre de d'Abancourt à Luckner, l'avertissant que, conformément à l'avis du conseil de guerre tenu le 23 juillet à Valenciennes et sur les représentations de l'Assemblée nationale, le Conseil du roi avait reconnu l'insuffisance de la force militaire chargée de veiller à la protection de la frontière du Nord ; qu'en conséquence il maintenait définitivement au camp de Maulde les troupes composant la 2e division de l'armée du Rhin et les faisait passer aux ordres du général Lafayette[1], c'est-à-dire à l'armée du Nord. Quant à Dumouriez, il demeurait personnellement encore sans affectation ; tout au moins on lui conservait sa précédente situation, puisqu'on ne lui en attribuait pas de nouvelle, et on laissait aux soins de Luckner et de Lafayette de décider s'il resterait à Maulde ou s'il rejoindrait à Metz.

Nous avons vu un peu plus haut que Luckner ne voulait plus de Dumouriez dans son état-major et qu'il avait écrit au roi pour demander qu'on attribuât à l'ancien ministre des Affaires étrangères un commandement qui l'enlevât à l'armée du Rhin. Lafayette déclara à son tour qu'il n'accepterait à aucun prix la présence de Dumouriez à l'armée du Nord, et que celui-ci eût à vider la place le plus tôt possible. Il signifia cette décision à Dillon dans une lettre écrite le 30 juillet au camp de Villers-le-Rond : « ... Quant

1. « J'apprends. Monsieur, par un courrier de M. le maréchal de Luckner, que le ministre a retenu en Flandre les 6 bataillons et les 5 escadrons que M. Dumouriez était chargé de conduire à l'armée du Centre... » (Archives historiques de la Guerre. Armée du Nord, 1792. Lafayette à Dillon, 30 juillet.)

à M. Dumouriez, disait Lafayette, M. le maréchal
de Luckner ni moi ne voulons qu'il reste dans mon
armée ; il a eu les ordres de M. le maréchal pour en
partir. Ce général a même écrit au Roi pour se plaindre
formellement de M. Dumouriez, et, comme il n'est
point employé dans mon armée et que je n'ai point
de commandement à lui offrir, vous ne l'emploierez
point et vous lui ordonnerez de partir[1]. »

Dumouriez prétend, dans ses *Mémoires*, que
Lafayette avait envoyé à Dillon l'ordre non point de
le faire partir, mais de l'arrêter et de l'envoyer à
la citadelle de Metz :

« Dillon, ajoute Dumouriez, eut la sagesse de ne
pas essayer d'exécuter cet ordre et la fidélité de
le tenir secret[2]. » Rien n'existe aux Archives de la
Guerre qui corrobore cette assertion de Dumouriez,
et, tout au contraire, la lettre qu'on vient de lire la
dément catégoriquement. Il y a lieu d'ajouter que Dumouriez n'était point sous les ordres de Lafayette,
qu'il comptait à l'armée du Rhin et non du Nord, et
que, si quelqu'un avait pu prescrire de l'arrêter, c'eût
été Luckner et non Lafayette.

Comme on peut en juger, il s'en fallait que la conduite de ces armées du début de la Révolution fût
chose aisée : troupes sans homogénéité, la plupart sans
expérience, essentiellement impressionnables ; des
généraux remplis de bonnes intentions, mais affolés
par la responsabilité qui leur incombait tout à coup,
tirant chacun du côté où il leur semblait que se présentait le danger ; des ministres de la Guerre sans
valeur et sans autorité ; un généralissime hébété
et gâteux, tels étaient les éléments avec lesquels il

---

1. Archives historiques de la Guerre. Armée du Nord, juillet 1792.
Lafayette à Dillon, 30 juillet.
2. Dumouriez, *Mémoires*, II, liv. V, chap. iii.

fallait s'opposer à une invasion qui apparaissait à ce moment formidable.

Lafayette eût été, à cette date, le seul homme dont l'influence sur l'armée, dont le prestige eussent été suffisants pour s'imposer à toutes ces bonnes volontés dévoyées. Il possédait, comme le dit Dumouriez, « l'extérieur du commandement[1] », et, avec ces dons physiques, très probablement le fonds d'un général en chef. Jomini a dit de lui « qu'il eût fait la guerre avec distinction si le sort n'en avait décidé autrement[2] », et toute sa correspondance officielle en 1792 confirme pleinement cette appréciation du grand critique militaire.

Il est très probable que, généralissime à la place de Luckner, Lafayette n'eût pas provoqué le conflit dont nous venons d'étudier les péripéties, conflit dont les suites ne pouvaient qu'être funestes à la fois à la discipline et au salut public. Il eût su en tout cas ne pas laisser prendre à cette querelle l'ampleur et la tournure aiguë qu'elle revêtit avec le maréchal. La fermeté de Lafayette était proverbiale dans cette armée qu'il commandait depuis un temps relativement court, et, au rebours de bien des chefs, il savait montrer les dents davantage à ses supérieurs qu'à ses subordonnés. Il avait prouvé déjà[3], et il devait faire voir à brève échéance[4], qu'il n'hésitait pas, dans l'occasion, à assumer la plus grave responsabilité. Il écrivait, le 20 juillet, de Longwy, au ministre Lajard, qui lui avait reproché de trop disséminer ses forces : « ... Je vous déclare, Monsieur, que, parfaitement insensible aux clameurs, aux calomnies et aux raison-

---

1. Dumouriez, *Mémoires*, II, liv. V, chap. III.
2. Jomini, *Histoire des guerres de la Révolution* (édition belge). Bruxelles, 1841, p. 116, col. 1.
3. Au 20 juin.
4. Après le 10 août.

nements de ceux qui n'entendent pas le métier de la guerre, je ne me détournerai pas, pour les éviter, d'un quart de lieue de la route que je crois le plus utile à la chose publique[1]. »

Quant à Luckner, tout le monde convenait aujourd'hui qu'on s'était singulièrement mépris en le tenant pour un grand homme, et les gens qui s'étaient jadis estimés heureux d'aller combattre à son école avouaient tous leur déconvenue. Certains n'y mettaient même pas la délicatesse de forme de Dumouriez. Labourdonnaye par exemple, que nous avons cité déjà, celui qui n'avait pu pardonner au maréchal de lui avoir enlevé ses compagnies de grenadiers, ne manquait pas une occasion d'afficher son mécontentement et son dépit. Quand Luckner, quittant l'armée du Nord, au commencement de juillet, eut demandé qu'on lui donnât Labourdonnaye comme lieutenant général à l'armée du Rhin, celui-ci, qui avait assez vu le généralissime pour ne pas se soucier de le suivre à Metz, répondit au ministre que sa santé ne lui permettait pas de quitter Lille, et que, par conséquent, il considérait sa nouvelle lettre de service comme non avenue. D'Abancourt, avec plus d'énergie que Lajard, n'arrivait pas davantage à contraindre à l'obéissance des généraux aussi récalcitrants. Il crut, en cette circonstance, ne pas devoir imposer son autorité ; il ne souffla mot, n'écrivit ni à Labourdonnaye ni à Luckner, de telle sorte que le premier fut persuadé que sa nomination avait été annulée, tandis que le maréchal demeurait convaincu que Labourdonnaye allait arriver d'un moment à l'autre. Plusieurs jours se passèrent dans cette attente, et, comme l'état-major de Metz ne voyait rien venir du côté du Nord, le maréchal se décida à

<hr>

1. Archives historiques de la Guerre. Armée du Nord. juillet 1792. Lafayette à Lajard, 20 juillet.

écrire directement à Labourdonnaye pour l'inviter à
rejoindre incessamment. Sur ce, profonde surprise et
grande colère du gouverneur de Lille, qui, tout
d'abord, ne comprit rien à cette résurrection d'un litige
qu'il croyait enterré. Au bout de quelque réflexion
cependant, Labourdonnaye devina que Luckner n'avait
point été mis au courant de son refus d'aller à l'armée
du Rhin; mais, au lieu de s'en prendre au ministre
comme il eût dû raisonnablement le faire, ce fut sur
le maréchal qu'il laissa tomber sa mauvaise humeur.
Il lui répondit donc, à la date du 31 juillet, une lettre
d'un ton extraordinairement dégagé, dans laquelle il
lui disait que, « si le ministre avoit fait son devoir,
il eût envoyé à M. le maréchal sa réponse en date du
28 juillet par laquelle il lui annonçoit que sa santé ne
lui permettoit pas de changer ni d'armée ni de rési-
dence en ce moment». D'ailleurs, ajoutait Labourdonnaye, « *si les armées et les généraux étoient
tous sur les grands chemins ou à Paris*, les frontières ne seroient surveillées par personne dans les
postes que les ennemis désirent le plus d'occuper [1] ».

Le cas de Dumouriez n'était pas isolé, comme on
voit, et, en admettant même que Labourdonnaye fût
connu pour son manque de forme et son caractère
grincheux, on ne peut s'empêcher de penser que ces
généraux de la Révolution n'étaient peut-être si mal
obéis que parce qu'ils étaient eux-mêmes d'une insou-
mission notoire.

En attendant, en dépit des injonctions de Lafayette

1. Archives historiques de la Guerre. Armée du Nord. juillet 1792.
Labourdonnaye à Luckner, 31 juillet. Xavier Audouin a crayonné au dos de
cette lettre la note suivante : « Presque toutes les lettres du général
Labourdonnaye ne sont remplies que de ses querelles avec d'autres généraux, mais celle-ci est surtout remarquable par le refus qu'il fait d'obéir à
un ordre du ministre. Ainsi cette anarchie, dont on affecte de se plaindre
depuis l'établissement de la République, existait déjà dans la monarchie, et
les ministres du roi n'étaient pas mieux obéis que les nôtres. »

signifiant à Dumouriez d'avoir à quitter l'armée du
Nord, au mépris des ordres de Luckner, des prescriptions du ministre, Dumouriez demeurait tranquillement
au camp de Maulde, attendant là qu'on lui offrît la
situation indépendante qu'il avait sollicitée du Roi.
Etait-il encouragé en sous-main à la résistance par
ses amis de Paris? Avait-il, de là, des renseignements
l'avisant que du jour au lendemain la situation allait
changer? Nous ne possédons à cet égard aucune
donnée certaine; mais, si l'on songe que huit jours
seulement nous séparent du Dix Août, on admettra que
cette hypothèse n'aurait rien de hasardé.

Si, d'autre part, on se rappelle que l'accusation de
complot contre la sûreté de l'Etat dirigée contre
Lafayette, à l'occasion de sa conduite après le 20 juin,
se discutait en ce moment à l'Assemblée nationale [1],
si l'on se souvient que ses adversaires paraissaient
résolus à tout tenter pour le perdre, on est amené à
penser que, dès les premiers jours d'août, ils avaient
sans doute escompté son appel à la barre, son arrestation, peut-être pis encore. Qu'ils eussent fait
partager leurs espérances à Dumouriez, la chose serait
fort possible et expliquerait dans une certaine mesure
la résistance, la force invincible d'inertie qu'opposait
à toute injonction le commandant de la 2ᵉ division. A
la date du 5 août, Dumouriez, répondant à d'Abancourt qui lui exprimait son étonnement de le savoir
encore à Maulde, affirmait au ministre qu'il était
« inadmissible et désavantageux à la nation qu'il
demeurât, lui Dumouriez, aux ordres de Dillon et,
par suite, de Lafayette »; et il ajoutait cette phrase
qui était presque une menace : « Cette mesure ne peut
pas tenir, et je vous prédis qu'elle sera détruite ou

---

1. Voir la discussion au *Moniteur*.

par les circonstances ou par la prévoyance de l'Assemblée nationale... Avec de la persévérance, j'aurai le bonheur d'être un des sauveurs de ma patrie, quelque obstacle qu'y apportent mes ennemis personnels[1]. »

Comme on le sait, l'accusation portée à la tribune contre Lafayette n'eut pas le résultat qu'en attendaient ses adversaires, et, dans la séance du 8 août, l'Assemblée décida, à la majorité de 406 voix contre 224, qu'il n'y avait lieu à aucune incrimination contre le commandant de l'armée du Nord. C'était donc un véritable succès pour Lafayette, mais peut-être jamais la roche tarpéienne n'avait été plus près du capitole. Deux jours après cette mémorable séance éclataient les événements du Dix Août; aussitôt cette révolution effectuée, Lafayette cherchait ostensiblement à en combattre les effets, se mettait en lutte déclarée avec les représentants de l'Assemblée envoyés à son quartier général pour lui signifier le nouvel état de choses, échouait dans sa tentative de résistance, et finalement, vaincu, abandonné, traqué, passait la frontière comme un déserteur.

Dans ses *Mémoires*, Dumouriez émet le regret que Lafayette, au lieu d'exécuter seul son coup de force, ne lui ait pas proposé de s'y associer. Il affirme que le succès eût couronné cette combinaison de leurs efforts réunis. Ces regrets paraissent sincères et ses réflexions à cet égard sont justes. Toutefois, en se livrant à ces confidences, Dumouriez oubliait qu'au moment où il avait connu la tentative de Lafayette, ou plutôt à l'instant où il avait appris l'échec de cette tentative, il avait écrit immédiatement à l'Assemblée pour l'assurer de son dévouement et pour donner son adhé-

____

1. Archives historiques de la Guerre. Armée du Nord, août 1792. Dumouriez à d'Abancourt, 5 août.

sion, « sans détours ni ménagements », à la suspension
du roi et de la Constitution [1].

De telles variations d'opinion embarrasseront toujours l'historien qui cherchera à dégager définitivement cette figure étrange. chez laquelle l'astuce
revêt à ce point le masque de la franchise qu'on ne
sait jamais où commence l'une et où finit l'autre.

A une époque où on le connaissait en réalité fort
mal, ses protestations de dévouement ne pouvaient
manquer d'être agréées comme sincères ; peut-être,
d'ailleurs, l'étaient-elles. Ce qui est certain, c'est que
sa déclaration d'adhésion fut accueillie avec une satisfaction à ce point profonde qu'on l'investit sur
l'heure de l'autorité laissée vacante par son adversaire de la veille. Ainsi, par une bizarre succession
d'événements précipités. inattendus, Dumouriez, qui,
au commencement du mois d'août, avait été sur le
point de passer devant une cour martiale présidée par
Lafayette, assumait le commandement confié la veille
au même Lafayette, devenu du jour au lendemain le
plus lamentable des proscrits. Tandis que, honni,
couvert des malédictions d'un peuple dont les uns
l'accusaient d'avoir tenté de sauver le Roi, les autres
lui reprochaient de n'y avoir pas réussi, Lafayette
quittait subrepticement le sol de sa patrie pour être
jeté dans les cachots de l'ennemi et y trainer, plusieurs
années durant, une vie misérable, Dumouriez montait
au pinacle et allait tenir un moment entre ses mains
la fortune de la France.

Lui aussi devait, comme Lafayette. déjouer les
espérances qu'avaient fait concevoir de tels débuts et
échouer pitoyablement dans un de ces coups de force
que les majorités n'excusent qu'à condition qu'ils

1. Lettre du 14 août. *Moniteur* du 19. Dumouriez au Président de l'Assemblée nationale.

réussissent. Mais ce qui étonne, c'est que ses contemporains aient été surpris d'une telle fin, aient été choqués de voir le vainqueur de Valmy[1] et de Jemappes, le conquérant de la Belgique, réaliser, sous le couvert de la popularité légitime dont il jouissait alors, une résistance aux lois qu'il avait entreprise dix-huit mois auparavant, ayant infiniment moins de droits — sinon de motifs — pour la tenter.

De tels hommes, avec leurs faiblesses et leurs défauts, sont bien loin d'avoir été des héros, et l'on ne saurait les proposer comme modèles aux générations à venir. Il faut cependant reconnaître qu'ils étaient trempés avec une rare énergie, avec une vigueur peu commune, et que les ombres les plus obscures de leur vie, celles qu'on est le moins tenté de dissiper, laissent transparaître çà et là des lueurs fulgurantes.

C'est ainsi que cette personnalité de Dumouriez, si étrange, si bizarre, à la fois si séduisante et si peu recommandable, jouit encore d'une popularité inexpliquée.

C'est qu'en dépit de sa chute et de sa fin déplorable, Dumouriez demeure l'équivalent, l'incarnation de la campagne de Valmy. Et il a fait davantage que de donner de la confiance, de l'homogénéité, de la cohésion aux troupes novices qui combattaient côte à côte avec les régiments de la vieille monarchie ; il a fait plus que de sceller sur le champ de bataille l'amalgame de l'ancienne armée avec la nouvelle. Dans ces plaines de Champagne, sur ces mêmes champs catalauniques qui avaient été, il y a quinze cents ans, funestes à d'autres barbares, il a, lui aussi, arrêté une invasion et préservé l'intégrité de la patrie.

---

1. On attribue d'ordinaire le succès de Valmy à Kellermann. Il n'est pas permis d'ignorer aujourd'hui que la victoire fut due surtout aux combinaisons de Dumouriez. Voyez notamment le *Valmy* de Chuquet.

C'est là le secret qui nous rendra toujours son œuvre sympathique, qui nous fera pallier les faiblesses ou les erreurs de l'homme ; c'est là la véritable cause, la circonstance essentielle qui, malgré les événements en dehors des appréciations favorables, sauvera longtemps sa mémoire de l'oubli.

Quoi qu'il en soit, le départ de Lafayette et son remplacement par Dumouriez ouvraient à nos armées une période nouvelle.

Nous n'entreprendrons point de l'exposer, pour beaucoup de motifs, dont le premier est qu'elle l'a été souvent et par des écrivains du premier mérite. Effectivement, on aime, en France, à passer sous silence les événements qui ont suivi immédiatement la déclaration de guerre du 20 avril ; on préfère prendre Valmy comme première date des campagnes de la Révolution. Notre amour-propre s'accommode de cette lacune dont la vérité se trouve moins bien et il avait fallu jusqu'ici prendre des ouvrages autrichiens pour rencontrer quelques détails sur les événements militaires que nous avons racontés plus haut[1]. Il serait digne de nous, cependant, de ne point passer sciemment l'éponge sur des faits historiques importants, pour la seule raison qu'ils n'ont point été entièrement à notre gloire ; il serait temps de ne plus substituer de propos délibéré la légende à l'histoire, de nous montrer assez forts pour envisager, quelle qu'elle soit, la réalité. D'autant que nous ne perdrons point à faire, en cette circonstance, preuve de caractère.

Sans doute la campagne d'avril-juin 1792 n'est pas une page brillante de notre histoire militaire ; mais, sans

---

1. Depuis que ces lignes ont été écrites, la *Revue des questions historiques* a publié une relation de la campagne de Luckner (1898), et la *Revue militaire* rédigée à la section historique de l'Etat-major de l'armée a donné, sur le même sujet, la relation et les documents que nous signalons dans notre avant-propos.

aucun doute aussi, elle est intéressante et surtout fertile en enseignements. Les erreurs qu'on y commit nous permirent de voir, d'apprécier mieux les défauts de notre cuirasse, et les malheurs de la veille préparèrent ainsi la revanche du lendemain. C'est le plus souvent ce qui se passe dans l'histoire de l'humanité et tout spécialement à la guerre. C'est en pensant sans cesse à Iéna que la Prusse nous a conduits à Sedan, de la même façon que, parlant toujours de Rossbach, les Prussiens avaient été eux-mêmes écrasés à Iéna.

FIN

TABLE DES CHAPITRES

TOURS

IMPRIMERIE DESLIS FRÈRES

6, rue Gambetta.